भारत सरकार
भारतीय पुरातत्व सर्वेक्षण
रायपुर मण्डल, रायपुर
राम मंदिर परिसर, सिरपुर
मू–निर्देशांक : 21° 21' 06" उ0 अक्षांश; 82° 11' 16" पू0 देशान्तर
यथा स्थिति : ग्राम – सिरपुर, तहसील – महासमुन्द, जिला – महासमुन्द
पूर्वाभिमुख राम मंदिर पाषाण खण्डों से निर्मित एक ऊँची जगती के ऊपर स्थित युगल मंदिरों में से एक है। इस मंदिर की विशेषता यह है कि दक्षिण कोसल में निर्मित होने वाले ताराकार भू–विन्यास वाले मंदिरों की परम्परा में यह अत्यन्त प्राचीन उदाहरण है। युगल मंदिरों में से एक मंदिर के अवशेष ही भग्नावस्था में दिखाई देते हैं जबकि दूसरे मंदिर की मात्र भू–योजना ही दृष्टव्य है। इस मंदिर की संभावित तिथि लगभग 7वीं शताब्दी ई. मानी जाती है।
इस मंदिर के दक्षिणी पार्श्व में वास्तु परम्परा के अनुसार पुजारी का निवास गृह स्थित है। निवास गृह के पिछले भाग में तीन भूमिगत कोठरियों के अवशेष प्राप्त हुए हैं जो संभवत: अन्न संग्रह के काम आती रही होंगी। यह संरचना सन् 2003–04 के उत्खनन से प्रकाश में आयी है। पुजारी निवास के पूर्वी भाग में एक अन्य संरचना भी प्रकाश में आयी है जो संभवत: शंख की चूड़ियों के निर्माण की कार्यशाला रही होगी क्योंकि इसके एक कक्ष से अनेक शंख, शंख निर्मित चूड़ियां तथा अर्द्धनिर्मित चूड़ियों के प्रचुर अवशेष प्राप्त हुए हैं।
प्रत्नकीर्तिमपावृणु
Govt. of India
Archaeological Survey of India
Raipur Circle, Raipur
Rama Temple Complex, Sirpur
Geo-coordinates: Lat. 21°21'06" N Long. 82°11'16" E
Location: Village - Sirpur, Tehsil - Mahasamund, District – Mahasamund
This East facing Rama Temple is one of the twin temples constructed over a raised platform built of dressed stones. The special feature of this temple is that it represents an early example of the regional tradition of temples of south Kosala having stellate (star shaped) plan for construction. Remnants of only one of the twin temples are surviving whereas other one can be seen on plan only. It seems to be constructed during seventh century AD.
In accordance with the tradition of vastusastra the remains of the priest's residence can be seen towards the south of the temple. Excavations (2003-04) have revealed three underground hambers on the back portion of priest's residence, probably meant for granary. Another structure towards east is supposedly a workshop of conch bangles as evident by conches and conch bangles including unfinished ones recovered from a cell in abundance during excavations.

छत्तीसगढ़ के लोकजीवन में राम

सम्पादक

अजय अटपटू

परिकल्पना

डॉ. योगेन्द्र प्रताप सिंह

निदेशक, अयोध्या शोध संस्थान : तुलसी स्मारक भवन

अयोध्या, फैजाबाद (उ. प्र.)

वाणी प्रकाशन

वाणी प्रकाशन
4695, 21-ए, दरियागंज, नयी दिल्ली 110 002

शाखा

अशोक राजपथ, पटना 800 004

फ़ोन : +91 11 23273167 फ़ैक्स : +91 11 23275710

www.vaniprakashan.in
vaniprakashan@gmail.com
editorial@vaniprakashan.in
sales@vaniprakashan.in

CHHATTISGARH KE LOKJEEVAN MEIN RAM
Edited by Ajay Atpatoo
Imagination : Dr. Yogendra Pratap Singh

ISBN : 978-93-5229-093-2
Religion/Culture

प्रथम संस्करण
मूल्य : ₹ 600

एस.के. ऑफ़सेट, दिल्ली-110 095 में मुद्रित

वाणी प्रकाशन का लोगो मक़बूल फ़िदा हुसेन की कूची से

सम्पादकीय

किसी कवि से सुना था कि–

"किस रावण की भुजा उखाड़ूँ,
किस लंका को आग लगाऊँ।
घर-घर रावण, पग-पग लंका,
इतने राम कहाँ से लाऊँ॥"

इस 'इतने राम कहाँ से लाऊँ' ने मेरे मन में हलचल मचा दी। फिर कहीं से इस पंक्ति का जवाब भी आया कि जहाँ से ये रावण आ रहे हैं, वहीं से राम भी आयेंगे। इस पंक्ति से मेरे मन में राम की एक अलग ही तस्वीर उभर कर आयी। मन्दिर के मूर्ति वाले राम की नहीं बल्कि यथार्थ के राम की तस्वीर।

सन्त तुलसीदास के राम एक थे, दुष्टता का पर्याय रावण एक था। उस समय की रामायण बहुत सरल थी और आज की रामायण? वर्तमान की रामायण उस रामायण से कहीं ज्यादा कठिन है, यही कवि की इस "इतने राम कहाँ से लाऊँ" में दिखाई पड़ता है। और सच यही है कि "राम की एक अवधि थी निश्चित, अपने दिवस अनिश्चित हैं।"

राम के वनवास का समय तय था और हमारा वनवास अनिश्चितकालीन है। अहल्या का उद्धार भी तय समय में हो गया, हम आज तक राम के चरण को तरस रहे हैं। कितनी शबरियाँ हाथों में बेर लेकर राम का रास्ता देखते-देखते पथरा-सी गयी हैं।

रावण तो हर गली-चौराहे पर स्पष्ट रूप से दिखाई पड़ रहे हैं, परन्तु राम कहीं नजर नहीं आते। कितने विवश हो गये हैं हम लोग, जो मन्दिर में राम की पूजा करते हैं और चौराहों पर रावण को नमस्ते करते हैं। वर्तमान की इस व्यथा ने मेरे मन में यथार्थ के राम को स्थापित किया–

"मुझसे मत कहना मन्दिर में जाकर शीश झुकाने को,
हार, प्रसाद चढाकर घंटा, झालर, शंख बजाने को,
रामभक्त बनने से ज्यादा, बनना राम जरूरी है,
मैं आतुर हूँ उसी राम की झलक आप में पाने को।"

आखिर इतने बरस हो गये रामायण पढ़ते, रामायण को गाते लेकिन क्यों आज तक कोई राम नहीं आया। क्योंकि हमने केवल मन्दिरों की मूर्ति में राम को देखा, यथार्थ के राम को देखने का प्रयास कभी नहीं किया।

उसी राम को ढूँढ़ने का प्रयास है 'छत्तीसगढ़ के लोक-जीवन में राम'। आखिर उस विराट राम को ढूँढ़ने का प्रयास तो लोक जीवन से ही करना पड़ेगा। मेरे लिए इससे अच्छी बात और क्या

होगी कि मैं राम को ढूँढ़ने का प्रयास वहाँ से शुरू कर रहा हूँ जहाँ राम को जन्म देने वाली माता कौशल्या का पवित्र स्थल है।

छत्तीसगढ़ के निवासियों में राम-राम, जय राम, सीताराम का अभिवादन सुनकर स्पष्ट हो जाता है कि राम कहना हमारी जिह्वा का स्वभाव है और स्वभाव इसलिए है क्योंकि राम छत्तीसगढ़ियों की आत्मा में बसे हुए हैं।

रायपुर के समीप मन्दिर-हसौद से लगभग 10 किलोमीटर की दूरी पर ग्राम चन्द्रखुरी माता कौशल्या के जन्म स्थान का साक्षी है। बार के सघन वन के बीच कसडोल के समीप स्थित तुरतुरिया, वाल्मीकि आश्रम होने की कथा सुनाता है, जहाँ रहकर माता सीता ने लव-कुश को जन्म दिया था। कसडोल के ही समीप तीर्थ शिवरीनारायण रामायणकालीन परमभक्त विदुषी माता शबरी का जन्म स्थान है। उसके समीप स्थित है लखनेश्वर मन्दिर खरौद, जो भ्राता लक्ष्मण जी द्वारा पूजित है। राजिम में महानदी के बीच में भगवान द्वारा स्थापित शिवलिंग है जिसे अब कुलेश्वर महादेव के नाम से जानते हैं।

राम के चरण रज का साक्षी है, अम्बिकापुर के समीप स्थित रामगढ़। छत्तीसगढ़ में राम की स्मृति से जुड़े इतने सारे स्थानों से यहाँ के लोगों को रामभक्ति की प्रेरणा सहज ही मिल जाती है। मेरे लिए सबसे आश्चर्यचकित करने वाला दृश्य था, 'रामरमिहा' को सामने से देखना। पूरे शरीर पर सूई की नोक से राम-राम का गोदना गुदवाना इतना आसान नहीं है। रामरमिहा सम्प्रदाय की ऐसी प्रगाढ़ भक्ति और राम नाम में गहरी आस्था को देखकर आप भी दंग रह जायेंगे।

केवल एक ही विश्वास कि शरीर पर राम नाम गुदवाने से इस माटी के चोले का उद्धार होगा और हमें मुक्ति अर्थात् मोक्ष की प्राप्ति होगी। बहुत सारे विद्वानों ने 'छत्तीसगढ़ के लोक-जीवन में राम' को अपनी-अपनी शैली में अभिव्यक्त किया है। बचपन से जो सुनता आया और इतिहासकारों से जो पढ़ा कि श्रीराम का छत्तीसगढ़ से बहुत गहरा सम्बन्ध रहा है; उन्हीं पहलुओं को उजागर करना और छत्तीसगढ़ की लोक परम्परा में अभी भी राम कैसे वास करते हैं, उसे सामने लाने के उद्देश्य ने ही एक पुस्तक का आकार लिया है जिससे आने वाली पीढ़ी भी भगवान राम और छत्तीसगढ़ के पहलुओं को जान सकेगी।

जनश्रुतियों के अनुसार श्रीराम की यहाँ अनेक कथाएँ प्रचलित हैं, वे सत्य हैं या असत्य यह कोई नहीं जानता। परन्तु मैं यह सत्य मानता हूँ कि यहाँ माता कौशल्या की जन्मभूमि है और भगवान श्रीराम, माता सीता और लक्ष्मण भैया के चरण यहाँ अवश्य पड़े हैं। राम का छत्तीसगढ़ से बहुत गहरा सम्बन्ध है और सदैव रहेगा...

श्रीराम चन्द्राय शरणम्...

अजय अटपटू
पुराना थानापारा,
बागबाहरा (छत्तीसगढ़)

अनुक्रम

खण्ड - अ

छत्तीसगढ़ के रामनामी

प्रो. अश्विनी केशरवानी

छत्तीसगढ़ राज्य पृथक् अस्तित्व में आया और देश का 26वाँ राज्य बना। 1,35,194 वर्ग कि.मी. में फैला और लगभग दो करोड़ आबादी को 27 जिलों में समेटे छत्तीसगढ़ प्राकृतिक वैभव से परिपूर्ण, वैविध्यपूर्ण, सामाजिक और सांस्कृतिक संरचना तथा अपने गौरवपूर्ण अतीत को गर्भ में समाए हुए है। प्राचीनकाल में यह दंडकारण्य, महाकान्तार, महाकोसल और दक्षिण कोसल कहलाता था। दक्षिण जाने का मार्ग यहीं से गुजरता था इसलिए इसे दक्षिणापथ भी कहा गया और ऐसा विश्वास किया जाता है कि अयोध्यापति दशरथ नन्दन श्रीराम अपने अनुज लक्ष्मण के साथ इसी पथ से गुजरकर आर्य संस्कृति का बीज बोते हुए लंका गये। इस मार्ग में वे जहाँ-जहाँ रुके वे सब आज तीर्थ के रूप में प्रसिद्ध स्थल हैं। उस काल के अवशेष यहाँ आज भी दृष्टिगोचर होते हैं। सरगुजा का रामगढ़, श्रीराम की शबरी से भेंट, उनके बेर खाने के प्रसंग का साक्षी शबरी-नारायण, खरदूषण का स्थल खरौद, कबन्ध राक्षस की शरणस्थली कोरबा, वाल्मीकि आश्रम जहाँ लव और कुश का जन्म हुआ वह तुरतुरिया, राजा दशरथ के लिए पुत्रेष्टि यज्ञ कराने वाले शृंगी ऋषि के साथ अन्य सप्त ऋषियों का आश्रम सिहावा, मारीच खोल जहाँ मारीच के साथ मिलकर रावण ने सीताहरण का षड्यन्त्र रचा, आज ऋषभतीर्थ के नाम से जाना जाता है। चन्द्रखुरी जहाँ माता कौशल्या का एकमात्र मन्दिर है। सुदूर चक्रकोट (बस्तर) और चित्रकोट का वनांचल श्रीराम और लक्ष्मण के दक्षिणपथ गमन के साक्षी हैं। छत्तीसगढ़ गौरव में पंडित शुकलाल पांडेय ने भी गाया है—

रत्नपुर में बसे रामजी सारंगपाणी
हैहयवंशी नराधियों की थी राजधानी
प्रियतमपुर है शंकर प्रियतम का अति प्रियतम
है खरौद में बसे लक्ष्मणेश्वर सुर सत्तम
शिवरीनारायण में प्रकटे शौरिराम युत, हैं लसे
जो इन सबका दर्शन करे वह सब दुख में नहीं फँसे।

छत्तीसगढ़ को प्राचीन काल में 'महाकान्तार' कहा जाता था। महाभारत में कान्तारकों के राज्य को जो स्थान निर्दिष्ट हुआ है उसे डॉ. के.पी. जायसवाल ने 'छत्तीसगढ़ कांकेर' माना है। चौथी सदी के मध्य दो राज्य क्रमशः उत्तर में 'उत्तरी कोसल' और दक्षिण में 'दक्षिण कोसल' था। रत्नपुर शिलालेख के छठवें श्लोक में 'क्षोणां दक्षिण कोसलो जनपदः बहुद्धयेनार्जितः' में दक्षिण कोसल नाम का उल्लेख है। पं. गंगाधर ने इसी कोसल अभिधान पर 'कोसलानन्द' महाकाव्य लिखा है। लेकिन इतिहासविद् ए. कनिंघम ने महाकोसल या छत्तीसगढ़ कहकर यह सिद्ध करना चाहा है कि दक्षिण कोसल ही

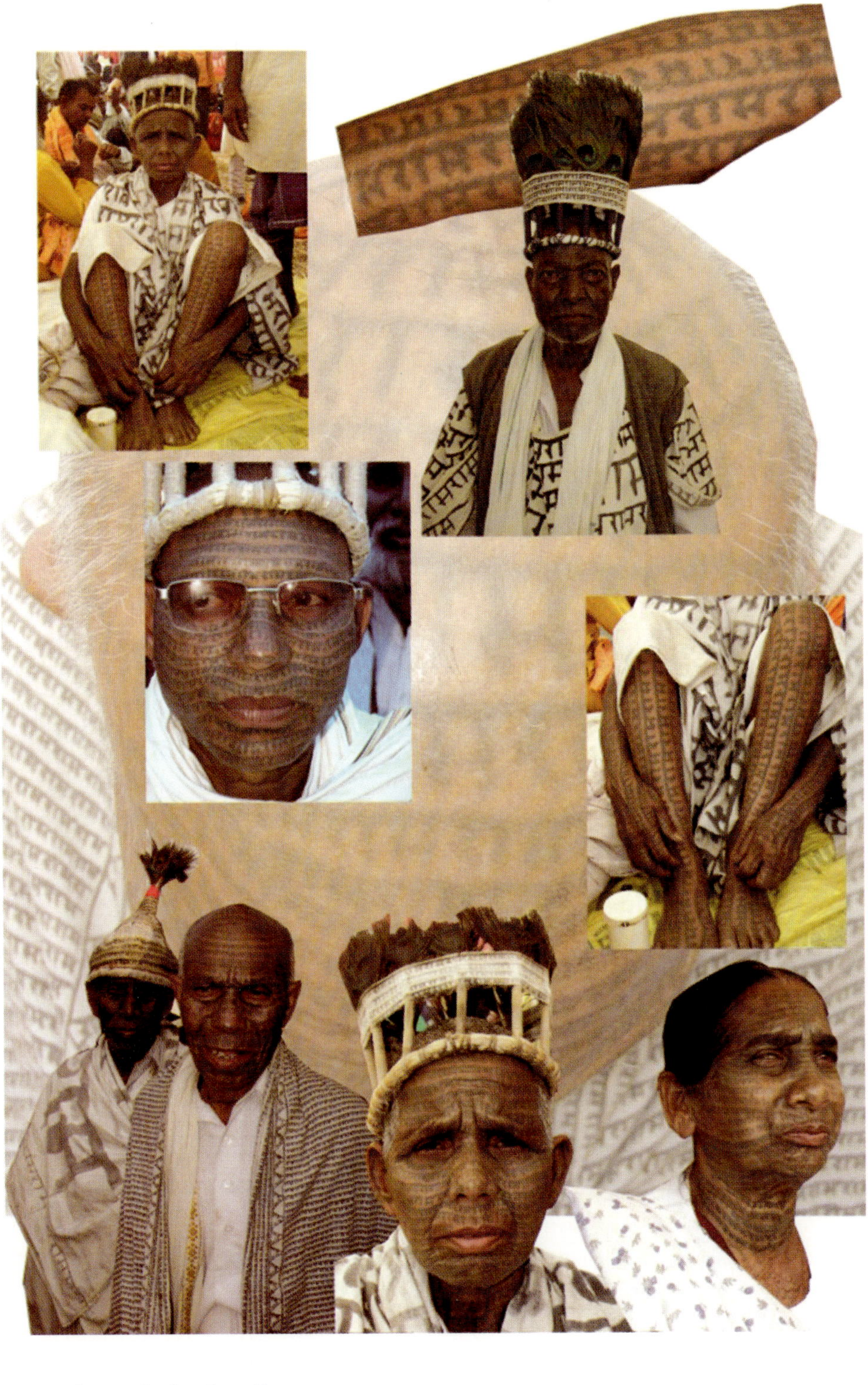

महाकोसल है और यही छत्तीसगढ़ है। मध्य प्रान्त के विद्वान रायबहादुर हीरालाल ने छत्तीसगढ़ को चेदिसगढ़ का बिगड़ा रूप माना है। क्योंकि यहाँ चेदिवंश के नरेशों का शासन था। बेगलर ने इसे 'छत्तीसघर' कहा है। भूगर्भ विभाग के सुपरिंटेंडेंट श्री पी.एन. बोस ने इसका समर्थन किया है। रत्नपुर के गोपालचन्द्र मिश्र ने "बसै छत्तीस कुरी सब दिन के बसवासी सब सबके" और बाबु रेवाराम ने विक्रमविलास में लिखा है–

बसत नगर सोभा की खानि, चारि बरन निज धर्म निदान।
और कुरी छत्तिस है तहाँ, रूप राशि गुन पूरन महान॥
तिन में दक्षिण कोसल देशा, जहाँ हरि ओतु केसरी वेशा।
तासु मध्य छत्तीसगढ़ पावन, पुण्य भूमि सुर मुनि मन भावन॥

प्राचीन छत्तीसगढ़ को चाहे जिस नाम से भी जाना जाता रहा हो मगर यहाँ रामायण और महाभारत काल का अवशेष आज भी देखा जा सकता है। 'कोसलानन्द' अप्रकाशित ग्रन्थ से पता चलता है कि विन्ध्य पर्वत के दक्षिण में नागपत्तन के पास कोसल नामक एक शक्तिशाली राज्य था जिसका राजा भानुमंत था। राजा भानुमंत की पुत्री कौशल्या थी जिसका ब्याह अयोध्या के महाराज दशरथ से हुआ था। चूँकि राजा भानुमंत का कोई पुत्र नहीं था अतः उसके बाद उनका राज्य राजा दशरथ को मिला। यहाँ भी किंवदन्ती है कि श्रीराम ने अपने वनवास काल का अधिकांश समय इन्हीं वन प्रान्तर में व्यतीत किया था जिनके अवशेष आज भी यहाँ हैं। जांजगीर-चांपा जिलान्तर्गत शिवरीनारायण और खरौद रामकथा से जुड़े हैं। शिवरीनारायण का

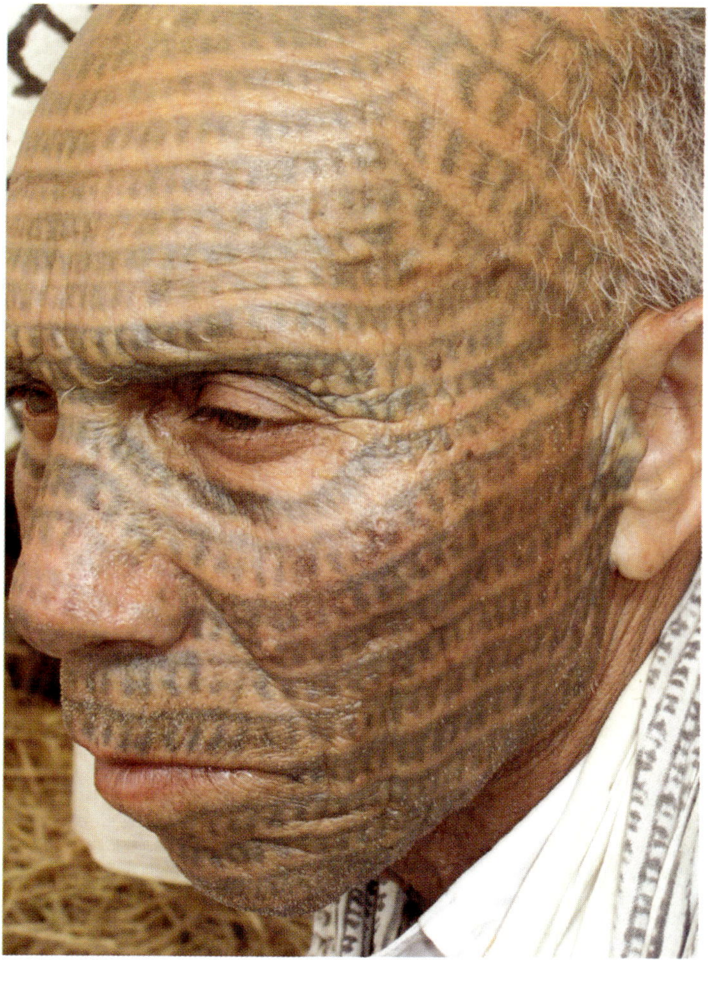

रामराम

वास्तविक रूप शबरीनारायण है जो शबरी के जूठे बेर खाने और उसके उद्धार करने के बाद श्रीराम और लक्ष्मण ने दंडकारण्य जाते इस भेंट को चिरस्थायी करने के लिए बनाये थे। श्रीराम का नारायणी रूप यहाँ प्राचीनकाल से गुप्त रूप से विराजमान है। कदाचित् इसी कारण इसे 'गुप्त तीर्थधाम' कहा गया है। इसी प्रकार खरौद को रामायण कालीन खर और दूषण की नगरी माना जाता है। खरौद के दक्षिण द्वार पर शबरी का अति प्राचीन मन्दिर है। इसे सौराइन दाई भी कहा जाता है। रायपुर जिले के बलौदाबाजार के निकट जंगलों के बीच तुरतुरिया ग्राम स्थित है। रामायण काल में यहाँ वाल्मीकि आश्रम था, जहाँ माता सीता ने वनदेवी के रूप में रहकर लव और कुश को

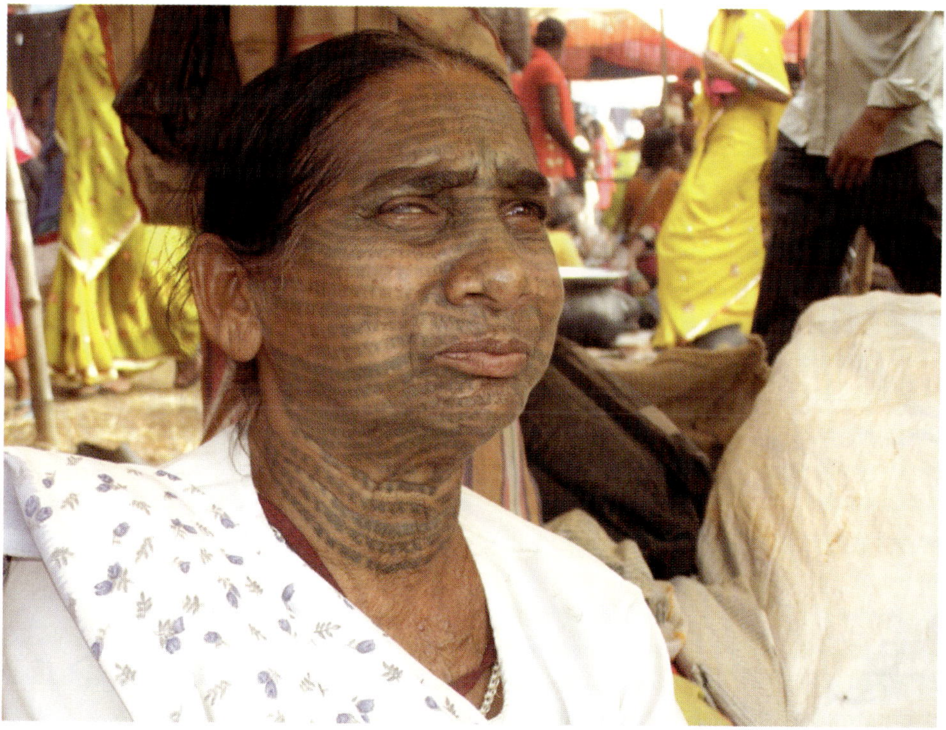

जन्म दिया था। श्रीराम के पश्चात् अयोध्या का राज्य लव को और कुश को दक्षिण कोसल का राज्य मिला जिसकी राजधानी कुशावती थी।

महानदी, छत्तीसगढ़ की एक पवित्र और पुण्यदायिनी नदी है। इसे चित्रोत्पला गंगा भी कहा जाता है और इसका उल्लेख रामायण और महाभारत कालीन ग्रन्थों में मिलता है। गंगा के समान पवित्र इस नदी के तट पर अनेक नगर और मन्दिर स्थित हैं। महानदी की पवित्रता के कारण ये नगर सांस्कृतिक तीर्थ कहलाने लगे। इन नगरों में ऋषि-मुनियों ने प्राचीन काल में अपना आश्रम बनाया जहाँ वे तप किया करते थे। सिहावा, राजिम, सिरपुर, खरौद, शिवरीनारायण, तुरतुरिया, चन्द्रपुर और संबलपुर आदि नगर महानदी के तट पर बसे हैं। कदाचित् इसी कारण इन्हें सांस्कृतिक तीर्थ कहा जाने लगा। महानदी के किनारे गिरौदपुरी में बाबा घांसीदास ने जन्म लेकर सत्य का मार्ग दिखाया, उनके अनुयायी 'सतनामी' कहलाये। इसी प्रकार महानदी के तट पर स्थित 'उड़काकन' रामनाम को समर्पित

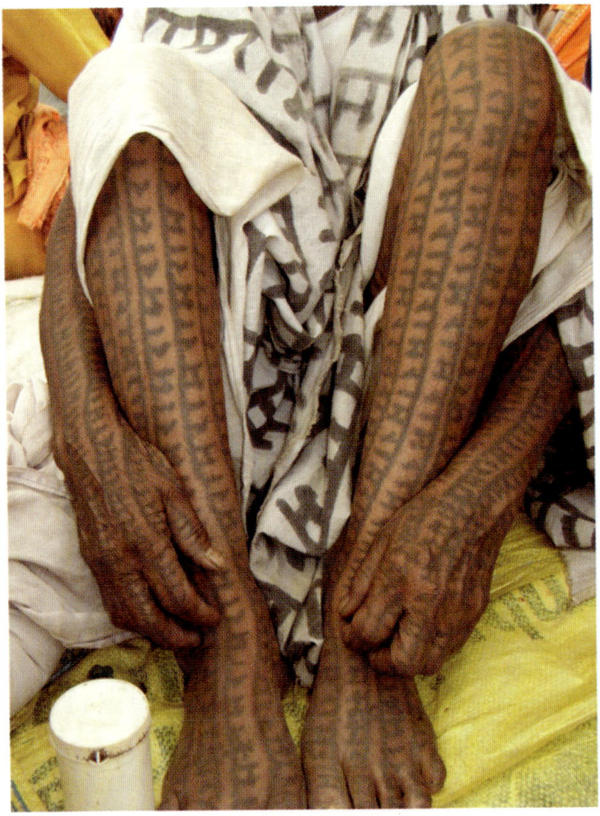

रामनामियों का पवित्र तीर्थ है। इन्हें रामरमिहा, रमनमिहा और रामनामी कहा जाता है। सतनामियों और रामनामियों के लिए शिवरीनारायण का वही महत्त्व है जो दूसरों के लिए प्रयाग और काशी का है। माघी पूर्णिमा से लगने वाले मेले के समय इस पन्थ के लोग भी शिवरीनारायण में अपना तम्बू लगाकर भजन आदि करते हैं पूरे शरीर में रामनाम का अंकन लोगों के लिए आकर्षण का केन्द्र होता है। मैं भी इन्हें बचपन से देखते आ रहा हूँ। मेरे लिए यह उत्सुकता का विषय था। साँवले शरीर में रामनाम का गोदना, सिर पर मोर मुकुट लगाये, हाथ में मंजिरा लिए रात-दिन रामनाम का भजन करना ही जैसे जीवन हो। उनके शरीर का ऐसा कोई भाग नहीं बचा होता है जहाँ रामनाम अंकित न हो ...यहाँ तक कि वे जो कपड़े पहनते हैं और जिस तम्बू के नीचे रहते हैं, उसमें भी रामनाम अंकित होता है। छत्तीसगढ़ के ग्राम्यांचलों में आज भी प्रातः राम-राम कहने का रिवाज है। इससे उनकी दिनचर्या शुभ होती है।

महानदी के तटवर्ती ग्रामों में रामरमिहा लोग निवास करते हैं। छत्तीसगढ़ के रायपुर, बिलासपुर, जांजगीर, चाँपा, महासमुन्द और रायगढ़ जिले के सारंगढ़, घरघोड़ा, जांजगीर, चाँपा, मालखरौदा, चन्द्रपुर, पामगढ़, कसडोल, बलौदाबाजार और बिलाईगढ़ क्षेत्र के लगभग 300 गाँवों में पाँच लाख रामरमिहा निवास करते हैं। रामनामी पन्थ अनुसूचित जाति की एक शाखा है, जो सन्त कवि रैदास को अपने पन्थ का मूल पुरुष मानते हैं। इन्हें रामरमिहा अथवा रामनमिहा कहा जाता है। रामनाम में सदा तन्मय रहने वाले ये लोग अहिंसक और शाकाहारी होते हैं। मदिरा से वे बहुत दूर रहते हैं।

छत्तीसगढ़ में रामनामी पन्थ की उत्पत्ति के सम्बन्ध में कहा जाता है कि ये लोग हरियाणा के नारनौल से यहाँ आये थे। उस काल में तत्कालीन शासकों के दमनात्मक रवैये से त्रस्त होकर ये लोग छत्तीसगढ़ के शान्त माहौल में आ बसे थे। आज उनकी 20वीं पीढ़ी के वंशज अपनी परम्पराओं और विशिष्ट सांस्कृतिक धरोहरों के कारण अलग से पहचाने जाते हैं। पारस्परिक सद्‌भाव और अद्‌भुत संगठन क्षमता वाली इस कौम को तोड़ने के लिए तत्कालीन शासकों ने एक चाल चली जिसमें वे सफल हो गये। पूर्व में रामनामी पन्थ के लोग भी सतनाम के उपासक थे। उनमें आपसी सद्‌भाव और भाईचारा था। इससे उनमें अच्छा संगठन था। उनकी इस संगठन शक्ति को क्षीण करने और

आपस में फूट डालने के लिए एक नवजात शिशु के माथे पर 'रामनाम' गुदवा दिया और प्रचारित कर दिया कि यह शिशु राम की इच्छा से इस भूलोक में आया है। अतः राम की इच्छा के अनुरूप रामनाम का अनुसरण करें। इस प्रकार एक शक्तिशाली संगठन दो हिस्सों क्रमशः रामनामी और सतनामी में बँट गया। आगे चलकर इन दोनों समुदाय के दो भाग और हुए। इस प्रकार ये चार भागों क्रमशः रामनामी, सतनामी, सूर्यवंशी और कबीरपन्थी में बँट गये।

अलग रहने के बावजूद इनमें सांस्कृतिक साम्यता पायी जाती है।

सांस्कृतिक परम्परा के द्योतक राम नाम

श्रीराम को अनेक रूपों में पूजा जाता है। शायद ही कोई ऐसा होगा जो श्रीराम के सगुण रूप को नकारता हो? लेकिन महानदी घाटी के ग्राम्यांचलों में बसे रामरमिहा लोग श्रीराम के सगुण रूप को नकार कर उसके निर्गुण रूप के उपासक हैं। हिन्दुस्तान में शायद ही कोई दूसरा पन्थ होगा जो रामनाम में इतना रम जाये कि पूरे शरीर में रामनाम गुदवा ले। लेकिन रामरमिहा लोग पूरे शरीर में राम नाम गुदवाते हैं, यहाँ

तक पहनने-ओढ़ने के कपड़े और तम्बू के कपड़ों में भी राम नाम लिखा होता है। श्रीरामचरितमानस में भी कहा गया है—"जय राम रूप अनूप निर्गुण प्रेरक सही" अर्थात् हे राम! आपकी जय हो। आपके रूप अनुपम हैं। आप निर्गुण हैं और सत्य में ही गुणों के प्रेरक हैं। आगे कहा गया है—

यद्यपि प्रभु के नाम अनेका, श्रुति कह अधिक एक से एका।
राम सकल नामन्ह ते अधिका, होउ नाथ अघ खग गल बधिका ॥

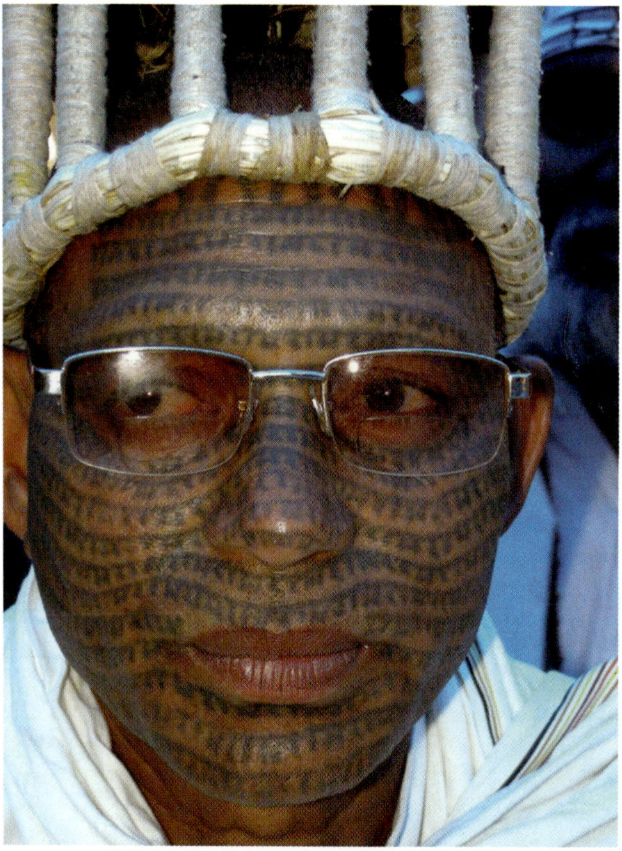

यद्यपि प्रभु के अनेक नाम हैं और वेद कहते हैं कि वे नाम एक से बढ़कर एक हैं। तो भी हे नाथ! रामनाम सबसे बढ़कर हो और पाप रूपी पक्षियों के लिए वह बधिक के समान हो। सबसे मजेदार बात तो यह है कि निराकार राम की उपासना करने का अधिकार उन्हें न्यायालय से मिला है।

जांजगीर-चाँपा जिले के मालखरौदा विकासखंड के अन्तर्गत ग्राम चारपारा के श्री परसराम भारद्वाज को रामनामी पन्थ का प्रवर्तक माना जाता है। सन् 1904 में उन्होंने निराकार ब्रह्म के प्रतीक राम को मानकर एक जन आन्दोलन की शुरुआत की थी। उन्होंने सबसे पहले अपने माथे पर राम नाम अंकित कराया था। इसके पूर्व निचली जाति के माने जाने के कारण वे रामायण का पाठ और रामनाम का उच्चारण नहीं करते थे। उनका मन्दिरों में प्रवेश निषिद्ध था। अक्सर उनको जातिगत आधार पर अपमान सहना पड़ता था। इसी बीच विदेशी ताकतों ने इस क्षेत्र को अपना कार्यक्षेत्र बनाया और उन्हें ईसाई धर्म मानने के लिए विवश किया। इसके लिए उन्हें हर प्रकार की मदद की जाने लगी। इसी समय श्री परसराम भारद्वाज ने रामनामी पन्थ के अन्तर्गत निराकार ब्रह्म के प्रतीक राम की पूजा-अर्चना करने की बात कही, जिसे सबने सहर्ष स्वीकार किया और तब से सब निराकार श्रीराम को अपने घर में पूजने लगे। भविष्य में उच्च जातियों द्वारा पुनः बाधा न पड़े इसके लिए उन्होंने तत्कालीन मध्य प्रान्त और बरार के जिला सत्र न्यायालय से कानूनी अधिकार प्राप्त कर लिया। सत्र न्यायाधीश ने अपने फैसले में लिखा है—

ये लोग जिस राम के नाम को भजते हैं, वे राजा दशरथ के पुत्र श्रीराम नहीं बल्कि निराकार ब्रह्म के प्रतीक राम हैं। ब्राह्मणों के प्रति इनके मन में जबरदस्त विरोध की भावना है। सम्भव है उनकी यह भावना उनके द्वारा जातिगत आधार पर दी गयी प्रतारणा का प्रतिफल हो? यही कारण है कि रामनामी पन्थ की सामाजिक संरचना में जन्म से लेकर मृत्यु तक और विवाह से लेकर सन्तानोत्पत्ति

तक के सारे संस्कार ऐसे बनाये गये हैं, जिसमें ब्राम्हणों की आवश्यकता ही न पड़े। बिलासपुर जिला गजेटियर के अनुसार उनके धार्मिक कार्यों को पन्थ के सन्त सम्पन्न कराते हैं। अगर अति आवश्यक हुआ तो वे ब्राह्मणों को भी आमन्त्रित करते हैं। छत्तीसगढ़ के मुख्यमन्त्री डॉ. रमनसिंह ने 'उड़काकन'

को पर्यटक स्थल के रूप में विकसित करने की घोषणा की है, जो निःसन्देह स्वागतेय है।

रेड इंडियन

रामरमिहा के गुरु और गोसाई लोग रंगीन मोर पंखों वाले बाँस के मुकुट धारण करने वाले होते हैं। इस पर भी रामनाम की काली पट्टी लगी रहती है। पत्रकार श्री सतीश जायसवाल इनकी तुलना रेड इंडियन से करते हैं। अपने एक लेख में वे लिखते हैं–"इन मुकुटों के कारण ये लोग रंग-बिरंगे पंखों की शीश सज्जा करने वाले रेड इंडियनों की तरह नजर आते हैं। वैसे तो भारत में अंडमान द्वीप समूह तथा कुछ अफ्रीकी देशों के जनजातीय कबीलों में वृक्षों की छाल और मिट्टी के नैसर्गिक रंगों से अपने शरीर को चित्रित करने और रँगने की परम्परा है। लेकिन वहाँ यह सब सजावटी-सा

tan me ram
man me ram..
by ajay

होता है। धार्मिक विधि-विधान के तौर पर अपने पूरे शरीर में ईश्वर का नाम अंकित करने वाला सम्भवतः यह दुनिया का एकमात्र समुदाय है। यह समुदाय कोई छोटा-मोटा जनजातीय कबीला नहीं बल्कि पाँच लाख से भी ऊपर विशाल जनसंख्या वाले धर्मावलम्बियों का एक संगठित पन्थ है। जिन्हें जनतान्त्रिक व्यवस्था का सबसे सशक्त अस्त्र अर्थात् मतदान का अधिकार मिला हुआ है।"

आदिवासी परम्परा गोदना

सौन्दर्य वृद्धि के लिए आदिवासी संस्कृति में अंग लेखन और चित्रांकन की परम्परा गोदना अनेक आस्थाओं से जुड़ा है। गोदना आदिवासी महिलाओं का शृंगार ही नहीं बल्कि ऐसा परिधान है जो आजीवन तन से जुड़ा रहता है, लेकिन संग तो गोदना ही जाता है। गोदना को लोग 'चिन्हारी' के रूप में गुदवाते हैं। ऐसे में गोदना अगर रामनाम का हो तो सोने में सुहागा ही होगा। अगर किसी रामरमिहा को ध्यान से देखें तो आश्चर्यचकित हो जाना पड़ता है क्योंकि हाथ, पैर यहाँ तक कि आँखों की पलकों में रामनाम गुदा रहता है। बचपन में रामनाम माथे पर गोदा जाता है। गोदना गोदते समय भजन कीर्तन होता है जिससे मन रामनाम में लीन हो जाये और पीड़ा का आभास तक न हो? उम्र के हिसाब से शरीर के दूसरे भाग में गोदने का काम किया जाता है। पहले स्याही से रामनाम लिखा जाता है, फिर सूई चुभोई जाती है। गोदना गोदने में दो सूई काम में लाई जाती हैं और काले रंग को अधिक गहरा तथा पक्का बनाने के लिए उस पर ऊपर से मिट्टी के तेल से निकला धुआँ लगा लेते हैं। गोदना गोदते समय गीत भी गाये जाते हैं—

धूम कुसंगति कालिख होई। लिखिय पुराण मंजु मति होई ॥

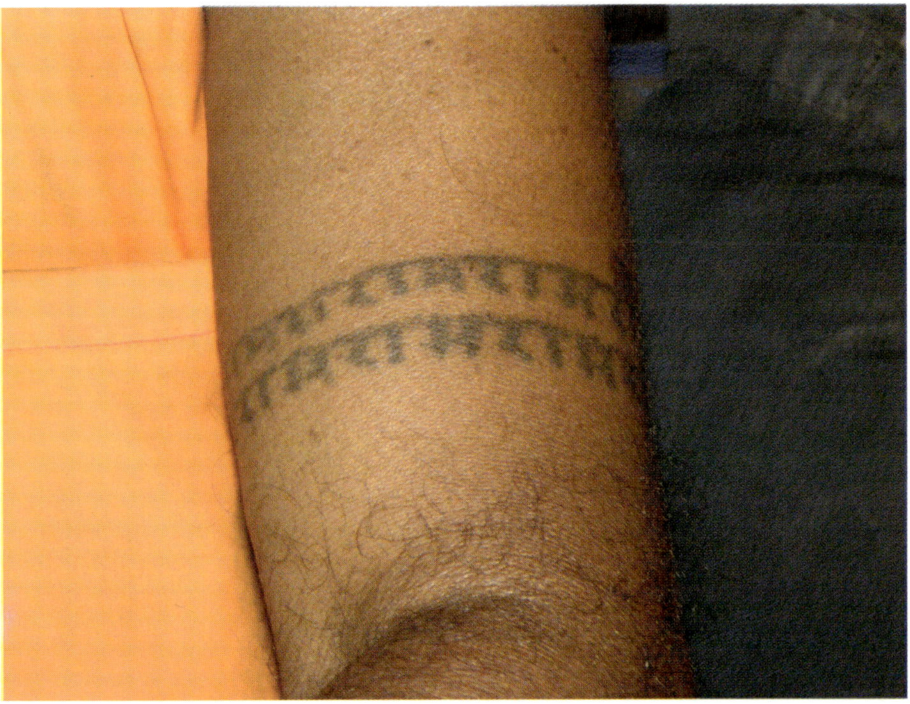

गोदना गोदने के बाद उसके ऊपर हल्दी का लेप लगाया जाता है गोदना पकने की बात बहुत कम ही सुनने को मिलती है। छत्तीसगढ़ में गोदना गोदने का काम देवारिन महिलाएँ करती हैं। गोदना गोदते समय वे अक्सर गाती हैं—

ऐ मोर भूरी दीदी—
घुरूर घुरूर जाता बाजे माली भर पिसान
एक चिरूवा भर दउड़त है किसान।
एक चानी भांटा सोर घइला पानी
तोर धांगरा दारू पी के पडगै उतानी ॥

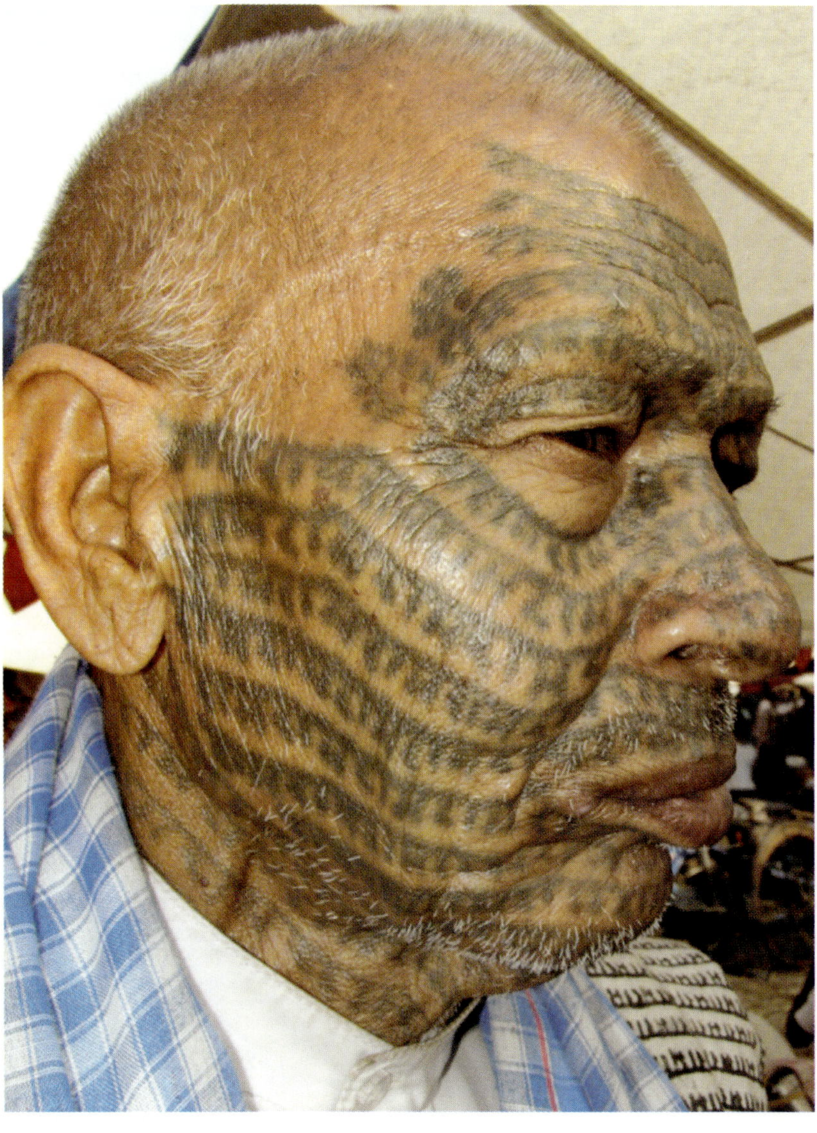

पंचायत : एक सर्वमान्य संस्था

सामाजिक व्यवस्था में जहाँ चार घर हुए नहीं कि उनमें किसी न किसी बात को लेकर टकराहट अवश्य होती है। रामरमिहा लोग झगड़ों का निपटारा कोर्ट-कचहरी के बजाय अपनी पंचायत में करना ज्यादा पसन्द करते हैं। इस पन्थ की अपनी पंचायत होती है, जो सर्वमान्य संस्था होती है। रामरमिहा लोगों की सामाजिक पंचायत का गठन पन्थ के निर्माण के समय से ही हुआ है। सन् 1960 के पहले तक गुरु प्रथा से पंचों का नामांकन होता था। लेकिन समयानुसार सामाजिक व्यवस्था में परिवर्तन अवश्य सम्भावी है। अतः नामांकन प्रथा के बजाय चुनाव प्रक्रिया अपनायी जाने लगी। इस प्रकार सन् 1960 में पहली निर्वाचित पंचायत बनी और उसके बाद से हर वर्ष पंचायत का चुनाव होता है। इस पंचायत में 100 पंच होते हैं। आठ गाँव के पीछे एक प्रतिनिधि होता है। ये सब महासभा के प्रतिनिधि कहलाते हैं। इसी महासभा में पदाधिकारियों का निर्वाचन होता है। पंचायत का कार्यक्षेत्र सामाजिक, पारिवारिक झगड़ों का निपटारा करना, धार्मिक, सामाजिक और सांस्कृतिक संगठन को मजबूत बनाना और सामूहिक विवाह को सम्पन्न कराना है।

सामूहिक आयोजन : पन्थ मेला

रामनामी पन्थ के दो प्रमुख आयोजन होते हैं—एक रामनवमीं में सन्त समागम और दूसरा पौष एकादशी से त्रयोदशी तक चलने वाला तीन दिवसीय मेला। मेला में सामाजिक वाद-विवादों, पारिवारिक झगड़ों आदि का फैसला होता है। इसके अलावा महासभा का आयोजन और सामूहिक विवाह भी होते हैं। अगला मेला किस स्थान में लगेगा, इसका निर्णय भी यहीं पर हो जाता है। रामनामी मेला महानदी के तटवर्ती ग्रामों में एक बार महानदी के उत्तर में तो दूसरी बार महानदी के दक्षिण में लगता है।

रामनामी मेला का आयोजन महानदी के तटवर्ती ग्रामों में होने के बारे में एक लोककथा प्रचलित है। उसके अनुसार आज से 80-85 वर्ष पहले सवारियों से भरी एक नाव महानदी को पार करते समय मझधार में फँस गयी। नाविकों ने नाव को किनारे लगाने की बहुत कोशिश की मगर सफलता नहीं मिली, उस समय ईश्वर ही कोई चमत्कार कर सकता था। नाव में सवार सभी यात्री प्रार्थना करने लगे लेकिन इससे भी कोई फायदा नहीं हुआ। संयोग से उस नाव में रामनामी पन्थ के प्रवर्तक श्री परसराम भारद्वाज और उनके अनुयायी भी सवार थे। सबने उनसे भी प्रार्थना करने का अनुरोध किया। तब उन्होंने भी प्रार्थना की—"यदि मझधार में फँसी नाव सकुशल किनारे लग जायेगी तो रामनामी समाज द्वारा महानदी के दोनों किनारों पर रामनाम के भजन-कीर्तन का आयोजन किया जायेगा।" आश्चर्य का ठिकाना नहीं रहा, उनके इस प्रकार प्रार्थना करते ही नाव सकुशल किनारे लग गयी। तब से प्रतिवर्ष महानदी के तटवर्ती ग्रामों में रामनाम का भजन-कीर्तन का आयोजन होने लगा जो आगे चलकर रामनामी सम्मेलन और मेले के रूप में परिवर्तित हो गया।

तीन दिवसीय मेला के पहले दिन मेला स्थल में निर्मित जय स्तम्भ के ऊपर कलश चढ़ाया जाता है। दूसरे दिन रामायण पाठ, रामनाम के भजन-कीर्तन का आयोजन होता है। मेला के अन्तिम दिन सामूहिक विवाह और सामूहिक भोजन-भंडारा का आयोजन होता है। मेंला स्थल के आस-पास जुआ, मांस-मदिरा और वेश्यागमन जैसी कुप्रथा पर पूर्णतः प्रस्तिबन्ध होता है। रामलीला मेला का प्रमुख आकर्षण होता है। मेला स्थल के मध्य में 13 फीट ऊँचे जय स्तम्भ का निर्माण किया जाता है और चबूतरे में भी रामनाम अंकित होता है। इस चबूतरे पर रामचरितमानस की प्रति रख दी जाती है।

मेले में पूजा करते रामरमिहा

फिर रामनाम कीर्तन होता है जिसमें वाद्य यन्त्रों के बजाय घुँघरू मंडित लकड़ी के चौके से ध्वनि और ताल निकाला जाता है तथा मयूर पंख से सुसज्जित तंबूरे से वातावरण राममय हो जाता है। फेरा के पूर्व महासभा के समक्ष वर और वधू पक्ष को विधिवत घोषणा-पत्र भरना पड़ता है और संस्था का निर्धारित शुल्क 11-11 रुपये देना पड़ता है। दहेज माँगना और तलाक लेना पूर्णतः वर्जित है। हालाँकि विधवा महिला के माथे पर रामनाम देखकर कोई व्यक्ति उनसे पुनर्विवाह कर सकता है।

छत्तीसगढ़ में विलक्षण भक्तिधारा–'रामरमिहा'

डॉ. पंचराम सोनी

संक्षिप्त विवरण

आदिम गोदना परम्परा से पृथक् छत्तीसगढ़ अंचल में जिस गोदना परम्परा का प्रचलन है, वह है रामरमिहा या रामनामी गोदना। रामरमिहा गोदना का अंकन स्त्री-पुरुष दोनों अपने अंगों पर समान रूप से कराते हैं। इस अंचल में गोदना का यह प्रकार विशेषकर शिवरीनारायण, रायगढ़, सारंगढ़, चन्द्रपुर, माल खरौद, बिलाईगढ़, कसडोल, बिलासपुर आदि के मध्य स्थित ग्रामीण क्षेत्रों में प्रचलित है। बताया जाता है, रामरमिहा गोदना से लगभग तीन सौ प्रभावित गाँव हैं, जहाँ रामनामी बसते हैं। जनश्रुति के आधार पर अनुमानित आँकड़े पाँच लाख के करीब बतलाये जाते है। ये श्रीराम के निर्गुण स्वरूप के उपासक लोग हैं। गोदना इनकी भक्ति भावना का प्रतीक है। ये सर्वांग शरीर पर राम नाम का गोदना गुदाते हैं। शरीर में आँख की पलकों, नाक के ऊपर जैसे संवेदनशील उपांगों पर भी गोदने गुदाए जाते हैं। सिर से पाँव तक इनके पूरे शरीर पर राम राम गुदा रहता है। शिवरी नारायण का माघ मेला रामनामियों का प्रमुख मेला माना जाता है।

रामनामी गोदना श्रीराम के प्रति भावना ईश्वरीय आस्था पर आधारित है। भारतीय भक्ति परम्परा में आदिकवि वाल्मीकि रचित श्रीराम जी की जीवन गाथा पर आधारित कृति 'रामायण' तथा सन्त तुलसीदास जी की श्रीराम के जीवन चरित्र पर आधारित कृति 'रामचरितमानस' एक ऐतिहासिक तथा लोकप्रिय प्रमाण है। मनसा, वाचा, कर्मणा से रामकथा का गायन, वाचन, श्रवण, मनन करने तथा उपदेश के द्वारा कथामृत का रसपान करना, कराना, भारतीय जन-मानस का पवित्र धार्मिक कर्तव्य रहा है। भक्तिभावना से ओत-प्रोत यह धार्मिक परम्परा की बहती निरन्तर धारा भारत में सहस्राब्दियों पूर्व से प्रवाहित होती आयी है। रामरमिहा गोदना इसी भावना की एक बड़ी कड़ी है।

ऐतिहासिक पृष्ठभूमि

छत्तीसगढ़ अंचल की सांस्कृतिक विरासत का महत्त्वपूर्ण अंग है रामनामी गोदना। गोदना विषयक आंचलिक परम्परा का एक बिम्ब तो यह है ही। इस अंचल में रामनामी गोदना एक जाति या वर्ग के बीच प्रचलित मिथक के अनुसार राम नाम का गोदना एक 'परशुराम' नामक व्यक्ति से प्रारम्भ हुआ है। परशुराम ग्राम चारआमा, माल खरौद छत्तीसगढ़ के निवासी थे।

परशुराम अपने माता-पिता के एकमात्र सन्तान थे। बाल्यावस्था से ही उन्हें असाध्य रोग (कुष्ठ) हो गया था। उन दिनों इस रोग का उपचार किसी भी रूप में सम्भव नहीं था। वर्तमान समाज में इस रोग के प्रति छूत की भावना व्याप्त थी। एक तो वह निम्न वर्ग का व्यक्ति ऊपर से ऐसी व्याधि

रामरमिहा सम्प्रदाय का जयस्तम्भ

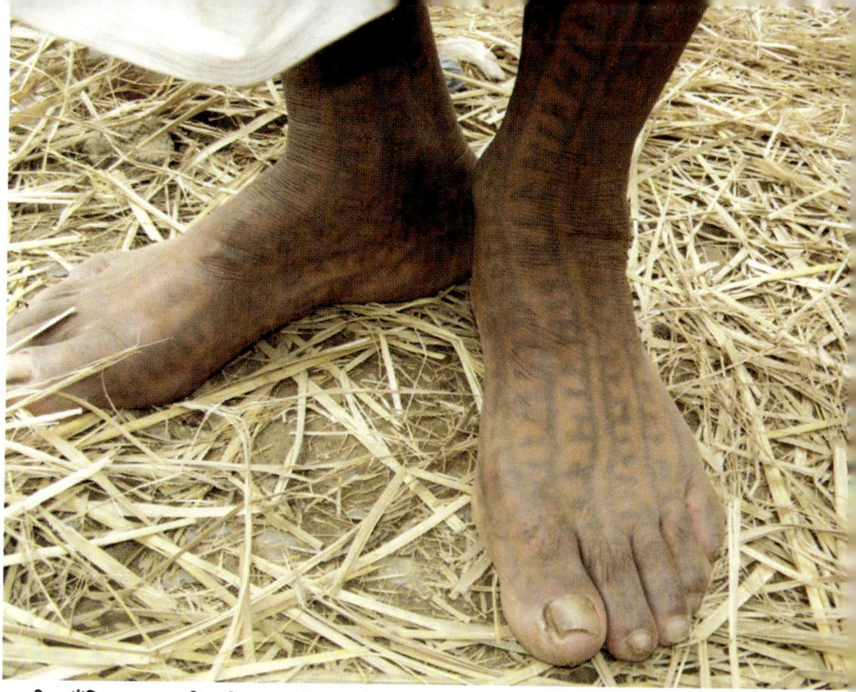

'दुब्बर ल दू असाढ़' की भाँति समाज में जीना मुश्किल हो गया। परशुराम अपने जीवन से निराश हो चुका था। इसी निराशावश एक सुबह अपने परिवार को साथ लेकर जंगल की ओर निकल पड़ा। चलते-चलते रास्ते में संयोगवश उनकी रामदेव नामक एक रामानन्दी सन्त से भेंट हो गयी। उस सन्त ने परशुराम से हाल-चाल, नाम, पता के साथ वनगमन का कारण जानना चाहा। परशुराम ने बड़े कातर भाव से अपनी सारी रामकहानी उन्हें सुनाई। इस वार्तालाप के बीच परशुराम ने उन सन्त से स्वयं को छूत बताते हुए अपने से दुराव बरतने को कहा। इसके साथ ही उनसे आशीर्वाद पाने की

मेले में भोजन बनाते रामरमिहा

अपेक्षा व्यक्त करते हुए छूत रोग से मुक्ति के लिए उचित मार्ग दर्शन कराने को निवेदन किया। इस पर सन्त ने अपने गुणों के अनुरूप परशुराम पर अनुकम्पा की। सन्त तो सन्त ठहरे, मनुष्यों के बीच इतनी हीन भावना को देखकर यह सन्त को उचित नहीं लगा। सन्त ने परशुराम को अपने घर लौट जाने का सुझाव दिया। उन्होंने दोपहर में दूसरे दिन स्वयं परशुराम के घर आने तथा रात्रि के पूर्व लौट आने का वचन भी दिया। परशुराम को अत्यधिक सान्त्वना मिली। वे सपरिवार सहजता से घर लौट आये। घर पहुँच परशुराम उन सन्त के आने की राह देखने लगे। सन्त जी अपने वचन के अनुसार समय पर परशुराम के घर आ पहुँचे। परशुराम की पत्नी ने सन्त के चरण धोए और पूरे घर में चरणामृत के रूप में छिड़काव किया। सन्त की आरती उतारी तथा आदरपूर्वक आसन बिछाकर पधारने की विनती की। सन्त ने घर में प्रवेश कर के आसन ग्रहण किया। तत्पश्चात् परशुराम ने रामचरितमानस माँगा। रामचरितमानस मिलने पर उन्होंने कहा कि, यही तुम्हारे आराध्य इष्ट हैं ये आपकी सभी आवश्यकताएँ पूरी करते हैं। उन्होंने यह भी बतलाया कि, भगवान राम उनकी भक्ति से प्रसन्न हैं यदि उनका राम के प्रति सच्चा प्रेम और विश्वास है, तब आज ही रात में उनके हृदय स्थल पर स्वतः लिख जायेगा। रामदेव जी कुछ समय तक परशुराम के घर पर भगवान का गुणानुवाद करते रहे। कुछ देर बाद वे उठकर घर से बाहर निकले और रात्रि के घोर अन्धकार में जाने कहाँ विलीन हो गये। सन्त के इस प्रकार वियोग से परशुराम दुखी हुए और भाव विह्वल हो आँसू बहाते घर के एक कोने में रामचरितमानस को गोद में लिए, राम नाम जपते बैठे रहे। रात ऐसे ही बीत गयी। परन्तु दूसरी सुबह चमत्कार हो गया। भोर का उजाला फैलने और अन्धकार छँटने के साथ परशुराम

के शरीर से उस असाध्य रोग का निवारण हो चुका था और उनके वक्षस्थल पर 'राम राम' शब्द का अंकन भी हो चुका था। यह समाचार पूरे क्षेत्र में हवा के समान फैल गया। ग्रामवासी, जन-समुदाय दर्शन के लिए उमड़ पड़े। लोगों की भीड़ लग गयी। लोग इस चमत्कार से इतने प्रभावित हुए कि भक्ति भावना में डूब गये। भजन, कीर्तन, गाना-बजाना प्रारम्भ कर दिये। यह क्रम कई दिनों तक चलता रहा। लोग दूर-दूर से आते रहे। भजन, कीर्तन में शामिल होते रहे। इसके बाद से 'राम-राम' के नाम का गुदना गुदाने की परम्परा चल पड़ी। इस प्रकार से रमरमियाँ गोदना की उत्पत्ति और रामनामी सम्प्रदाय की स्थापना हुई।

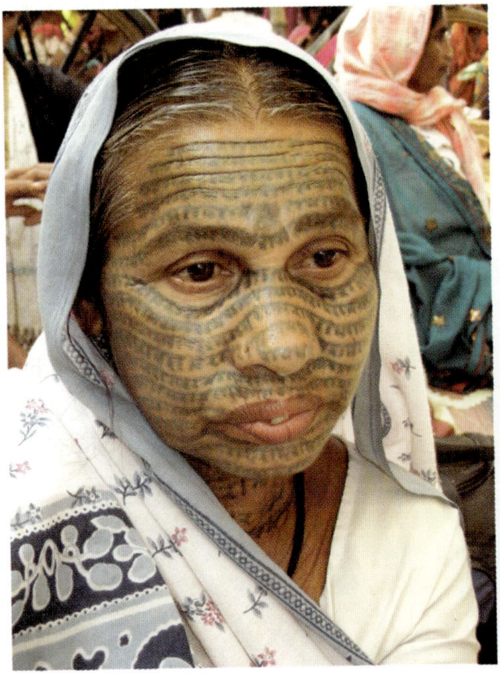

रामनामियों पर अमेरिकी शोधार्थी प्रोफेसर रामदास लैम्ब ने कुछ ऐसी ही जानकारी अपने शोधकार्य में प्रस्तुत की है। श्री लैम्ब हवाई वि.वि.यू.एस.ए. से शोधकार्य करने हेतु भारत आये थे। उन्होंने छत्तीसगढ़ में रामनामियों के बीच कुछ समय तक रह कर उन पर शोध कार्य किया है। 'रैप्ट इन द नेम' के नाम से इनकी पुस्तक भी छपी है। लैम्ब लिखते हैं, छत्तीसगढ़ में बड़ी संख्या में कबीर पन्थी निवास

करते हैं, स्थानीय भाषा में इन्हें कबिरहा कहा जाता है। सामाजिक संरचना में जो पिछड़ी जातियाँ थीं, इस पन्थ के अनुयायियों में इनकी बहुलता है। इसी प्रकार छत्तीसगढ़ का सतनामी समाज सन्त गुरु घासीदास का अनुयायी है, जिनका भक्ति शाखा से सीधा सम्बन्ध है। रामनामी सम्प्रदाय के लोग इसी सामाजिक वर्ग के हैं। गोदना के माध्यम से ये अंचल में अपनी स्वतन्त्र पहचान बनाए हुए हैं। प्रोफेसर लैम्ब के अनुसार इस सम्प्रदाय के लोग रामकथा गाते हैं। रामनामी चादर ओढ़ते हैं। रामनाम अंकित मुकुट लगाते हैं। अपने पूरे शरीर पर रामनाम का गोदना गुदाते हैं। इस रूप में छत्तीसगढ़ में इनकी विशिष्ट पहचान है। ये विशुद्ध शाकाहारी होते हैं, किसी प्रकार का नशा नहीं करते। गोदना इनके सौन्दर्य का साधन नहीं है, बल्कि गोदना में इनकी धार्मिक आस्था निहित है। रामनामी गोदना गुदाना नहीं कहते वे इसे अंकित कराना चाहते हैं। गोदना के प्रति इनका यह विश्वास है कि मृत्यु के पश्चात् अपने अनन्य भक्त के रूप में स्वर्ग में ईश्वर इनकी पहचान कर लेंगे। शरीर पर अंकित रामनाम इनकी धारणा में रामजी का हस्ताक्षर है। श्री लैम्ब से मेरी भेंट हुई थी। लैम्ब क्योंकि एक शोध छात्र थे। रामनामियों पर उनका गहन अध्ययन है, इसलिए जिज्ञासावश मैंने भी उनसे कुछ जानने के लिए प्रश्न किया था। जिसका सार अंश यह है कि—परशुराम का जन्म विषयक कोई लिखित प्रमाण नहीं है। प्रारम्भिक वर्षों में परशुराम के शिष्यों की संख्या कम थी, परन्तु धीरे-धीरे इनमें वृद्धि हुई। रामनामी आन्दोलन के प्रारम्भ के साथ (1890 ईसवी के दशक से) इस सम्प्रदाय का निरन्तर विकास हुआ। सन् 1920 में परशुराम जी के स्वर्गवास के समय गोदनामय रामनामियों के उपस्थिति की संख्या करीब 20,000 थी। परन्तु 21वीं सदी में इनकी संख्या में आश्चर्यजनक रूप से गिरावट आयी है। इस अंचल के रामनामियों की सांस्कृतिक पहचान गोदना कम होती जा रही है। यह एक चिन्तनीय बात है।

यहाँ ध्यान देने योग्य विशेष बात यह है कि मानवीय धारणाएँ, मान्यताएँ देशकाल, परिस्थितियों के साथ परिवर्तित होती रहती है। परन्तु मानव आस्था के मूल स्रोत या आदिम आधार प्रकारान्तर में भी प्रस्थान बिन्दु से या सम्बन्ध सूत्र से विलग नहीं होते। उपरोक्त सन्दर्भों में भी हम यही पाते हैं कि वैदिक निर्गुण पन्थी सर्वव्यापी आराध्य अथवा इष्ट के प्रति उत्पन्न ईश्वरीय धार्मिक आस्था जो आदिम युग से चली आ रही है, उपनिषद् तथा पौराणिक काल को लाँघ कर वर्तमान वैज्ञानिक युग में भी जन-मानस में समान रूप से अपना प्रभाव बराबर बनाये हुए दृष्टिपात करें तो पाते हैं कि ई. सन् 1398 से 1518 ईसवी तक सन्त कबीर, ई. सन् 1756 से 1850 ईसवी तक सन्त घासीदास और सन् 1850 से 1920 ईसवी तक सन्त परशुराम के समय तक इन 522 वर्षों में चार चक्र परिवर्तनकारी

विषम परिस्थितियाँ समाज या जन-मानस में आयीं और चली गयीं। पर अपने आराध्य या इष्ट को अपने अत्यधिक समीप बसाये, बनाये रखने की प्रवृत्ति में कोई अन्तर नहीं आया वह यथावत् बनी रही। जिस आराध्य को वैदिक काल में सर्वव्यापी दृष्टि से देखा गया, कुछ आंशिक मतभेदों के साथ उपनिषदिक काल में उसे निर्गुण निराकार रूपी धारणा में आबद्ध किया गया। पौराणिक काल में अनेक अवतारों के साथ वह सगुण, साकार स्वरूप ग्रहण करके लीलाधारी हो गया। भक्ति काल में पुनः कबीर से ईश्वरत्व के निराकार स्वरूप को मान्यता मिली जिसे उन्होंने नामों से इंगित किया। सन्त घासीदास ने उसे 'सत्य नाम' का नाम दिया और उसे संसार के कर्ता, धर्ता, हर्ता के रूप में प्रसारित-प्रचारित किया। जिसे सन्त परशुराम ने पुनः 'राम नाम' के रूप में आराध्य इष्ट माना।

अभिन्न तादात्म्य की मंशा से परशुराम के बाद अपने शरीर पर आराध्य को अंकित कराने की परम्परा पुनः चल पड़ती है। इसमें आश्चर्य जैसी कोई बात नजर नहीं आती क्योंकि परशुराम के साथ चमत्कारपूर्ण बातें प्रारम्भ से जुड़ी हुई चली आ रही हैं। इस हेतु से यहाँ यह अत्यधिक उल्लेखनीय बात है कि आदिम युग की धारणा में स्थित आराध्य के प्रति, प्रतीक के रूप में चिह्नांकन की प्राचीन परम्परा अपने मूल रूप में यथावत उपस्थित हो गयी। मनुष्य ने अपने इष्ट को सबसे

करीब रखने हेतु उसे प्रतीक के रूप में अपने शरीर पर अंकित कर लिया। इस विश्वास के साथ ईष्ट और आराध्य के प्रति वही आदिम विद्यमान मानवीय आस्था लोक-जीवन में नयी ऊर्जा शक्ति लेकर जीवित हो उठी है।

यहाँ यह भी विशेष उल्लेखनीय बात होगी कि छत्तीसगढ़ अंचल श्रीराम का त्रेता युगीन भक्त क्षेत्र है। यह अंचल कई मायने में श्रीराम से सम्बद्ध रहा है। दक्षिण कोसल के नाम से इतिहास प्रसिद्ध यह क्षेत्र श्रीराम का 'ननिहाल' होने के साथ-साथ वाल्मीकि आश्रम तुरतुरिया, लव-कुश की जन्मभूमि और दंडकारण्य के रूप में श्रीराम की कर्मभूमि भी रहा है। तात्पर्य यह है कि, यह अंचल त्रेता युग से ही राम की भक्ति भावना से ओत-प्रोत रहा है। उन दिनों अनेक ऋषि-मुनि यहाँ निवास करते थे, जिनका प्रभाव अब तक बना हुआ है। द्वापर युग में सिरपुर में राजधानी की स्थापना करके पाण्डु पुत्र अर्जुन के वंशज यहाँ राज्य करते थे। गौतम बुद्ध से लेकर सन्त घासीदास तक विभिन्न अस्थायी उथल-पुथल इस अंचल में होती रही है। परन्तु परशुराम को माध्यम बनाकर वह त्रेता युगीन रामभक्ति की धारा पुनः तरंगित हो उठी है। अतः यह समझना होगा कि छत्तीसगढ़ की ईश्वरीय आस्था परक मानवीय भावना युगीन है। यद्यपि परिवर्तनशील जीवन में किसी भी विषय-वस्तु के स्थायी होने की कोई गारंटी नहीं है, किन्तु जो कुछ रहा है, और है, उसका अस्तित्व सदैव किसी न किसी रूप में बना रहता है, वह समूल नष्ट नहीं होता। यह सर्वविदित तथ्य है कि सूई की नोक के समान वट बीज में विशालकाय अक्षयवट का सम्पूर्ण आकार विद्यमान होता है, जिसमें पल्लवन की शाश्वत परम्परा भी संयुक्त होती है।

रामरमिहा सम्प्रदाय की जीवनशैली व परम्परा

विद्याभूषण मिश्र

छत्तीसगढ़ अंचल अपनी सांस्कृतिक और धार्मिक विरासतों के लिए जाना जाता है। अगर यहाँ कबीरपन्थ की धर्मदासी पीठ है तो सतनाम का भी यह उद्गम स्थल है। यहाँ परम रामभक्त रामरमिहाओं का अपना विविधतामय संसार है। छत्तीसगढ़ में निवास करने वाले रामनामी सम्प्रदाय के लोग जिन्हें 'रामरमिहा' अथवा 'रामनमिहा' के नाम से जाना जाता है, राम-कीर्तन एवं भजन के कार्यों में सदा तन्मय पाये जाते हैं। रायपुर, बिलासपुर एवं रायगढ़ जिले के ग्रामों में प्रायः इस सम्प्रदाय के लोग अधिक संख्या में निवास करते हैं। जांजगीर-चाँपा जिला में भी इस सम्प्रदाय के कुछ लोग पाये जाते हैं। इस वर्ग के वयोवृद्ध लोगों के अनुसार इनकी पीढ़ी का सर्वप्रथम आगमन छत्तीसगढ़ में हरियाणा के नारनौल नामक शहर से हुआ। आज इस वर्ण की 16वीं पीढ़ी छत्तीसगढ़ की सांस्कृतिक विशिष्टताओं का एक अंग मानी जाती है। जब इस सम्प्रदाय की प्रथम पीढ़ी छत्तीसगढ़ में आयी, भारत में औरंगजेब का राज था, तत्कालीन उत्पीड़न से आक्रान्त हो इस सम्प्रदाय ने यहाँ शरण ली। ये लोग पूर्णतः अहिंसावादी एवं श्रम के प्रति आस्थावान रहे। इन्होंने मुख्यतः कृषि को अपना प्रमुख पेशा चुना।

जब रामनामी सम्प्रदाय के लोग यहाँ आये उनमें पारस्परिक सद्भाव एवं अपूर्व संगठन-शक्ति थी। तत्कालीन मालगुजारों एवं धनिकों ने इनमें फूट डालने की युक्ति निकाली। यह वर्ग मुख्यतः सतनामी पन्थ का अनुयायी था। किन्तु कहा जाता है कि जब किसी के घर एक शिशु का जन्म हुआ षड्यन्त्र करके धनिकों ने उसके मस्तक पर राम नाम अंकित कराके इस बात की घोषणा कर दी कि श्रीराम की आज्ञा है कि इस परिवार के लोग रामपन्थ का अनुसरण करें। धीरे-धीरे कालान्तर में रामनामी सम्प्रदाय सतनामी वर्ग से अलग होकर अपना विभिन्न अस्तित्व रखने लगा। इस अलगाव के बाद इस वर्ग ने राम को अपने गुरु के रूप में स्वीकार किया। इसके बाद हरिजन वर्ग रामनामी, सतनामी, सूर्यवंशी एवं कबीरपन्थी आदि वर्गों में विभाजित हो गया।

रामरमिहा लोगों का मेला किसी एक ग्राम के आमन्त्रण पर पौष शुक्ल एकादशी से त्रयोदशी तक तीन दिनों के लिए लगता है। ये लोग रामनाम का जय-स्तम्भ पहले काष्ठ से निर्मित करते रहे किन्तु अब ईंट और सीमेंट की सहायता से इन्हें स्थायी रूप प्रदान किया गया है। चाहे मेला लगे या न लगे किन्तु जय-स्तम्भ के निकट पौष शुक्ल 11 से 13 तक रामकीर्तन एवं भजन-कार्य में लोग रसमग्न पाये जाते हैं। मानो राम-कीर्तन की रसमय धारा प्रवाहमान हो उठती है।

जय-स्तम्भ या राम-स्तम्भ की ऊँचाई 13 फुट होती है तथा उसके निकट एक चबूतरा का निर्माण किया जाता है। इस चबूतरे पर 'रामचरितमानस' की प्रति आदरपूर्वक रख दी जाती है। रामनमिहा लोग इस चौक या चबूतरा पर बैठकर मानस की चौपाइयों का गान करते हैं। इस गान के समय

बार-बार राम नाम का उच्चारण किया जाता है। राम-कीर्तन में वाद्यों का उपयोग नहीं किया जाता। घुँघरू-मंडित लकड़ी के चौकों से ध्वनि उत्पन्न कर कीर्तन किया जाता है। मयूर पंखों से सुसज्जित तम्बूरे अपनी गुंजनमयी स्वरलहरियों से वातावरण को रामरस से सरस बना देते हैं। जय-स्तम्भ पर राम नाम अंकित कर दिया जाता है तथा स्तम्भ के ऊपर श्वेत वस्त्र पर रामांकित ध्वज फहराकर

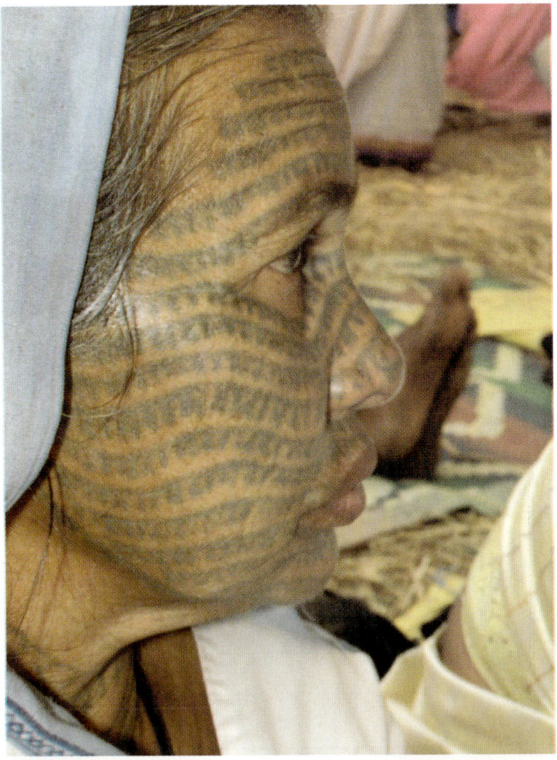

कीर्तन को और भी आकर्षक स्वरूप प्रदान किया जाता है। जिस स्थल पर मेला लगता है वहाँ विभिन्न ग्रामों से पधारे लोग अपनी अलग-अलग छावनी लगाकर निवास करते हैं। मेला निरन्तर 62 घण्टे तक चलता है तथा इस अवधि में राम-कीर्तन क्षणमात्र के लिए भी अवरुद्ध नहीं होता है। "राम राम राम राम के भजन प्रिय लागे" जैसी ध्वनि वातावरण को राममय गुंजन से आश्रम का सा स्वरूप प्रदान करती है।

मेला में लोग अपनी-अपनी छावनियों में भोजन बनाते हैं। किन्तु अन्तिम दिन सभी के लिए एक स्थल पर चावल एवं दाल पकाया जाता है। चावल को पकाकर पृथ्वी के ऊपर किसी कपड़े के बिछावन पर इकट्ठा कर दिया जाता है। इस एकत्रित ढेरनुमा आकार पर भक्तवृन्द आकर विभिन्न प्रकार

की वस्तुएँ अर्पित करते हैं। कोई घी डालता है तो कोई लाई से बना हुआ उखरा। कहा जाता है कि जब समाज में दूध-दही की सम्पन्नता थी, लोग पीपा पीपा भर घी तक चावल की ढेरी पर श्रद्धापूर्वक अर्पित कर दिया करते थे। पत्तलों से निर्मित दोने में भरकर प्रसाद वितरण में चावल एवं दाल दिये जाते हैं। सन्ध्या में सूर्यास्त के बाद शेष चावल-दाल पूरे समूह में बाँट दिये जाते थे। जो रामनमिहा गाँव खिलाने की आर्थिक स्थिति रखता है, वही अन्य ग्राम्यवासियों के लिए अपने यहाँ राममेला का आयोजन करता है।

इस मेला की सबसे बड़ी विशेषता पारस्परिक सहयोग एवं एकता के साथ ही साथ सद्‌भाव एवं भक्ति है। इसकी दूसरी उपलब्धि सामूहिक-विवाह को माना जाता है। जय-स्तम्भ के किनारे लड़का

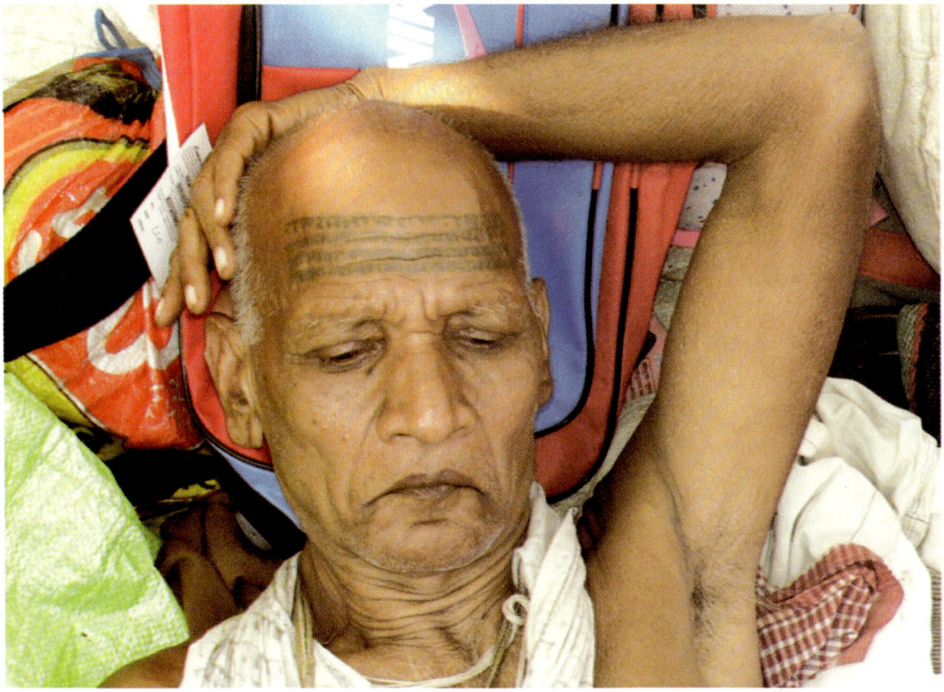

एवं लड़की पक्ष वाले एकत्र हो जाते हैं। वर एवं कन्या के मस्तक पर राम नाम का गोदना अंकित करा दिया जाता है। यह अंकन इस बात को प्रमाणित करता है कि वे दाम्पत्य जीवन में प्रवेश करने जा रहे हैं। फिर जय-स्तम्भ के चारों ओर वर-कन्या की सात भाँवरी होती है तथा रामचरितमानस पर लड़का एवं लड़की पक्ष के लोग 25-25 रुपये चढ़ाकर वैवाहिक दक्षिणा प्रदान करते हैं। वर-वधू इस समय नये वस्त्र पहनते हैं। सम्प्रदाय के गुरुजन शीश के ऊपर रामांकित बोंगा धारण कर उसे मयूर-पंख से सुसज्जित कर आशीर्वाद देते हैं।

लड़की अगर जीवन में विवाहोपरान्त विधवा हो जाती है तो उसके मस्तक पर अंकित राम-राम को देखकर चूड़ी प्रथा द्वारा दूसरा व्यक्ति उसे दाम्पत्य सूत्र में आबद्ध कर लेता है। चूँकि आज की आधुनिक संस्कृति में नवयुवक रंग चुके हैं तथा उनके ऊपर दूरदर्शन एवं चलचित्र की संस्कृति का गहरा प्रभाव प्रवेश कर गया है, वे मस्तक पर राम नाम के गोदना से घृणा करने लगे हैं। इस तरह यह प्राचीनतम राम संस्कृति इस वैज्ञानिक युग में धूमिल होती जा रही है। राम नाम गोदना के प्रति टूटती आस्था एवं बढ़ती अनास्था का कारण कुछ लोगों ने बताया कि इसे देखकर लोग समाज में उनके प्रति उपेक्षा की भावना रखते हैं। अतः आधुनिक युवक इससे कतराने लगे हैं। विधवा का पुनर्विवाह चूड़ी प्रथा के अन्तर्गत सम्पन्न किया जाता है तथा इस अवसर पर चूड़ी पहनाने वाले व्यक्ति को भात देना पड़ता है, अर्थात् वह अपने समाज को भोजन कराता है। इसी तरह चारित्रिक अपराध सिद्ध होने पर अपराधी व्यक्ति को भात देकर प्रायश्चित्त करना पड़ता है। रामरमिहा वर्ग में सामूहिक विवाह की प्रथा आज की दहेज-प्रथा के विरुद्ध एक नैतिक चुनौती एवं जीवन निर्वाह का सहजतम हल है। जीवन में जटिलताओं के बावजूद सहज जीवन जीने वाला यह विरासती सम्प्रदाय सामाजिक संरक्षक के योग्य है।

रामभक्ति में लीन रामरमिहा सम्प्रदाय द्वारा आयोजित
रामनामी मेला की कुछ सुनहरी झलकियाँ

STORM

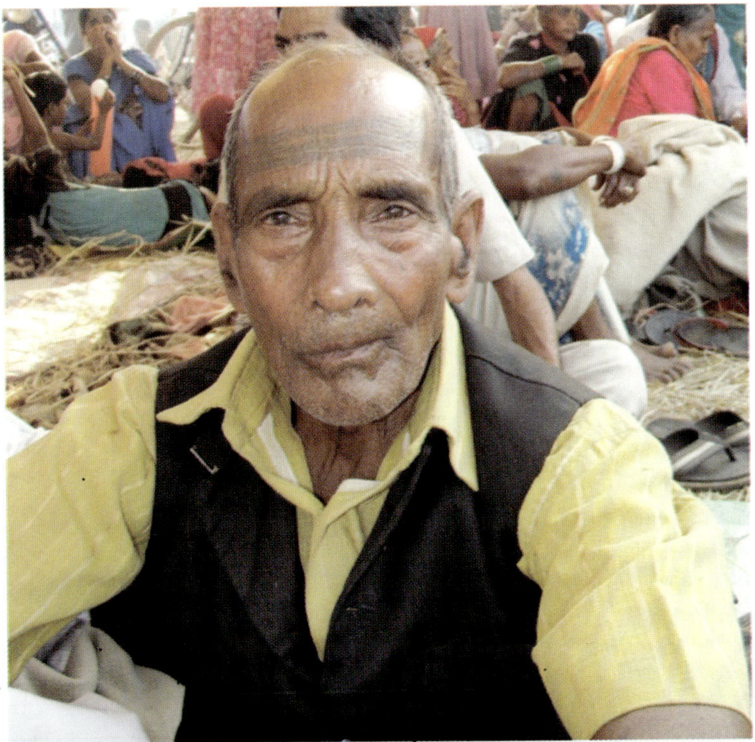

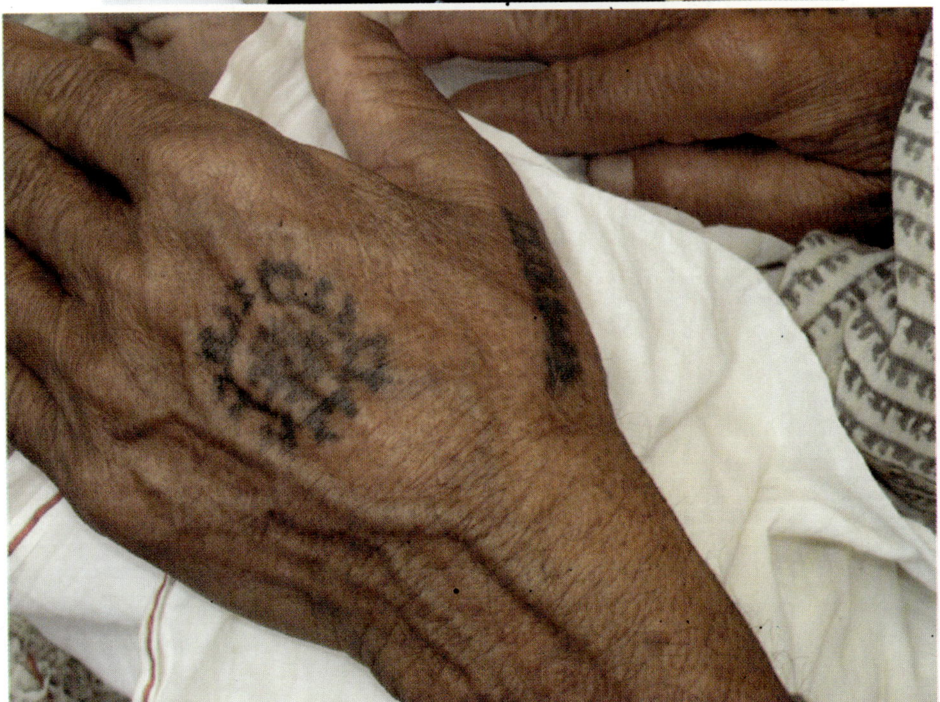

रामरमिहा सम्प्रदाय के साथ लेखक अजय अटपटू

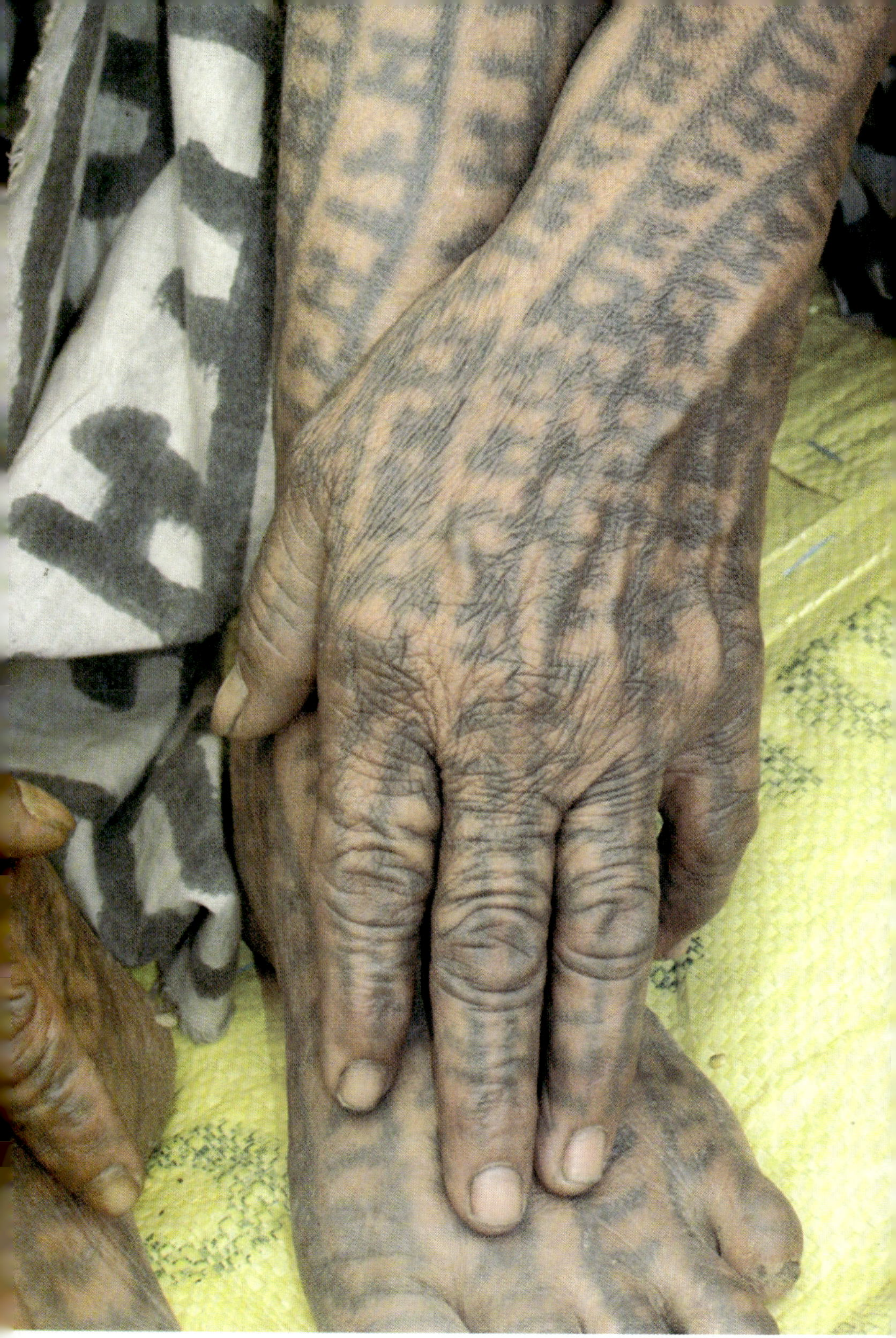

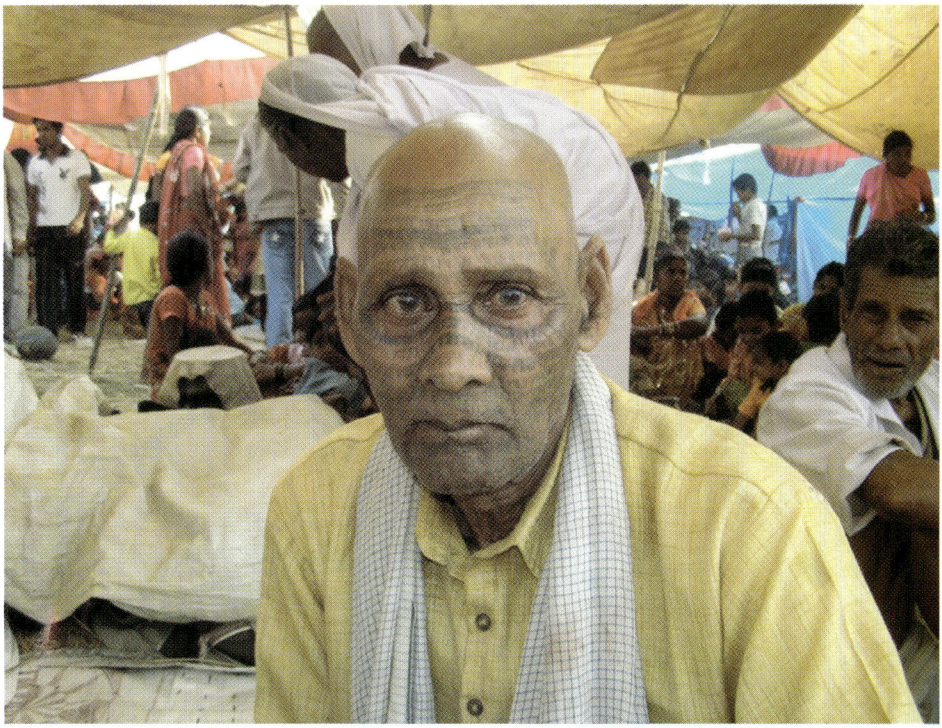

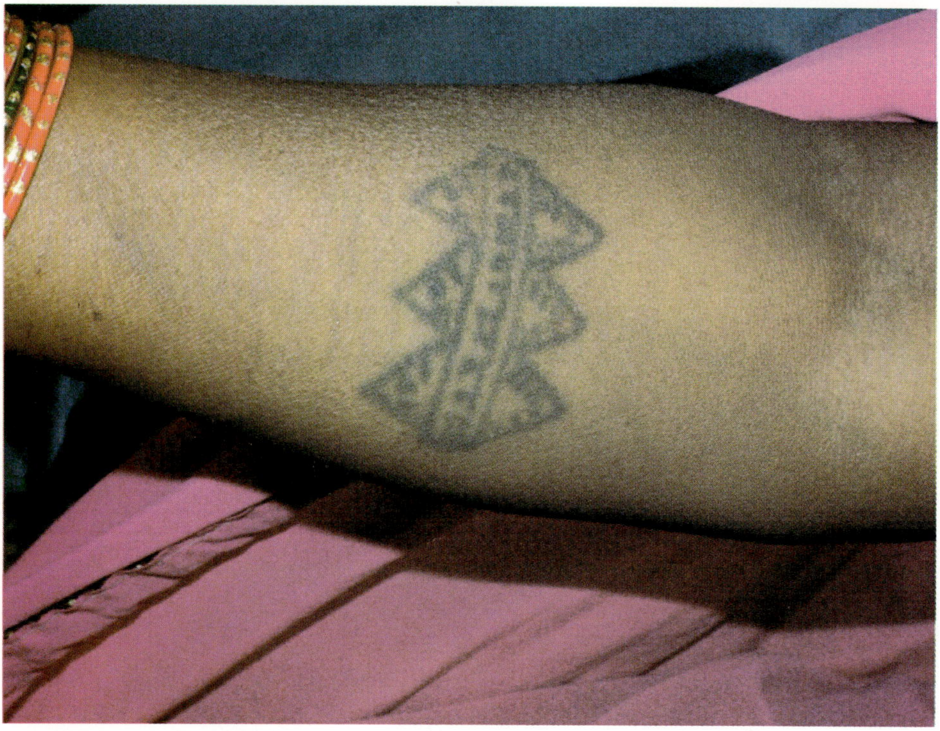

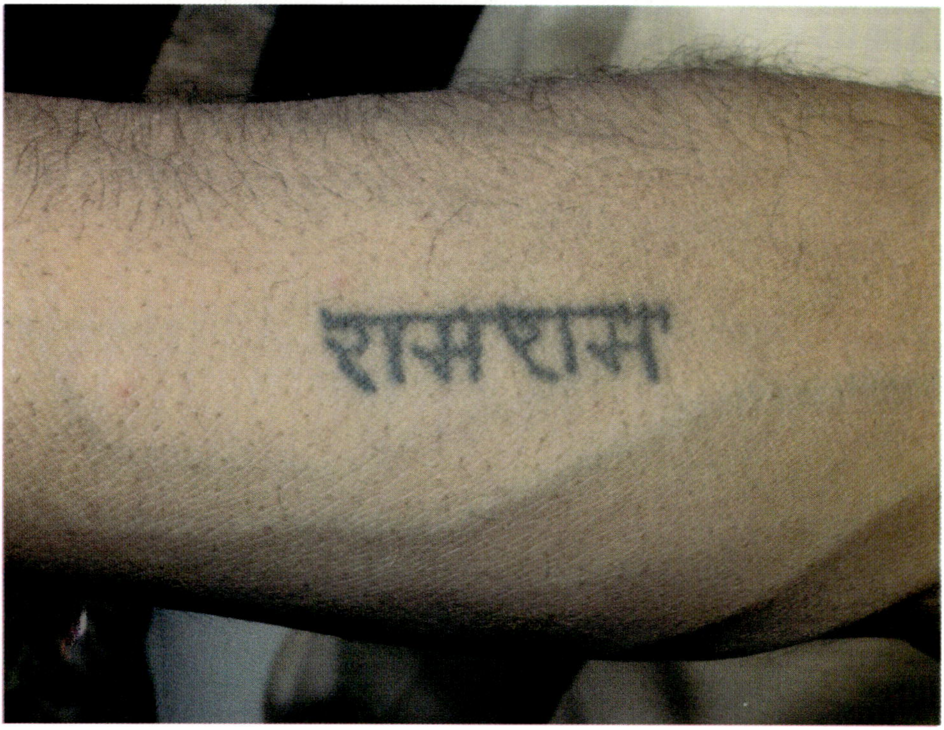
रामराम

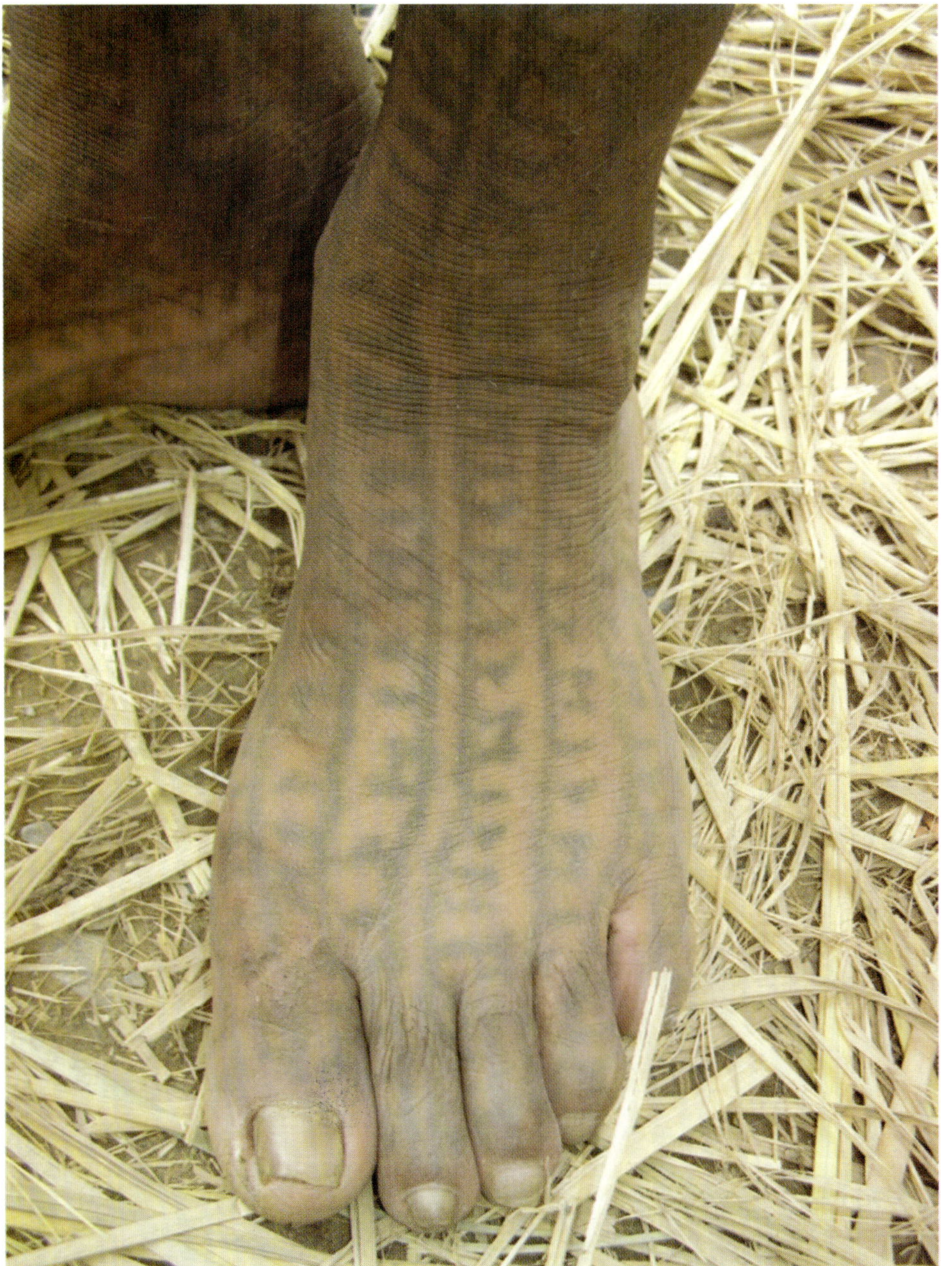

राम राम राम राम
रामराम
रामराम
रामराम

खण्ड - ब

माता कौशल्या का मन्दिर : चन्दखुरी

अजय अटपटू

मर्यादा पुरुषोत्तम भगवान राम की जननी माता कौशल्या को समर्पित होने के कारण ही चन्दखुरी (चन्द्रपुरी) देवी कौशल्या माता मन्दिर के नाम से विख्यात रहा है। पुरातात्विक दृष्टि से मूल मन्दिर का निर्माण आठवीं शताब्दी के प्रारम्भ में सोमवंशी नरेशों के द्वारा कराया गया था। लोक आस्था

का केन्द्र होने के कारण भिन्न-भिन्न समय पर इसका जीर्णोद्धार किया जाता रहा है। परिणाम स्वरूप मन्दिर का मूल वास्तुरूप आज पूर्णतः विलुप्त हो चुका है। परन्तु शताब्दियों से जन आस्था

एवं विश्वास की ऊर्जा समान गति से प्रवाहित होती रही है और लोगों की श्रद्धा माता कौशल्या की दिव्य मूर्ति से आप्लावित होती रही है।

प्राचीन धर्म ग्रन्थों से ज्ञात होता है कि कोसल देश छत्तीसगढ़ के राजा महाकोसल की पुत्री होने के कारण राजमाता को कौशल्या नाम से सम्बोधित किया जाता था।

ऐसी मान्यता है कि चन्दखुरी ग्राम में तालाब के मध्य कौशल्या माता का यह मन्दिर उत्तरवर्ती काल का उत्तम स्मारक है। जो इस क्षेत्र को ऐतिहासिक रामायण काल के दक्षिण कोसल से जोड़ती है। जनश्रुति के अनुसार इस क्षेत्र को भगवान राम की माता कौशल्या देवी के मायका होने का गौरव प्राप्त है। इस मन्दिर को किनारे से जोड़ने के लिए सुबेन सेतु का निर्माण किया गया। यहाँ कौशल्या परिसर और कौशल्या वाटिका का निर्माण भी प्रस्तावित है। चन्दखुरी के सम्बन्ध में यह मान्यता प्रचलित है कि प्रसिद्ध वैद्य सुबेन यहाँ का मूल निवासी था।

मंगलमयी माता कौशल्या के पावन धाम में शरद एवं बसन्त नवरात्र पर श्रद्धालुजनों द्वारा गत कई वर्षों से मनोकामना कलश स्थापना की जाती है। प्रतिवर्ष चैत्र नवरात्र की सप्तमी को एक दिवसीय 'कौशल्या-महोत्सव' का आयोजन होता है। भगवान राम की माता का मायका होने से यह स्थान अति महत्त्वपूर्ण व गौरवशाली है, परन्तु इस स्थान को अभी विकास की आवश्यकता है, जिससे ज्यादा से ज्यादा लोग इस दिव्य स्थल के बारे में जान सकें।

छत्तीसगढ़ की पावन भूमि में मर्यादा पुरुषोत्तम श्रीराम की जननी माता कौशल्या का मन्दिर, पूरे भारत में एक मात्र मन्दिर होना इसकी दुर्लभता ही नहीं अपितु छत्तीसगढ़ राज्य की गौरवपूर्ण अस्मिता है।

कौशल्या मन्दिर रायपुर जिले के आरंग विकासखंड के अन्तर्गत चन्दखुरी नामक एक छोटे से

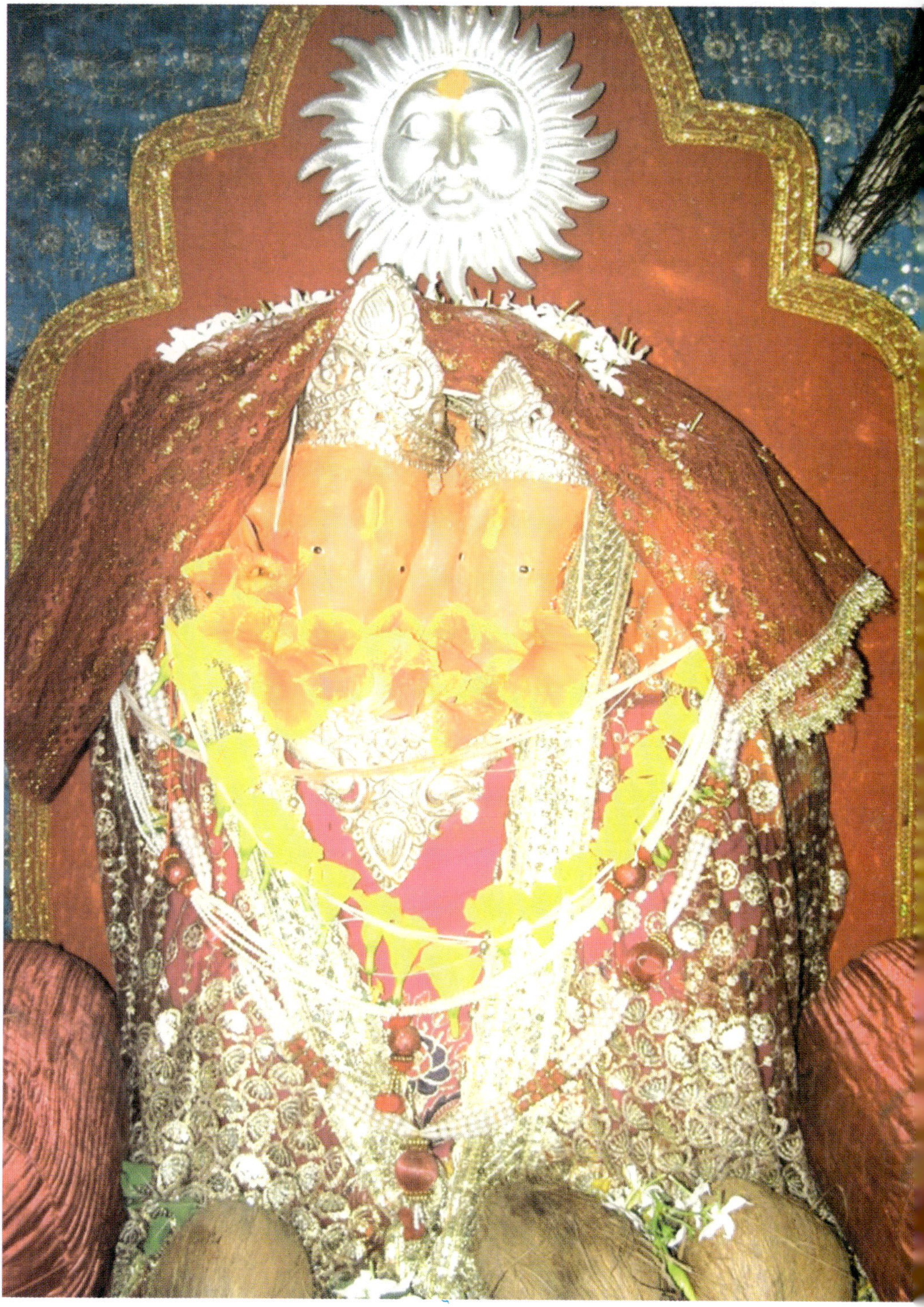

माता कौशल्या मन्दिर चन्दखुरी में स्थापित मूर्ति जिसमें कौशल्या माता
का शीश छोटा और रामचन्द्र जी का शीश बड़ा दिख रहा है।

ग्राम में स्थित है। छत्तीसगढ़ की राजधानी रायपुर से 27 कि.मी. पूर्व दिशा में एक सुन्दर विशाल जलसेन जलाशय के मध्य में स्थित है।

ऐतिहासिकता

छत्तीसगढ़ का प्राचीन नाम कोसल था। रामायण काल में छत्तीसगढ़ का अधिकांश भाग दंडकारण्य क्षेत्र के अन्तर्गत आता था। यह क्षेत्र उन दिनों दक्षिणापथ भी कहलाता था। यह रामवनगमन पथ के अन्तर्गत होने के कारण श्रीरामचन्द्र जी के यहाँ वनवास काल में आने की जनश्रुति मिलती है, जिसमें उनकी माता की जन्मस्थली होने के कारण उनका इस क्षेत्र में आगमन ननिहाल होने की पुष्टि करता है। चन्दखुरी स्थित माता कौशल्या मन्दिर का जीर्णोद्धार 1973 में किया गया था। पुरातात्विक दृष्टि से इस मन्दिर के अवशेष के अवलोकन से सोमवंशी कालीन आठवीं-नौवीं शती ईसवी की मानी जाती है। इस जलसेन तालाब के आगे कुछ दूरी पर प्राचीन शिव मन्दिर चन्दखुरी जो इसके समकालीन स्थित है। पाषाण से निर्मित इस शिव मन्दिर के भग्नावशेष की कलाकृति मन्दिर के प्रांगण में संरक्षित कलाकृतियों से होती है।

माता कौशल्या का यह मन्दिर जलसेन तालाब के मध्य में स्थित है। इस तालाब में सेतु बनाया गया है। सेतु से जाकर इस मन्दिर तक पहुँचा जा सकता है। जलसेन तालाब लगभग 16 एकड़ क्षेत्र में विस्तृत है। इस सुन्दर तालाब के चारों ओर लबालब जलराशि में तैरते हुए कमल पत्र एवं कमल पुष्प की सुन्दरता इस जलाशय की सुन्दरता को बढ़ाती है। जिससे इस मन्दिर की नैसर्गिक सुन्दरता एवं रमणीयता और बढ़ जाती है। प्राकृतिक सुषमा के अनेक अनुपम दृश्य इस स्थल पर

मन्दिर प्रांगण में अयोध्या दरबार की मोहक आकृति

दृष्टिगोचर होते हैं। इस मन्दिर के गर्भगृह में माँ कौशल्या की गोद में बालरूप में भगवान श्रीराम जी की वात्सल्यमय प्रतिमा श्रद्धालुओं एवं भक्तों का मन मोह लेती है। चन्दखुरी को सैकड़ों साल पूर्व तक चन्द्रपुरी (देवताओं की नगरी) माना जाता था। कालान्तर में चन्द्रपुरी से चन्दखुरी हो गया। चन्दखुरी (चन्द्रपुरी) का अपभ्रंश है। जलसेन के सम्बन्ध में कहावत है कि यह इस क्षेत्र का सबसे बड़ा तालाब था। इसके चारों ओर छह कोरी छह अर्थात् 126 तालाब होने की जनश्रुति मिलती है। किन्तु अभी इस क्षेत्र में 20-26 तालाब ही शेष हैं।

वाल्मीकि रामायण के अनुसार अयोध्यापति युवराज दशरथ के अभिषेक के अवसर पर कोसल

वर्तमान में माता कौशल्या मन्दिर परिसर

नरेश भानुमंत को अयोध्या आमन्त्रित किया गया था। 'ततो कोसल राजा भानुतमं समुद्रधृतमू'' अर्थात् राजा दशरथ जब युवराज थे, उनके अभिषेक के समय कोसल राजा श्री भानुमन्त को भी अयोध्या में आमन्त्रित किया गया था और इसी अवसर पर युवराज द्वारा राजकुमारी भानुमति जो अपने पिता के साथ अयोध्या गयी थी उसकी सुन्दरता से मुग्ध होकर युवराज दशरथ ने भानुमंत की पुत्री से विवाह का प्रस्ताव रखा हो, तभी कालान्तर में युवराज दशरथ एवं कोसल की राजकन्या भानुमति का वैवाहिक सम्बन्ध हुआ और कोसल की राजकन्या भानुमति को विवाह उपरान्त कोसल की राजदुहिता होने के कारण कौशल्या कहा जाने लगा। रानी कौशल्या की कोख से प्रभु राम का जन्म हुआ और यह कोसल प्रदेश जो बाद में दो भाग में विभक्त हुआ, उत्तर कोसल या अवध का क्षेत्र एवं दक्षिण कोसल छत्तीसगढ़ का क्षेत्र कहलाया। इस प्रकार माता कौशल्या का सम्बन्ध कोसल से होने के कारण इस पावन धरा में उसकी मधुर स्मृति में कौशल्या मन्दिर का निर्माण, माता कौशल्या के प्रति अगाध सम्मान एवं प्रेम का परिचायक है।

भगवान श्रीराम की जननी ममतामयी, वात्सल्यमयी माँ कौशल्या का मन्दिर छत्तीसगढ़ का हृदय

स्थल आरंग की पावन भूमि के अन्तर्गत आने वाले विकासखंड के ग्राम चन्दखुरी में किया गया। कहा जाता है कि कोसल नरेश भानुमंत की एकमात्र पुत्री एवं उत्तराधिकारी होने के कारण दक्षिण कोसल अर्थात् छत्तीसगढ़ प्रदेश श्रीरामचन्द्र जी का ननिहाल था। माता कौशल्या के स्वर्गारोहण के पश्चात् श्रीराम जी को उत्तराधिकार में मिला था। पौराणिक ग्रन्थों के अनुसार श्रीराम ने अपनी माता से प्राप्त दक्षिण कोसल (छत्तीसगढ़) राज्य अपने पुत्र कुश को सौंपा था। इस प्रकार छत्तीसगढ़ का पौराणिक सम्बन्ध रामायणकालीन घटनाओं से स्पष्ट होता है। अतः अपने प्रिय प्रभु मर्यादा पुरुषोत्तम श्रीरामचन्द्र जी की जननी माता कौशल्या की पुण्य स्मृति में उसके छत्तीसगढ़ के सम्बन्धों को महिमामंडित करने के लिए चन्दखुरी में बनाया गया माता कौशल्या मन्दिर देश के मन्दिरों के इतिहास में एक अनुपम उदाहरण है।

राजमाता कौशल्या की गणना त्रेतायुग में महान विदुषी नारियों में की गयी है। वेद-वेदान्त पर

उन्हें अद्भुत पाण्डित्य प्राप्त था। शास्त्रों के अनुसार उनके आचरण को देखकर समकालीन ऋषि-मुनि वेदों के मर्म को हृदयंगम कर लेते थे। अतः उनके कल्याणकारी विग्रह में वेदमाता की प्रत्यक्ष मूर्ति का दर्शन कर लोग स्वयं को कृत्य-कृत्य मानते थे। ऐसी महिमामयी एवं कल्याणमयी, सर्वदा मंगलमयी, ममतामयी, वात्सल्यभावों की अनवरत वर्षा करने वाली माता कौशल्या का चन्दखुरी ग्राम में जलसेन जलाशय के मध्य विराजमान श्री विग्रह सा दिव्य एवं अलौकिक रूप सन्तप्तजनों को सुख-समृद्धि प्रदान करने वाला है।

कुलेश्वर महादेव

अजय अटपटू

सोंढ़ू, पैरी और महानदी के पावन संगम पर स्थित है कुलेश्वर महादेव का प्राचीन मन्दिर। कहा जाता है कि भगवान श्रीराम, माता सीता और लक्ष्मण ने वनवास काल में यहाँ विश्राम किया था। कितने दिन या कितने समय तक वे यहाँ रहे इसका कोई स्पष्ट प्रमाण नहीं है। उन्हीं दिनों माता सीता ने

उपवास किया और शंकर जी की पूजा की। पूजा करने के लिए पाँच मुट्ठी रेत रखकर उसे शिवलिंग के रूप में पूजित किया। माना जाता है कि यही पाँच मुट्ठी रेत पंचमुखी शिवलिंग के रूप में आज कुलेश्वर मन्दिर में स्थापित है। यहाँ खरदूषण का राज्य था। उस समय छह महीने दिन और छह महीने रात हुआ करता था।

कुलेश्वर मन्दिर में एक शिलालेख है। पाश्चात्य पुरातत्त्ववेत्ता बेलगर इसे आठवीं-नौवीं शताब्दी का निर्मित मन्दिर मानते हैं। इसे सामन्त जगतपाल के द्वारा प्रतिष्ठापित माना जाता है। अतिवृष्टि

से आने वाली बाढ़ भी इस मन्दिर को कोई नुकसान नहीं पहुँचा सकती यह इसके तकनीकि ज्ञान का जीवन्त प्रमाण है। कई बार ऐसा हो चुका है कि शिवलिंग के साथ पूरा मन्दिर जलमग्न हो जाता है परन्तु मन्दिर का शिखर कभी नहीं डूबता। निश्चित रूप से इस मन्दिर के निर्माण की तकनीक अद्भुत है। इसकी मजबूती का अन्दाजा इसी से लगाया जा सकता है कि इतने पानी में डूबे रहने के बाद भी आज तक इसे कोई क्षति नहीं पहुँची।

कुलेश्वर मन्दिर के करीब ही रामायण कालीन लोमश ऋषि का आश्रम भी स्थित है। डॉ. लक्ष्मीचन्द्र देवांगन के एक लेख के अनुसार यहाँ वृक्षों में पके बेल के फल को यदि कपड़े में बाँध दिया जाय, तो वह दूसरे वर्ष पुनः कच्चा होकर पकता है। लोमश ऋषि इस

नदी के बीच स्थापित कुलेश्वर महादेव मन्दिर

फल को खाने से अधिक समय तक जीवित रहे, एवं यौवन के बसन्त का उपयोग अधिक समय तक कर सके। वैदिक काल के ऋषियों में लोमश ऋषि का महत्त्वपूर्ण स्थान है। रामायण काल में प्रसिद्ध ऋषि शृंगी इन्हीं के शिष्य थे। राजा दशरथ को पुत्र प्राप्ति के लिए ब्रह्मा जी ने आदेश दिया था कि जो ऋषि यौन ज्ञान से निर्लिप्त हो वही यह यज्ञ सम्पन्न करा सकते हैं। तब राजा दशरथ

ने शृंगी ऋषि के पास आकर यज्ञ कराने की विनती की थी। शृंगी ऋषि ने यज्ञ कराया और उनके पुण्य प्रताप से माता कौशल्या ने राम को जन्म दिया। बाद में शृंगी ऋषि का विवाह माता कौशल्या की पुत्री शान्ति से हुआ। राजिम क्षेत्र भानुमति का राज्य था और कौशल्या उनकी पुत्री अतः राजा दशरथ को दहेज स्वरूप यह क्षेत्र प्राप्त हुआ। पूरे देशभर में केवल कुलेश्वर मन्दिर एवं भगवान राजीवलोचन मन्दिर ही है जहाँ के पुजारी राजपूत हैं।

रायपुर डिस्ट्रिक्ट गजेटियर के अनुसार राजिम दंडकारण्य क्षेत्र था। आज भी गरियाबन्द के पास स्थित मैनपुर के समीप राजा पड़ाव नामक स्थान है जहाँ सामकोड़ा की पहाड़ियों के ऊपर नरकंकाल (हड्डियों) का ढेर लगा हुआ मिलता है उसे रक्शा हाड़ा कहते हैं। यह हड्डियों का ढेर भगवान द्वारा मारे गये राक्षसों का माना जाता है।

वाल्मीकि आश्रम तुरतुरिया

मोगेश चन्द्राकर

सघन वनों के मध्य नदी के किनारे बसे छत्तीसगढ़ का एक सुन्दर तीर्थस्थल है 'तुरतुरिया'। जनश्रुतियों के आधार पर कहा जाता है कि यही रामायण कालीन महार्षि वाल्मीकि का आश्रम है। महार्षि वाल्मीकि के इसी आश्रम में रहकर माता सीता ने लव-कुश को जन्म दिया था।

लगभग 40 वर्षों से भी अधिक समय से यहाँ की सेवा करने वाले पुजारी रामबालक दास जी महराज के मतानुसार उत्तरकांड के दोहा नं. 117 में लिखा है कि–

"तीन अवस्था, तीन गुण, तेहि कपास ते काढ़ि।
तूल, तुरीय, सामरी, पुनि बाती करैं सुगाढ़ि ॥"

इस दोहे में लिखित तूल, तुरीय, सामरी ये तीनों योग की अवस्था का नाम है। योग की अवस्था 'तुरीय' शब्द से ही इस पवित्र तीर्थ का नाम तुरतुरिया पड़ा होगा। क्योंकि यह महर्षि वाल्मीकि की

वैदेही विहार

महर्षि वाल्मिकी

वर्तमान वाल्मीकि आश्रम, तुरतुरिया

तपस्थली है और इसी स्थल पर रहकर माता सीता ने अपने तप से लव और कुश जैसे शूरवीर पुत्रों को जन्म दिया था। पुजारी रामबालक दास ने बताया कि यहाँ की नदी का नाम 'बालमदेही नदी'

मान्यतानुसार माता सीता कुटी

तुरतुरिया में स्थापित प्राचीन शिवलिंग

है। इससे दो भाव स्पष्ट होते हैं। एक तो यह हो सकता है, कि ये वाल्मीकि शब्द का अपभ्रंश होकर बालम देही हो गया हो या यह भी हो सकता है कि रामविरह से दुःखी माता सीता को उनके बालम अर्थात् प्रभु श्रीराम से मिलाने के भाव ने इसे बालम देही नाम दे दिया हो। पुरातत्व विभाग

वाल्मीकि आश्रम में अटूट जलधारा

के अनुसार यहाँ की मूर्तियाँ छठवी, सातवीं और आठवीं शताब्दी की हैं। यहाँ स्थापित काली माता की मूर्ति के समक्ष 1967 से एक अखंड दीप जल रहा है। यज्ञ करने के प्रतीक के रूप में एक अखंड धूनि 1967 से निरन्तर जल रही है। 1967 में माल गुजार चिंताराम टिकरिहा ने यहाँ राम जानकी मन्दिर का निर्माण करवाया। प्रतिवर्ष पौष महीने की पूर्णिमा को यहाँ मेला लगता है। बालमदेही नदी के एक ओर वाल्मीकि आश्रम है, माता सीता का विहार स्थल 'वैदेही विहार' के नाम से प्रसिद्ध है और नदी के उस पार माता सीता के रहने का स्थान 'सीता-कुटी' के नाम से है।

छत्तीसगढ़ एवं बाहर के अनेक विद्वानों ने अपने-अपने मतों से तुरतुरिया में 'वाल्मीकि आश्रम' और सीता-कुटी के होने की पुष्टि की है। वर्तमान में यह स्थल छत्तीसगढ़ के एक तीर्थ और पर्यटन स्थल के रूप में प्रसिद्ध है। निःसन्तान दम्पति यहाँ सन्तान की मनौती लेकर आते हैं और उनकी मनौती अवश्य पूरी होती है, ऐसा यहाँ के लोगों का विश्वास है। दोनों नवरात्र में यहाँ ज्योति कलश प्रज्वलित होते हैं। पुजारी रामबालक दास जी ने यहाँ के बारे में बताते-बताते अपने मन की पीड़ा भी बताई कि सीता-कुटी से कुछ ऊपर पहाड़ी पर मातागढ़ है, जहाँ माता की मूर्ति की स्थापना है। यहाँ पर लोग पशुबलि करते हैं। जब यह वाल्मीकि और माता सीता का स्थान है फिर यहाँ पशुबलि जैसा कृत्य अशोभनीय व पीड़ादायक लगता है।

शिवरीनारायण

अजय अटपटू

छत्तीसगढ़ की पवित्र महानदी और शिवनाथ नदी के संगम पर स्थित है शिवरीनारायण मन्दिर। जाँजगीर चाँपा जिले में स्थित यह पावन स्थल आज भी भगवान राम और माता शबरी की स्मृतियों से आलोकित है। यहाँ के मन्दिर लगभग दसवीं से बारहवीं शताब्दी के कलचुरि कालीन प्राचीन मन्दिर हैं।

मान्यतानुसार माता शबरी का जन्म-स्थल

शिवरीनारायण मुख्य मन्दिर का गर्भगृह

अनेक वर्षों से निरन्तर चलती आ रही रामधुनी

पानी में तैरता रामसेतु का पत्थर

माता शबरी श्रीराम को जूठे बेर खिलाती हुई

लगभग 55-56 पीढ़ी से इस मन्दिर की सेवा पूजा करने वाले पुजारी परिवार के वर्तमान पुजारी पंडित हरीश तिवारी बताते हैं कि श्रीराम, सीता और लक्ष्मण ने वनवास के समय यहाँ रुककर विश्राम किया था।

मन्दिर की दीवार पर प्राचीन शिल्प

मुख्य मन्दिर भगवान जगन्नाथ का मूल स्थान है। बहुत समय पहले किसी राजा के द्वारा भगवान जगन्नाथ की मूर्ति को नदी के रास्ते से पुरी ले जाया गया तब व्यथित होकर पुजारी ने पुकार लगाई तब भगवान ने प्रकट होकर कहा कि हर वर्ष माघ पूर्णिमा को भगवान जगन्नाथ यहाँ आयेंगे फिर इसी स्थान पर भगवान राम की स्वयं भू-मूर्ति प्रकट हुई जो आज भी स्थापित है। लक्ष्मण जी की मूर्ति बाद में प्रकट हुई। गर्भगृह के ऊपर बना श्री यन्त्र वास्तुशिल्प का अनुपम उदाहरण है।

इसी मन्दिर के ठीक सामने स्थित है एक छोटा-सा अधुरा पड़ा मन्दिर। बताया जाता है कि यही परम भक्त माता शबरी का जन्म स्थान है। माता शबरी यहाँ कई वर्ष तक रहीं।

इसी मन्दिर के समीप स्थित है मठ मन्दिर। यहाँ के मन्दिर में भगवान का पूरा परिवार स्थापित है। जहाँ छह साल आठ महीने से अखंड रामधुनी निरन्तर चल रही है।

यहाँ मन्दिर प्रांगण में पानी में तैरता रामसेतु का पत्थर, श्रीराम को बेर खिलाती माता शबरी की मूर्ति राम भक्तों को उत्साह से भर देती है।

शिवरीनारायण के ही समीप स्थित है प्रसिद्ध लक्ष्मणेश्वर महादेव मन्दिर। यहाँ आठवीं सदी के सोमवंशी शासकों के काल में ईंटों से बने मन्दिरों के अवशेष विद्यमान हैं। बीस खम्भों से बने विशाल लक्ष्मणेश्वर मन्दिर में रामायण से सम्बन्धित दृश्य स्तम्भों पर उत्कीर्ण हैं।

लखनेश्वर मन्दिर

यहाँ के पुजारी दिनेश कुमार मिश्रा बताते हैं कि लक्ष्मण जी ने यहाँ पार्थिव शिवलिंग बनाकर पूजा की थी उसी से स्वयंभू शिवलिंग प्रकट हुआ। यह शिवलिंग भी देखने में बाकी शिवलिंग से अलग है। इसमें छेद भी है। चाहे जितना भी जल शिवलिंग पर चढ़ाया जाये वह शिवलिंग के भीतर ही भीतर कहाँ चला जाता है कोई नहीं जान पाया। किंवदन्ती है कि शिवलिंग पर चढ़ाया जल पाताल गंगा में चला जाता है।

चूँकि लक्ष्मण जी ने इसकी पूजा की थी इसलिए इसका नाम लक्ष्मणेश्वर महादेव है इसमें एक विशेष प्रकार का लाख चावल चढ़ाया जाता है। लाख चावल का अर्थ है चक्की चलाकर उसमें से साबुत सवालाख चावल का दाना। प्रतिवर्ष माघ पूर्णिमा से फागुन अमावस तक यहाँ मेला भरता है।

शिवरीनारायण और लक्ष्मणेश्वर महादेव शरीर पर राम गुदवाने वाले रामरमिहा सम्प्रदाय का प्रमुख तीर्थ है। यहाँ के पुजारी बताते हैं कि इस मन्दिर की पूजा करने वाली ये हमारी 44वीं पीढ़ी हैं। सन् 1904 से हमारे पूर्वज इसकी सेवा कर रहे हैं।

लक्ष्मण द्वारा स्थापित शिवलिंग

प्राचीन कालीन शिलालेख

प्राचीन शिल्प से सज्जित लखनेश्वर मन्दिर
का वर्तमान गर्भगृह

लखनेश्वर मन्दिर के भीतर स्थित प्राचीन शिल्प
की एक बेजोड़ कलाकृति

लखनेश्वर मन्दिर के भीतर स्थित प्राचीन शिल्प
की एक बेजोड़ कलाकृति

भगवान श्रीराम के अनुज श्री लक्ष्मण द्वारा स्थापित
व पूजित शिवलिंग

मन्दिर के बाह्य दीवार में स्थापित प्राचीन शिल्प से बनी
भगवान गणेश की दुर्लभ मूर्ति

मन्दिर के बाह्य दीवार में स्थापित शिव-पार्वती
की प्राचीन मूर्ति

शिवरीनारायण मन्दिर के कुछ चित्र

मुख्य मन्दिर का गर्भगृह

गर्भगृह में स्वयं-भू रामलला की ऐतिहासिक मूर्ति

गर्भगृह की छत का अद्भुत शिल्प

मन्दिर के भीतर स्थापित शिव-पार्वती
का ऐतिहासिक शिल्प

इतिहास का साक्षी प्राचीन शिल्प

मुख्य मन्दिर के द्वार पर दायीं ओर स्थापित
प्राचीन कलाकृति

मान्यतानुसार माता शबरी के निवास स्थान पर वर्तमान
में स्थापित प्राचीन मूर्ति

इतिहास की गाथा सुनाते पत्थर के प्राचीन शिल्प

लोमश ऋषि आश्रम बेलाही घाट

डॉ. टी.एल. सिन्हा

छत्तीसगढ़ की संस्कारधानी नगरी राजिम के त्रिवेणी संगम स्थल के समीप कुलेश्वर महादेव मन्दिर से 100 गज की दूरी पर पैरी नदी के दक्षिण तट में स्थित है प्राचीन लोमश ऋषि आश्रम। लोमश ऋषि ब्रह्मा के मानस पुत्र एवं श्रृंगी ऋषि के पिता तथा गुरु थे।

यह आश्रम धमतरी जिला के मगरलोड विकासखंड मुख्यालय से लगभग 28 किमी की दूरी पर उत्तर दिशा में है। यहाँ मगरलोड-परसावानी-नवापारा सड़क मार्ग तथा नवापारा राजिम से त्रिवेणी संगम पुल को पार कर आसानी से पहुँचा जा सकता है। प्राचीनकाल से बेल वृक्षों की अधिकता के

कारण इस मनोरम शान्ति स्थल को बेलाही घाट के नाम से जाना जाता है। त्रेता युग में वनवास कालान्तर्गत भगवान श्रीराम-सीता एवं लक्ष्मण के कुछ समय निवास करने के कारण इस स्थल को लोग सीता वाटिका के नाम से भी सम्बोधित करते हैं।

जनश्रुति के अनुसार यहाँ ब्रह्मा के मानस पुत्र लोमश ऋषि का आश्रम था। प्राचीनकाल में योग-तपस्या-ज्ञान का ज्योति स्थल यह बेलाही घाट वैदिककालीन ऋषि लोमश का पवित्र शान्ति स्थल रहा होगा।

वर्तमान समय में यह स्थान त्रिवेणी संगम का प्रमुख श्रद्धा एवं विश्वास का केन्द्र है। जहाँ पर प्रति वर्ष लगने वाले राजिम महाकुम्भ मेला के अवसर पर नागा साधुओं का प्रमुख निवास स्थल होता है। इस आश्रम में भगवान श्रीराम-जानकी, बजरंग बली हनुमान, माँ दुर्गा महामाया के मन्दिर के साथ पुरातन अश्वस्थ (पीपल) वृक्ष की छत्रछाया में लोमश ऋषि की भव्य मूर्ति विद्यमान है। यह पीपल वृक्ष रामायण अमरकथा के दोहे द्वारा लोमश ऋषि की कथा कहता है–

मेरु शिखर बट छाया, मुनि लोमश आसीन।
देख चरण सिर नाई, वचन कहे अतिदीन॥

यह आश्रम लगभग पाँच हजार वर्ष पुराना है। कहते हैं यहाँ पर पहले बरगद का वृक्ष था, फिर पीपल हो गया, बाद में यहाँ पर गस्ती वृक्ष अपना पूरा आकार ले लेगा। वर्तमान में स्थित पीपल वृक्ष पचास फीट मोटा है, पूरा वृक्ष खोखला होता जा रहा है जिसके अन्दर से नया वृक्ष आकार ले रहा है। अमर कथानुसार यह बात सामने आती है कि पुराने वट वृक्ष में पीपल के बाद गस्ती वृक्ष तैयार हो जाता है वह प्रक्रिया द्रष्टव्य है। लोमश ऋषि के समीप ही एक प्राचीन कुआँ भी है। इस आश्रम में निस-दिन सुबह-शाम पूजा-आरती होती है।

कलाकारों और दर्शकों को पुकारती रामगढ़ की नाट्यशाला

विजय गुप्त

जंगलों और पहाड़ों से घिरा, छोटी-बड़ी कई नदियों के जल से भीगा सरगुजा छत्तीसगढ़ का एक आदिवासी बहुल जिला ही नहीं है बल्कि अतीत की मूल्यवान सांस्कृतिक धरोहरों, निशानियों और कलात्मक अवशेषों की एक खोई हुई पहचान भी है। रामगढ़ इन्हीं खोई हुई पहचानों में से एक है। रामगढ़ का ही प्राचीन नाम रामगिरि है।

सरगुजा की राजधानी अम्बिकापुर से लगभग 40 किलोमीटर दूर उदयपुर गाँव है। उदयपुर से मात्र 3-4 किलोमीटर की दूरी पर रामगढ़ की पहाड़ी है। वही रामगढ़ जो पुरातनकाल में शरभंग ऋषि की तपोभूमि था। आज भी सरगुजा का सरभंजा गाँव शरभंग ऋषि की याद दिलाता है। भौगोलिक दृष्टि से रामगढ़ दंडकारण्य का प्रवेशद्वार है। समुद्र तट से 3202 फीट ऊँचाई पर स्थित घने छायादार वृक्षों से घिरा रामगढ़ सूँड़ पसार कर आराम से बैठे हुए हाथी की तरह लगता है। आषाढ़ का पहला

मेघ जब रामगढ़ पर उतरता है तो लगता है मानो बादलों से घिरी पहाड़ी पर हाथी खेल रहा हो चट्टानों से। महाकवि कालिदास ने मेघदूत में मनोहारी चित्र को अत्यन्त कलात्मक चित्रमयता से अंकित किया है।

आषाढ़स्य प्रथम दिवसे मेघमाश्लिशटसानुं।
वप्रक्रीडापरिणतगजप्रेक्षणीयं ददर्श ॥

सदियाँ बीत गयीं, ऋषियों का तपोवन आश्रम उजड़ गया। आधुनिक विकास की अन्धी दौड़ में हजारों-हजार वृक्षों की बलि चढ़ गयी। पहाड़ों का सीना चाक हुआ। जलस्रोत लुप्त हो गये या अपने को बचाने के लिए पाताल लोक में उतर गये। पहाड़ अपनी धरोहरों को अपने में समेटे धीरे-धीरे जमींदोज होते रहे और सूरते हाल यह है कि आज किसी को इतनी फुर्सत नहीं कि वह प्राचीन संस्कृति

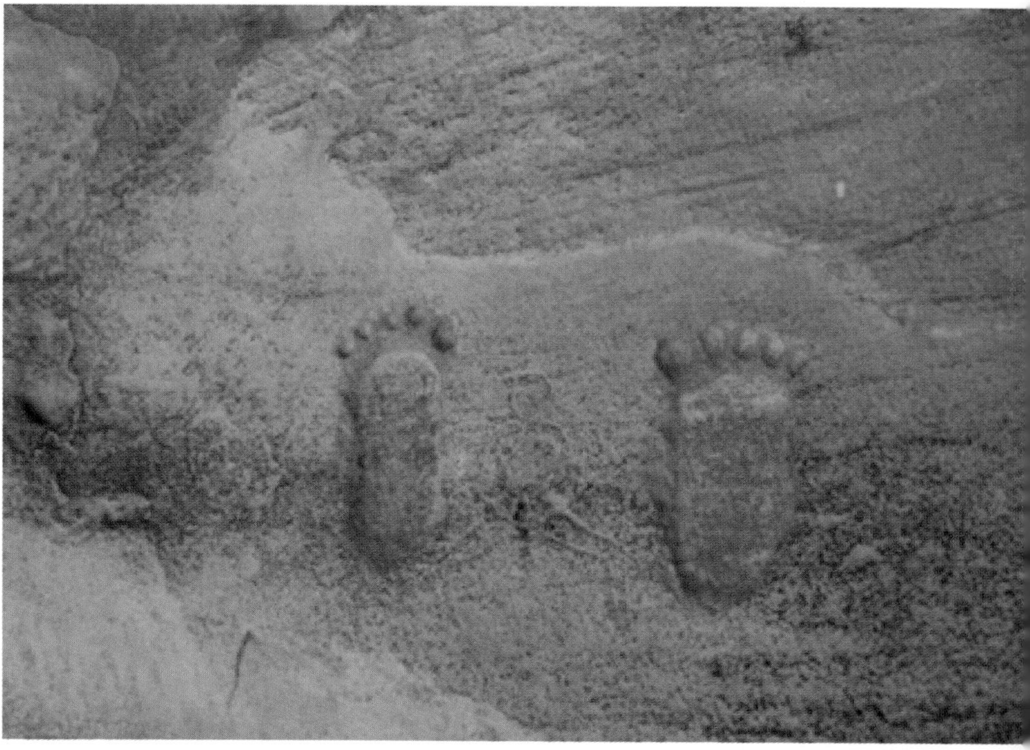

की बहुमूल्य विरासत को आने वाली पीढ़ी के लिए बचाये। गाहे-बगाहे कुछ सरकारी, गैर-सरकारी जलसे होते हैं, जो बिल्कुल बकवास और बेमकसद होते हैं।

रामगढ़ पहाड़ी की रहस्यमयता और सुन्दरता बरबस हमें अपनी ओर खींचती है। लोक मान्यता है कि इस पहाड़ी पर अपने बनवास काल का कुछ हिस्सा श्रीराम ने पत्नी सीता और अनुज लक्ष्मण के साथ बिताया था। रामगढ़ की कुछ गुफाओं के नाम इसी बात की तस्दीक करते हैं जैसे : सीता बेंगरा, लक्ष्मण गुफा, वशिष्ठ गुफा और पहाड़ी शीर्ष पर बना सरोवर सीता नहानी। कालिदास के मेघदूत में भी रामगिरि और सीता-स्नान का जिक्र है—

यक्षश्चक्रे जनकतनयास्नानपुण्योदकेशु।
स्निग्धछायातरूशु वसतिं रामगिर्याश्रमेशु॥

जिन लोगों ने वर्षाकाल में रामगढ़ की पहाड़ी को भीगते और मेघों से खेलते देखा है, उन्हें विश्वास होने लगता है कि कालिदास जरूर यहाँ आये थे और उन्होंने प्रकृति के दुर्लभ और चकित कर देने वाले जीवन्त क्षणों को देखा था और उन्हें अद्भुत दृश्य-कविता में बदल दिया था। बिना देखे, बिना महसूस किये ऐसा लिखना चमत्कार से कम नहीं।

जिसे सीता बेंगरा गुफा कहा जाता है, सीताजी की निवास स्थली—दरअसल, वह दुनिया की सबसे प्राचीनतम नाट्यशाला है। एक एम्फीथिएटर। पहाड़ के हृदय में चट्टानों से बना एक नाट्यमण्डप, एक स्टेज। स्टेज के सामने खुले में चन्द्राकार सीढ़ियाँ बनी हुई थीं। चारों ओर वृक्षों से घिरे इस ओपन थियेटर की इन्हीं सीढ़ियों पर दर्शक बैठते थे। अब ये सीढ़ियाँ नहीं हैं। लगभग 30 साल पहले तक थीं, टूटी-फूटी हालत में। प्राकृतिक आपदाओं, मौसमों के बदलते तेवरों और चट्टानों के क्षरण ने रामगढ़ को बहुत बदला है। प्राकृतिक परिवर्तनों के अलावा कुछ अदूरदर्शी उत्साही लोगों ने नाट्यमण्डप के सामने सीमेंट का एक बड़ा-सा चबूतरा बनवा कर मूल ढाँचे को नुकसान पहुँचाया है।

आचार्य भरतमुनि ने नाट्यशास्त्र में वर्णित ''कार्यः शैलगुहाकारो द्विभूमिर्नाट्यमण्डपः'' का रामगढ़ सम्भवतः एकमात्र जीवित अवशेष है। दुनिया में ऐसे गुफा नाट्य मण्डप और भी रहे होंगे लेकिन समय के प्रवाह में या तो वे खत्म हो गये या उन तक मनुष्य नहीं पहुँच सका। बहरहाल, रामगढ़ की नाट्यशाला बहुत से सवालों और जिज्ञासाओं को जन्म देती है। नाट्यशाला की लम्बाई 46 फीट, चौड़ाई 24 फीट और ऊँचाई केवल 6 फीट। ऊँचाई को लेकर अक्सर उलझन होती है। नाटक की बहुत सारी हरकतें मसलन, उछलना, कूदना इतनी कम ऊँचाई वाले मंच पर सम्भव नहीं है। इसलिए कुछ लोग यह भी मानते हैं कि यह मंच कवि गोष्ठियों और सांगीतिक कार्यक्रमों के लिए उपयोग में आता होगा। कुछ मानते हैं कि यह नृत्यशाला थी। जो भी हो, इतना तो तय है कि यहाँ लोकरंजक कार्यक्रम अवश्य होते रहे होंगे।

गुफा के भीतर जाने के लिए बायीं ओर सीढ़ियाँ बनी हुई हैं। मंच तीन भागों में है। प्रत्येक भाग साढ़े सात फीट चौड़ा है। तीनों मंच एक-दूसरे से क्रमशः ढाई फीट ऊँचे हैं। ये मंच ढलावदार हैं। सामने में दो छेद हैं। सम्भवतः इन छेदों का इस्तेलाम परदा टाँगने के लिए किया जाता होगा। कल्पना की आँखों से हम बहुत कुछ देख और समझ सकते हैं। गुफा की एक दीवार पर कुछ अधमिटी पंक्तियाँ खुदी हुई हैं। विद्वान इसे ब्राम्ही लिपि मानते हैं। इसी लिपि के कारण कुछ लोग रामगढ़ को मौर्यकाल से भी जोड़ते हैं। भाषाविदों ने आधी-अधूरी पंक्तियों से कुछ इस तरह अर्थ निकाला कि "हृदय को प्रसन्नता और आनन्द से भर देने वाले महान कविगण यहाँ काव्यपाठ करते हैं" इससे भी लगता है कि नाट्यशाला में निश्चय ही काव्यपाठ होता था।

रामगढ़ की नाट्यशाला से जुड़ी हुई प्रेम की एक दुखान्त कथा भी है। सुतनुका नाम की एक देवदासी थी। मन्दिरों में नृत्य करना और सामन्तों का मन बहलाना उसका काम था। कहते हैं रामगढ़ में कभी बहुत बड़ा वरुण मन्दिर था। सुतनुका वहाँ नृत्य करती थी। बनारस से नौकरी की तलाश में देवदीन वहाँ आया। देवदीन रूपदक्ष था यानी मेकअपमैन। वहाँ के महन्तों और पुरोहितों ने उसे मेकअप करने के लिए रख लिया। सुतनुका की रूप सज्जा करते हुए देवदीन उससे प्रेम करने लगा। दोनों का प्रेम महन्तो को नहीं भाया और उन्होंने देवदीन को वहाँ से हमेशा के लिए चले जाने को

कहा। सुतनुका से बिछड़कर देवदीन ने श्राप दिया कि 'निर्दयी महन्तों तुम भुला दिये जाओगे लेकिन मेरी प्रेमकथा अमर रहेगी। लोगों के दिलों में वह हमेशा बनी रहेगी।' देवदीन का श्राप सच हुआ। नाट्यशाला के सामने स्थित जोगीमारा गुफा के दीवार पर उत्कीर्ण कुछ शब्द हैं। कभी पूरी पंक्तियाँ रही होंगी। समय के क्रूर प्रवाह में कुछ टूटे-फूटे अक्षरों में देवदीन और सुतनुका का नाम बचा हुआ है। इससे अन्दाजा होता है कभी उनकी प्रेम कथा रामगढ़ की पहाड़ी पर ही फली-फूली थी और विरह की वही असह्य पीड़ा देवदीन ने भी भोगी थी जो मेघदूत के विरही यक्ष ने अपने निर्वासन काल में इसी पहाड़ी पर भोगी थी। रवीन्द्रनाथ ठाकुर ने यक्ष की इसी पीड़ा पर लिखा है, "हे निर्जन पर्वत-शिखर के विरही, तुम स्पन्दन में आलिंगन करते हो, मेघ के द्वारा जिसके पास संवाद भेजते हो, उससे, अपूर्व सौन्दर्य लोक में शरद् पूर्णिमा की रात्रि को, सदा के लिए तुम्हारा मिलन होगा, इस बात का विश्वास तुम्हें किसने दिलाया है, तुम्हें तो चेतन-अचेतन के भेद का ज्ञान ही नहीं है। क्या जाने, यदि सत्य और कल्पना के भेद को भी तुम खो बैठे हो?"

रामगढ़ की पहाड़ी पर सत्य और कल्पना का भेद सचमुच ही खो जाता है। प्रमाणों की आवश्यकता नहीं होती। हृदय मान जाता है कि कभी इस नाट्यशाला में नाच और गान की महफिलें सजती होंगी। रसिकजन नाटक के आनन्द में डूब जाते होंगे। रात-दिन कलात्मक विनोद और निर्मल आनन्द से पहाड़ी गुलजार और गुंजरित होती रही होगी।

यह खयाल भी बेमतलब नहीं लगता कि सरगुजा में भारत के कई क्षेत्रों से व्यापारी आते थे। मौर्यकालीन भारत में रामगढ़ प्रमुख राजपथ पर स्थित था। पूर्वी, उत्तरी, मध्य और दक्षिण भारत को जोड़ने वाला राजपथ रामगढ़ से ही गुजरता था। आन्ध्र और तमिल के व्यापारी काली मिर्च, चन्दन, मूँग, लौंग, इलायची, सुपारी आदि के व्यापार के लिए इस पथ का इस्तेमाल करते थे। बाहर से आने वाले सौदागरों और घुमन्तुओं के लिए रामगढ़ निःसन्देह रात्रिकालीन विश्राम स्थल था। उन्हीं के मनोरंजन के लिए सम्भवतः यहाँ नाट्यशाला का निर्माण किया गया होगा।

नाट्यशाला के सामने एक और गुफा है। इसे जोगीमारा गुफा कहते हैं। इसकी लम्बाई 30 फीट, चौड़ाई 15 फीट और ऊँचाई 9 फीट है। इसकी छत पर बने भित्तिचित्र बहुत सुन्दर, सुगठित और विविध रंगों से सज्जित हैं। लोक जीवन के कई चटक रंग और छटाएँ इन चित्रों में अंकित हैं। फूल, पत्ते, पेड़, पशु-पक्षी, स्त्री-पुरुष, साधु की आकृतियाँ बोलती हुई सी लगती हैं। इनमें गुजरे हुए जमाने का इतिहास छुपा हुआ है। चित्र का एक-एक टुकड़ा बेहद कीमती और आदमी की कलात्मक यात्रा का जबर्दस्त सबूत है। दुर्भाग्य है कि हमने अपनी मूल्यवान निशानियों की ओर पीठ कर ली है। देख-रेख के अभाव में चित्र के रंग झर रहे हैं और आकृतियाँ लगातार धूमिल पड़ती जा रही हैं। यह अनमोल खजाना खो गया तो सच मानिये हमसे ज्यादा दरिद्र और अभागा दूसरा और कोई नहीं होगा। प्रसिद्ध चित्रकार अमृता शेरगिल ने बिल्कुल सच लिखा है कि, "अजन्ता का एक भित्तिचित्र या म्यूज गूमैत में शिल्प का एक छोटा-सा टुकड़ा एक सम्पूर्ण पुनर्जागरण से भी कहीं अधिक महत्त्वपूर्ण है।" अजन्ता के भित्तिचित्रों की तरह ही जोगीमारा के भित्तिचित्र बहुत महत्त्वपूर्ण और भारतीय कला की विशेष पहचान हैं। इन्हें हर हाल में बचाया जाना चाहिए।

कई महत्त्वपूर्ण चीजें रामगढ़ की पहाड़ी पर अब भी बची हुई हैं। खुदाई के दौरान गाँव वालों को उस काल के टूटे-फूटे बर्तन, सिक्के, भग्न मूर्तियाँ तथा अन्य कलात्मक चीजें मिलती हैं। उन्हें सहेजना और समेटना चाहिए। लेकिन किसे परवाह है? इसी तरह पहाड़ी पर कई प्रकार की वन्य औषधियों एवं जड़ी-बूटी की कई किस्में हैं। चन्दनमाटी, गेरू और कसौटी पत्थर प्रचुरता से उपलब्ध

है। प्रकृति ने रामगढ़ को खुले हाथों से बहुत कुछ दिया है। हालाँकि काफी कुछ मिट चुका है, कुछ मिटने की तैयारी में है बावजूद इसके अब भी जो कुछ बचा है उसे सुरक्षित और संरक्षित कर हम अपना अपराध कुछ तो कम कर ही सकते हैं।

नाट्यशाला के नीचे एक बहुत बड़ी और लम्बी सुरंग है। ऊँची इतनी कि एक हाथी आसानी से इसमें से होकर गुजर जाये। शायद इसीलिए इस सुरंग को हाथीखोह या हाथीपोल कहते हैं। सरगुजा में हाथी बहुतायत में हैं।

हाथीपोल में एक स्थान पर पहाड़ के शीर्ष से भीतर ही भीतर होता हुआ जल प्राकृतिक छन्नों से छनकर बूँद-बूँद बारहों महीने टपकता रहता है। यह पानी शुद्ध और पीने लायक होता है। यहाँ आने वाले सैलानी और ग्रामवासी इसे पीते हैं और रामगढ़ पहाड़ को शुक्रिया अदा करते हैं।

सरगुजा के बहुत पुराने फोटोग्राफरों के पास रामगढ़ की आजादी के पहले के कुछ ब्लैक एण्ड व्हाइट फोटोग्राफ्स बचे हुए हैं। उन श्वेत-श्याम फोटोज में नाट्यशाला के चारों ओर खूब घने वन दिखाई देते हैं। चिरौंजी, आम, जामुन, साल और आँवले के पेड़। रंगीन फोटोज में वे बहुत कम बचे हैं। किसी जमाने की हरी-भरी नाट्यशाला अब उजाड़ और वीरान है। जोगीमारा की गुफा कलाप्रेमियों की बाट जोह रही है। मेघ रामगढ़ से रुष्ट हो गये हैं। इस आषाढ़ को वे रामगढ़ पर नहीं उतरे। सीताकुंड का पानी किसी मानवीय स्पर्श के लिए तरस रहा है। कीचड़-कादो से भरे सरोवर में अब हंस नहीं आते, बगुले-बगुलियों ने भी मुँह फेर लिया है। अब कमल भी नहीं खिलते।

रामगढ़ को शायद किसी की नजर लग गयी।

रामगढ़, रामकथा और मेघदूत

डॉ. महेशचन्द्र शर्मा

रामकथा की घटनाओं से सम्बन्धित होने के कारण समूचे छत्तीसगढ़ के साथ सरगुजा की जनश्रुतियों में भी श्रीराम रचे-बसे हैं। यहाँ स्थित 'विश्रामपुर' का यह नाम भी कदाचित् इसीलिए पड़ा क्योंकि वनवास के समय श्रीरामजी ने भ्राता लक्ष्मण एवं माता सीता के साथ यहाँ विश्राम किया था।

प्रागैतिहासिक काल से ही यह स्थान रामायण से सम्बद्ध रहा है। सरगुजा को दंडकारण्य का ही एक हिस्सा माना जाता रहा है। श्रीराम के वनगमन सम्बन्धी अनेक लोक कथायें एवं चिह्न आज भी सुने तथा देखे जा सकते हैं। रामगढ़ का वास्तविक और प्राचीन नाम 'रामगिरि' वस्तुतः ऐसे ही अनेक प्रामाणिक संकेत देता है। यहाँ के 'सीताबोंगरा', 'लक्ष्मण बोंगरा' और 'जोगीमारा' आदि स्थान हैं, जो राम, सीता और लक्ष्मण जी द्वारा यहाँ किये गये प्रवास के प्रबल प्रमाण हैं। यहाँ के अनेक स्थानों के नाम भी रामकथा से अपनी सम्बद्धता सिद्ध करते हैं। रामगढ़, रामपुर, रामगाँव, सीतापुर, सीतारामपुर, लखनपुर, लक्ष्मणगढ़, रघुनाथपुर, रामानुजगंज एवं रामचन्द्रपुर आदि ऐसे ही अनेक नाम हैं। 'प्राचीन छत्तीसगढ़' (ग्रन्थ) के प्रणेता श्री प्यारेलाल जी गुप्त आदि अनेक चिन्तक इस बात को अनेक बार रेखांकित कर चुके हैं। ई.ए.टी.ब्रेट ने 'छत्तीसगढ़ फ्यूडेटरी स्टेट गज़ेटियर' में भी उपर्युक्त धारणा को दृढ़ किया है। यह कहना कि भारत के प्रायः हर राज्य में ऐसे नगर, गाँव या स्थान बड़ी

संख्या में पाये जाते हैं। जिनके नाम में राम अथवा रामकथा के अन्य प्रमुख पात्रों का नाम जुड़ा रहता है। उसका कारण यह है कि रामगढ़ पहाड़ी के दक्षिणी ढलान पर सीताकुंड नामक एक स्थान है। न केवल जनश्रुति, लोककथा और अनुश्रुति ही इस मत की पुष्टि करती है, कि सीताजी इसमें स्नान करती थीं, अपितु संस्कृत के विश्वप्रसिद्ध और लोकमान्य महाकवि कालिदास के साहित्य से भी इसकी पुष्टि हो चुकी है। तथ्य तो यह है कि रामगढ़ ही रामगिरि है, यहीं श्रीराम का रामगिरि आश्रम है। यह उनका विश्रामस्थल है। रामगिरि से ही बाद में रामगढ़ बन गया। शरभंग ऋषि का आश्रम भी यही है। अत्रि ऋषि के आश्रम के पश्चात् श्रीराम दंडकारण्य में प्रवेश करते हैं। ऋष्याश्रम मण्डल के योगीराज शरभंग कुलाधिपति हैं, वे वनवासी राम से यहीं भेंट कर अपने को धन्य मानते हैं। पुरातत्व एवं इतिहास के ज्ञाताओं ने माँद (मन्दाकिनी) नदी के निकट, दंडकारण्य की सीमा के प्रारम्भबिन्दु रामगढ़ के परिवेश को ही शरभंग जी का आश्रम भी माना है। वाल्मीकि रामायण का अरण्यकांड भी ऐसे ही संकेत देता है।

पूजितं चोपवृतंच य नित्यमप्सरसङ्गणैः।
तद्ब्रह्मभवनमुख्यं ब्रह्मघोषनिनादितम् ॥

अपनी अनुसन्धान यात्रा के दौरान अनेक स्थानीय इतिहासविदों, पुरातत्वविदों और संस्कृतज्ञों से अम्बिकापुर एवं रामगढ़ में मैंने भेंट की। इन बिन्दुओं पर भी विस्तार से चर्चा की। अम्बिकापुर के वयोवृद्ध एवं अनुभववृद्ध लेखक और अधिवक्ता श्री समर बहादुर सिंह देव जी से भेंट के दौरान उन्होंने अपने संकलन—'छत्तीसगढ़ी-सरगुजिया नृत्य-गीत-रामायण' आदि कृतियाँ भी मुझे सौंपीं। रामकथा और रामगढ़ की परस्पर अभिन्नता के विषय में अनेक प्रामाणिक उदाहरणों के साथ ही श्री सिंह देवजी ने अपनी बातें रखीं। वे रामगढ़, रामकथा और मेघदूत पर केन्द्रित लगभग आधा दर्जन ग्रन्थों के रचयिता हैं। छत्तीसगढ़ी-सरगुजिया-नृत्य-गीत-रामायण की रचना किसी अनाम आदिवासी कवि ने की है। यह कीर्तन की पुरानी पारम्परिक शैली में रचित है और गोस्वामी तुलसीदास जी के रामचरितमानस के बाद की प्रतीत होती है। लोकगीतों में रचित इस कृति के कवि का नाम क्या है? यह तो अभी भी शोध का विषय है। यह रामभक्ति का ही प्रभाव था कि आदिवासी महिला रजमन बाई गोंड़ कालान्तर में सन्त राजमोहिनी देवी हो गयीं। उनके पुण्य प्रभाव से असंख्य आदिवासी बन्धु-भगिनी मांस और मद्य का परित्याग कर 'राम भजो भाई', 'गोविन्द भजो भाई', कहकर आपस में अभिवादन करते। घर-घर में तुलसी वृन्दावन के पुजारी इन जनेऊधारी रामभक्तों ने उत्तर प्रदेश और बिहार के सीमावर्ती जिलों में भी रामभक्ति का अलख जगाया। उनके ऐसे ही अनुकरणीय पुण्यकृत्यों के कारण तत्कालीन (संयुक्त) म.प्र. शासन ने उन्हें न केवल 1986 में एक लाख का इन्दिरा गाँधी समाज सेवा पुरस्कार दिया, अपितु वे आगे चलकर 'पद्मश्री' की उपाधि पाने वाली सरगुजा जिले की पहली नागरिक भी बनीं—ऐसा बताते हैं श्री समरबहादुर सिंह देवजी। कहने का आशय यह है कि यहाँ श्रीराम जी रहे और जन-जन में व्याप्त हो गये, आज भी व्याप्त है। इस जनग्रन्थ से दो पंक्तियाँ—

आगु डहर राम दिखें, पाछू डहर राम।
सबे हो देवता दिखें, नावत माथ ॥

महाकवि कालिदास की अमरकृति मेघदूतम् की जन्मस्थली भी यही रामगढ़ ही है। विश्वकवि कालिदास जी के उक्त गीतिकाव्य की महत्ता साहित्य रसिकों में प्रसिद्ध इस उक्ति से भी ज्ञात होता

है—मेघे माघे गतं वयः अर्थात् मेघ के अध्ययन में पूरे उम्र व्यतीत हो गयी। भारतीय संस्कृति के अमर गायक इस कवि कुल गुरु की इस विश्वप्रसिद्धि रचना के प्रथम श्लोक में ही इस बात का प्रामाणिक उल्लेख है कि यह रामगिर्याश्रम अर्थात् रामगढ़ जनकतनया माता सीता जी द्वारा, स्नान करने से अत्यन्त पवित्र है। इस विरहकाव्य के प्रथम श्लोक में ही यहाँ की घनी छाया और हरियाली का भी मोहक वर्णन है—

कष्चित्कान्ताविरहगुरुणा स्वाधिकारात्प्रमत्तः
शापेनास्तङ्गमितमहिमा वर्षभोग्येण भर्तुः।
यक्षश्चक्रे जनकतनयास्नानपुण्योदकेशु,
स्निग्धच्छायातरुशु वसतिं रामगिर्याश्रमेशु ॥

अर्थात् यक्षाधिपति कुबेर के अभिशाप से दण्डित किसी कर्तव्य प्रमादी यक्ष ने, अलकापुरी में अपनी पत्नी से दूर यहाँ एक वर्ष तक पुनीत जल वाले, सघन छाया वाले एवं हरे-भरे वृक्षों वाले रामगिरि (रामगढ़) के आश्रमों में अपना समय व्यतीत किया। भगवती सीता के द्वारा पवित्र किये जलाशयों वाला रामगढ़ प्रभु श्रीराम के चरणचिह्नों के अंकन से परमपुनीत भी हैं। आज भी यहाँ भगवान् के चरण चिह्न देखे जा सकते हैं। महाकवि ने मेघदूत में ही इसका स्पष्ट उल्लेख कर दिया है। अतः यह केवल कही-सुनी जैसी बात नहीं है, अपितु अब इसका लिखित प्रमाण भी उपलब्ध है, जो इस प्रकार है—*वन्द्यैः पुसां रघुपतिपदैरङ्कितं मेखलासु।* —मेघदूत-12 राम और रामगढ़ की अभिन्नता की सिद्धि में अब अन्य किसी प्रमाण की आवश्यकता भी नहीं है।

महाकवि द्वारा इसी स्थान पर रहते हुए कालजयी काव्य का प्रणयन किया, छत्तीसगढ़ीय लोगों के लिए ये अत्यन्त गौरव की बात है। कालिदास जी प्रणीत मेघदूत के माध्यम से, संस्कृत में एक अभूतपूर्व और अप्रतिम योगदान छत्तीसगढ़ का कहा जा सकता है। मेघदूत में रामगिरि अर्थात् छत्तीसगढ़ रामगढ़पर्वत शीर्षक शोधपूर्ण कृति में बड़े विस्तृत विश्लेषण और प्रामाणिक, विवरण, विद्वान् अधिवक्ता एवं लेखक श्री समरबहादुर सिंह देव ने उक्त मत का पुरजोर समर्थन किया है। पद्मश्री मुकुटधर पाण्डेय, डॉ. बलदेव प्रसाद जी मिश्र, पं. चिरंजीव दास एवं डॉ. भास्कराचार्य त्रिपाठी आदि गवेषक भी इसी पक्ष के हैं। अनेक अन्तः बाह्य साक्ष्यों के आधार पर इन अनुभवी दिग्गज शोधकर्ताओं ने तार्किक ताकत के बल पर अपनी बात सिद्ध की है। उपर्युक्त में से अधिकांश के साहित्य एवं साहित्य घरानों से सतत सम्पर्क एवं डॉ. भास्कराचार्य जी त्रिपाठी से अनेक भेंटवार्ताओं के पश्चात् ही मैं यह बात लिख पा रहा हूँ। इस सन्दर्भ में भगीरथ प्रयत्न करने वाले महारथियों के अनेक एवं सार्थक प्रयास न केवल सराहनीय, अपितु अनुकरणीय भी हैं। वरेण्य एवं प्रणम्य विद्वान और मेघदूत में रामगिरि अर्थात् छत्तीसगढ़ का रामगढ़ पर्वत के प्रणेता श्री समरबहादुर सिंह देवजी से जब अम्बिकापुर स्थित उनके भव्य निवास देवकुंज में अपने परममित्र एवं वरिष्ठ व्याख्याता श्री आर.एस.तोमर जी के साथ मिला तो बड़े अच्छे वातावरण में मेघदूत और रामगढ़ पर हुई विस्तृत वार्ता के दौरान इस विषय के पक्ष में लगभग आठ प्रमाण दिये। सभी अकाट्य और अविवाद्य। पूर्व वर्णित रामगिरि आश्रमों में जनकतनया जी के स्नान से पवित्र जल और वृक्षों की सघन छाया की कालिदासीय चर्चा और पर्वत पर भगवान् श्रीराम के चरणचिह्न सम्बन्धी बात का मेघदूत में उल्लेख वाले प्रमाणों के प्रबल पक्षधर तो श्री समरबहादुर जी हैं ही, वे यह भी बताते हैं कि मेघदूत में वर्णित मेघमार्ग भी मेघ को तभी मिलते हैं, जब मेघ रामगढ़ से आगे जाता है। आम्रकूट या अमरकंटक

पर्वत का इस प्रसंग में मेघदूत में कालिदास जी ने जो वर्णन किया है, उसकी संगति भी उक्त मत को मानने पर ही बैठ सकती है। श्रीराम और रामगढ़ ही वस्तुतः मेघदूत की रचना में कालिदास जी को प्रेरित और प्रवृत्त करते हैं। रामकथा में जिस प्रकार सीता के प्रति हनुमत्सन्देश का प्रसंग आता है, वैसे ही यक्षिणी के समक्ष मेघ को दूत बनाकर मेघदूत में प्रस्तुत किया गया है। वहाँ पवनपुत्र दूत हैं, तो यहाँ जीवनाधार मेघ को दूत बनाया गया है। वायु और जल पूरे जगत् के ही आधारीभूत तत्त्व हैं। कुल मिलाकर बात यह है कि राम वनवास, श्रीराम का सीता वियोग, सरगुजा रामगढ़, दंडकारण्य, कालिदास, मेघदूत और छत्तीसगढ़ इन सबका परस्पर घनिष्ठ अन्तःसम्बन्ध है। मेघदूत को देखें तो स्पष्ट संकेत मिलता है, कि इसी पृष्ठभूमि से प्रेरित होकर मेघदूत उद्भूत हुआ–

इत्याख्याते पवनतनयं मैथिलीवोन्मुखी सा,
त्वामुत्कण्ठोच्छ्वसितहृदया वीक्ष्या सम्भाव्य चैव।
श्रोष्यत्यस्मात्परमवहिता सैम्य सीमन्तिनीनां,
कान्तोदन्तः सुहृदुपगतः सङ्गमात्किंचिदूनः ॥

विगत अनेक वर्षों तक म.प्र. शासन आषाढ़स्य प्रथमदिवसे पर केन्द्रित एक भव्य और विशाल कार्यक्रम आयोजित करता रहा। रामगढ़ उत्सव समिति ने 1985 से ही रामगढ़ में इन विषयों को लेकर कार्यक्रमों का सिलसिला शुरू कर दिया था। इस सारस्वत यज्ञ में म.प्र. संस्कृत अकादमी ने भी प्रतिवर्ष लगातार राष्ट्रीय शोध संगोष्ठियाँ आदि आयोजित कर महत्त्वपूर्ण आहुतियाँ डालीं। 1999 में इस सन्दर्भ में भव्य रजत जयन्ती समारोह भी लगातार दो दिन तक आयोजित होते रहे हैं। छत्तीसगढ़ राज्य शासन के अस्तित्व में आ जाने से गतिविधियाँ बढ़ी हैं। और भी बढ़ने की अभिलाषा है। वर्ष के आषाढ़ के पहले दिन आयोजित होने वाले राष्ट्रीय स्तर के शोधपूर्ण आयोजनों से यह बात दृढ़ता से सिद्ध की जाती रही है कि छत्तीसगढ़ का यह रामगढ़ ही विश्वकवि कालिदास की महती रचना मेघदूत की प्रेरणा स्थली है। न केवल मेघदूत अपितु रघुवंश महाकाव्य आदि अन्य कालिदासीय साहित्य में भी हम छत्तीसगढ़ का प्रभाव देख सकते हैं। महाराज रघु की दिग्विजयों के वर्णन में हम कलिंग और दक्षिण कोसल अर्थात् प्राचीन छत्तीसगढ़ आदि पुराने राज्यों और जनपदों का दर्शन कर सकते हैं। प्रत्यक्षतः वर्तमान नवोदित छत्तीसगढ़ राज्य के नवनिर्माण में इन्हीं राज्यों का सम्मिलन किया गया है। ऋषि प्रधान और कृषि प्रधान भारतीय संस्कृति के अमरगायक कविकुलगुरु कालिदास जी धान के कटोरा छत्तीसगढ़ के स्वादिष्ट और विशिष्ट चावल से सुपरिचित प्रतीत होते हैं। उनके साहित्य में कदाचित् गेहूँ के स्थान पर शालि धान-चावल का ही समधिक वर्णन उपलब्ध है। छत्तीसगढ़ धर्म का कटोरा भी है। अक्षय भारतीय संस्कृति में अक्षत चावल के बिना कोई भी अनुष्ठान पूर्ण नहीं होता। चावल को तन्दुल भी कहते हैं। छत्तीसगढ़ में तान्दुला नाम से नदी और बाँध दोनों हैं। महान गोभक्त महाराज दिलीप द्वारा पूजित नन्दिनी के नाम का छत्तीसगढ़ में जबर्दस्त प्रभाव है। अनेक विमानपत्तन, नगर, खदानों और नारियों के नाम नन्दिनी को समर्पित हैं। कामधेनु के समान मनोरथपूरणी शिवनाथ नदी के तटों पर सौरभेयी नन्दिनी के खुरों के चिह्न आज भी देखे जा सकते हैं। साहित्यकार और समाजसेवी स्व. डॉ. मनराखनलाल जी साहू ने इस विषय पर अनेक आलेख लिखे थे।

छत्तीसगढ़ में प्रख्यात भाँचा-संस्कृति

रामेश्वर वैष्णव

छत्तीसगढ़ संस्कृतियों का संगम स्थल है, एक ओर जहाँ आर्य संस्कृति का गहरा प्रभाव यहाँ देखने में आता है, वहीं द्रविड़ संस्कृति की श्रेष्ठता को भी इस अंचल ने अपना रखा है, इतना ही नहीं अन्य तमाम संस्कृतियों की श्रेष्ठता को ग्रहण करने में छत्तीसगढ़ नहीं चूकता।

मूल रूप से ऋषि संस्कृति, कृषि संस्कृति तथा वन संस्कृति यहाँ की मुख्य पहचान है। यहाँ का आम आदमी विचारों से ऋषि है, कर्म से कृषक है और व्यवहार से आदिवासी है इसीलिए वह उदात्त है, सृजनशील है तथा आस्थावादी है, कुल मिलाकर एक श्रेष्ठ भारतीय का वह सहज प्रतिनिधि है। लोक व्यवहार में छत्तीसगढ़ का व्यक्ति हिन्दुत्व की परिभाषा है बस एक मामले में वह सारे भारत से बिल्कुल अलग है। यहाँ भांजों के प्रति लोगों की अद्‌भुत श्रद्धा है, वयोवृद्ध मामा अपने से कम उम्र के भांजे को प्रणाम करता है, आरती उतारता है, चरणोदक लेता है। पूरे छत्तीसगढ़ में भांजे के प्रति श्रद्धा, निष्ठा व प्रेम, मामाओं के मन में परिव्याप्त है इसका कारण सिर्फ यही है कि भगवान राम छत्तीसगढ़ के भांजे हैं चूँकि कौशल्या दक्षिण कोसल की बेटी थीं इसलिए यहाँ के तमाम लोग उन्हें बहन मानकर गौरवान्वित होते हैं और अपने भांजों को भगवान राम का प्रतिरूप मानकर उन्हें पूज्य समझते हैं। राजा की बेटी, गाँव के गौटिया की बेटी या पुजारी की बेटी को भी समूचा गाँव बहन की दृष्टि से देखता है और जीवन भर इस रिश्ते को निभाता है। उपरोक्त बेटियों के बच्चे स्वाभाविक रूप से सारे गाँव के लिए भांजे-भांजी के रूप में प्रेम श्रद्धा व सम्मान पाते हैं। भांजे-भांजी को छत्तीसगढ़ में 'भाँचा-भाँची' कहते हैं, इसलिए इस अनुराग को 'भाँचा-संस्कृति' के रूप में अभिहित करना कोई अतिशयोक्ति नहीं है।

इन पंक्तियों का लेखक भी खरसिया पुरानी बस्ती का 'गाँव जल्ला' भाँचा है। (गाँव भर का भाँचा) और अपनी तमाम उपद्रव प्रियता के बावजूद गाँव भर के सम्मान का पात्र रह चुका है। अभी भी जहाँ कहीं भी कथित मामा लोग मिलते हैं बाकायदा चरण स्पर्श कर प्रणाम करते हैं। दरअसल छत्तीसगढ़ में राम के प्रति अगाध श्रद्धा है। सन्त कवि पवन दीवान की मान्यता है कि पूरे विश्व में राम की लोकप्रियता व श्रद्धा छत्तीसगढ़ में सर्वाधिक है, 'उद्यम सहित राम गुन गावा' यहाँ की जीवन चर्चा है और आदिवासियों का जीवन तो राम-मय है। प्रायः हर व्यक्ति के नाम में 'राम' जरूर जुड़ा होता है—बिसाहू राम, टेटकूराम, मनकूराम, बेदूराम, खेदूराम, लीलाराम, कोदूराम, मेहत्तरराम, चैतराम, उधोराम आदि बहुतायत में पाये जाते हैं।

छत्तीसगढ़ सप्तऋषियों का विचरण क्षेत्र रहा है, लिहाजा यहाँ का आदर्श ऋषि है—सहजता, सरलता, भोलापन, उदार हृदय यहाँ के लोगों की स्वाभाविक प्रवृत्ति है। छत्तीसगढ़ का व्यक्ति अपनी विद्वत्ता को आत्मीयता में छिपा लेता है, दूसरों के प्रति श्रेष्ठता का भाव वह हमेशा रखता है। इन

गुणों के कारण वह अधिकतर छला गया है, इसलिए इन दिनों उसमें एक जागरूकता दिखाई पड़ रही है, परन्तु भाँचा के मामले में अभी भी वह बेहद श्रद्धालु है।

भाँचा के लिए छत्तीसगढ़ का मामा, प्राण त्यागने में भी गौरव के साथ तत्पर होता है। कई गाँवों के नाम भी 'मामा भाँचा' के रूप में विख्यात हैं। 'मामा भाँचा' सम्बन्धी कई अन्धविश्वास भी यहाँ प्रचलित हैं परन्तु उनका आधार केवल भाँचा-प्रेम है। छत्तीसगढ़ियों का जीवन चाहे जितना यान्त्रिक हो जाये, आधुनिक हो जाये, क्लिष्ट हो जाये वह अपनी संस्कृति से विमुख नहीं हो सकता और भाँचा संस्कृति ने तो समूचे गाँव को एक परिवार के रूप में बाँध कर रखा है। यहाँ जिस किसी को सर्वाधिक प्रेमपूर्ण सम्मान दिया जाता है उसे 'भाँचा' कहकर बुलाने की परम्परा है, मजे की बात यह है कि कथित भाँचा भी कथित मामा को 'भाँचा' ही बुलाता है मतलब मामा कोई नहीं होता सभी 'भाँचा' होते हैं मेरे स्वयं के रिश्ते के अलावा चार भाँचा हैं और ये चारों मुझे 'भाँचा' मानते हैं, है न आत्मीयता की अद्भुत मिसाल।

लोकजीवन में मानस गान की परम्परा

आलोक शर्मा

छत्तीसगढ़ की धरा राममय है। यहाँ अभिवादन में राम-राम से लेकर अन्तिम यात्रा में 'राम नाम सत्य है' का उद्घोष राम की महिमा से अभिन्न जुड़ाव का परिचय कराता है। यहाँ तक कि जम्हाई लेने के बाद मुँह में बरबस 'राम' को उच्चारित करना हमारी जुबान से आत्मा तक राम की निरन्तर उपस्थिति का आभास करवाता है, गोस्वामी तुलसीदास ने रामचरितमानस में लिखा भी है कि "राम राम कहि जे जमुहाही, तिन्हहिन पाप पुंज समुहाही।"

गोस्वामी तुलसीदास के राम जन-जन के राम हैं। राम छत्तीसगढ़ की परम्परा में इस कदर समाए हुए हैं कि यहाँ के नामों में राम को जोड़ने की ऐसी सहजता है कि आपको परसराम, दुकालूराम, छेदूराम से लेकर झाड़ूराम तक के नाम वाले मिल जायेंगे। यूँ भी राम की मान्यता राजा रामचन्द्र से ज्यादा वनवासी रामचन्द्र की है। राम के उद्देश्य पूर्ण वनगमन की सार्थकता इसी में दिखती है, आमजन उनके वनवासी स्वरूप की निश्छलता को अपने नायक के रूप में देखती है जो न्याय और समता के वाहक हैं। राम ने अयोध्या से लेकर दंडकारण्य एवं लंका तक अविकसित या अर्धविकसित सभ्यता भावपूर्ण समता का अलख जगाया। एक वैचारिक क्रान्ति एवं सामाजिक चेतना स्थापित कर लोगों में जीवन मूल्यों के प्रति आस्था को दृढ़ किया।

छत्तीसगढ़ की भावभूमि में शक्ति उपासना का बड़ा महत्त्व है। अनेक छोटे-बड़े स्थानों में माँ शीतला, दुर्गा, काली इत्यादि दैवी उपासना के मठ-मन्दिर देखे जा सकते हैं। दैवी उपासना की परालौकिक अनुभूति से राम की उपासना करते हुए वही लोग लौकिक जगत में ईश्वर का आभास करते नजर आते हैं। लोकजीवन सरलता का अनुगामी होता है। लोक स्वर में अन्तरात्मा ही गुंजित होती है। लोकमानस भावुकता की ऐसी परिधि में विश्वासपूर्ण भक्ति करता है, जिसमें बौद्धिक तर्कों का कोई स्थान नहीं होता। उसकी श्रद्धा में तर्क बौने पड़ जाते हैं। छत्तीसगढ़ के लोकजीवन में गोस्वामी तुलसीदास कृत रामचरितमानस का गहरा प्रभाव यहाँ ग्राम्य परिवेश में होने वाले मानस गान में परिलक्षित होता है। तुलसीदास ने अपने काव्य के माध्यम से इस भक्तिधारा को समुचित रूप में प्रवाहित होने का अवसर प्रदान किया है।

आज पूरा आधुनिक समाज अपसंस्कृति से ग्रस्त होता जा रहा है। आम लोगों के रहन-सहन और व्यवहार में पश्चिमी सभ्यता हावी होती जा रही है। लोगों में संवेदना का अभाव होता जा रहा है। जीवन की इन सभी व्याधियों का उपचार रामचरितमानस के अध्ययन से किया जा सकता है। रामचरितमानस के पठन से चित्त में संस्कारिक शुचिता निर्मित होती है। भय की स्थिति से जनसाधारण को मुक्त करने एवं मानसिक शान्ति स्थापित करने के लिए राजशक्ति की नहीं वरन् लोकशकित की आवश्यकता होती है। प्रभु श्रीरामचन्द्र जी ने बिखरी हुई लोकशक्तियों का कुशल

संगठन एवं संचालन किया जिसका समग्र उल्लेख रामचरितमानस में गोस्वामी तुलसीदास ने सहज एवं सरल भाषा में किया है।

लोकजीवन में पारस्परिक सद्भाव, आपसी जुड़ाव एवं संस्कारिक संगठन के उद्देश्य को लेकर मानस गान का प्रचलन हुआ। धीरे-धीरे यह इतना प्रचलित होने लगा कि गाँवों में इसे प्रतियोगिता के रूप में और प्रतिष्ठित करने का मन बना लिया गया। सन् 1973 के आसपास मानस गान को प्रतियोगिता के रूप में प्रारम्भ किया गया। तुलसीकृत रामचरितमानस को गाकर पढ़ने की परम्परा तो गाँवों में पहले से थी। लोक मानस लय और धुन के निर्झर में सहज मानस गान में डूबने लगा। इससे उनके चित्त की शुद्धि एवं संस्कार का निर्माण होता गया।

गोस्वामी तुलसीदास ने भारतीय संस्कृति और सभ्यता के अनुरूप श्रीराम जी के परिवार में नारियों की गौरवपूर्ण व्याख्या प्रस्तुत करके लोकजीवन में नारी की गरिमा को प्रतिपादित किया। सीता जी का चित्रण आदर्श नारी की मर्यादा व विनयाव्रत लज्जा का उल्लेख मानस पठन में ग्राम्य नारियों के प्रति अनुकूलता प्रदान करता है—

"पति अनुकूल सदा रह सीता,
शोभा खानि सुशील विनीता।"

अपने से बड़ों के शील, स्वभाव, आचार और कार्यशैली का अनुकरण छोटे करते आये हैं। यदि राजा शील गुण सम्पन्न हो तो प्रजा अवश्य ही गुणी होगी। राम के शील और गुण से 'राम-राज्य' में सभी प्रसन्न हैं, तभी तुलसी लिखते हैं—

"शीतल सुरभि पवन बह मन्दा,
गुंजत अलिलै चलि मकरन्दा।
सरिता सकल बहहिं बर बारी
शीतल अमल स्वाद सुखकारी॥"

यह ग्रन्थ देवग्रन्थ के रूप में लोकजीवन में मान्य है। जिसमें राम तो दिव्य हैं ही, भरत जैसा निःस्वार्थ भाई, लक्ष्मण जैसा कठिन व्रतधारी भ्रातृसेवी एवं भाभी को माँ का दर्जा देने वाला देवर, हनुमान जैसा निःस्वार्थ सेवक, सुग्रीव जैसा मित्र और रावण जैसा शत्रु भी संसार में दुर्लभ है। यह ग्रन्थ पिता, पुत्र, पति, पत्नी, सेवक सभी के आदर्श को चित्रित करता है।

परहित सरिस धरम नहीं भाई,
परपीड़ा सम नहीं अधमाई।

ऐसे ही अनेक चौपाइयाँ एवं दोहे ग्रामवासियों के मुख पर सहज ही बोलचाल में निकल जाते हैं। नैतिक एवं चारित्रिक उत्थान को प्रेरित करने का लोकजीवन में मानस गान प्रतियोगिता को महत्त्वपूर्ण कारक माना जाता है। प्रतियोगिता के दौरान गाँवों में उल्लासपूर्ण माहौल होता है। लोगों में जितनी सुनने की ललक होती है, उतनी ही गायन मंडलियों से अच्छे से अच्छा प्रस्तुतीकरण की उत्कंठा होती है। छत्तीसगढ़ के ग्राम्य जीवन में धीरे-धीरे अनुशासन, भाषा, संगीत पक्ष, शैली और विषय केन्द्रित ज्ञान के बिन्दुओं पर निरन्तर सुधार लाया गया, जिसके फलस्वरूप अब तो हर मंडली व्याख्या पक्ष एवं संगीत पक्ष को बहुत ही अच्छे ढंग से पूर्ण तैयारी के साथ मंच पर प्रस्तुत करने लगी हैं।

अब तो अधिकांश लोगों की भाषा सुधर गयी और न जाने कितने व्यास बन गये। मानस गान के प्रति पहले पुरुष रामायण मंडली ही आती थी, मगर धीरे-धीरे अब नारियों के अलावा बालक-बालिकाओं के मुख से भी अपनी-अपनी मंडलियों के साथ सस्वर मानस गान करते देखे-सुने जाते हैं। गाँव-गाँव में प्रतियोगिता को भव्यता पूर्ण आकार दिया जाने लगा है। गाँववासी प्रतियोगिता के दौरान आस-पास की साफ-सफाई करते हैं। चौक-चौबारों की लिपाई-पुताई करते हैं। चौक पूरकर दिया जलाते हैं। हर व्यक्ति अपनी क्षमतानुसार प्रतियोगिता की सफलता हेतु सहभागी बनता है।

मानस गान प्रतियोगिताओं से ग्राम्य जीवन पर निम्नलिखित प्रभाव देखने को मिल रहे हैं–

1. सभी गाँवों में संगठन दृढ़ हुए हैं।
2. नारियों के भी आगे बढ़ने के मार्ग प्रशस्त हुए हैं।
3. सामाजिक स्तर के सुधार कार्य हुए हैं।
4. संगीत पक्ष एवं गायन-वादन से अनेक कलाकारों को प्रोत्साहन मिल रहा है।
5. धर्म एवं दान के प्रति लोगों की आस्था बढ़ी है।
6. समूह संगठन एवं ग्राम्य नेतृत्व को बल मिला है।

छत्तीसगढ़ के लोकजीवन में मानस गान का यह स्वरूप अत्यन्त मनोहारी है। जिस राम का वास इस संसार के कण-कण में है, उसका प्रभाव जितना बाहर है, उतना ही अन्तरतम है। अतः अपनी चार पंक्तियों के माध्यम से आत्मा की जिजीविषा निवेदित कर रहा हूँ कि–

यातनाओं के शिविर में आराम ढूँढ़ रहा हूँ,
कोरे जल में लिखकर अपना नाम ढूँढ़ रहा हूँ।
इस दिल की लंका को अवध बनाने के लिए,
मैं अपने अन्दर में राम ढूँढ़ रहा हूँ ॥

छत्तीसगढ़ी संस्कृति में भगवान श्रीराम

दीनदयाल साहू

छत्तीसगढ़ वासियों में भगवान श्रीराम के प्रति आस्था पौराणिक काल से ही चली आ रही है। हमारी प्राचीन परम्परा को आगे बढ़ाने में यह काफी सहायक सिद्ध हुई है। भगवान श्रीराम से सम्बन्धित अनेक प्रमाण हमारे छत्तीसगढ़ में मौजूद हैं। यह हमारी संस्कृति का अभिन्न अंग है, जिसके बिना व्यावहारिक जीवन में भी एक कदम आगे नहीं बढ़ सकते।

भगवान राम का सम्बन्ध छत्तीसगढ़ से

हमारा इतिहास इस बात का साक्षी हैं कि भगवान राम का सम्बन्ध छत्तीसगढ़ से रहा है। माता कौशल्या छत्तीसगढ़ की बेटी थीं। भारत का एकमात्र माता कौशल्या मन्दिर आरंग में है। छत्तीसगढ़ की प्रसिद्ध भक्त माता शबरी की भक्ति भावना से प्रभावित होकर भगवान श्रीराम ने छत्तीसगढ़ की बेटी शबरी के हाथों जूठे बेर भी ग्रहण किये। इसी की याद में बिलासपुर जिले में शबरी नारायण का मन्दिर है। आदिकवि रामायण महाकाव्य के रचयिता महर्षि वाल्मीकि जी का आश्रम रायपुर जिले के तुरतुरिया के घने जंगल में था। इसी आश्रम में लव और कुश का जन्म हुआ। प्राचीन ग्रन्थों के अनुसार छत्तीसगढ़ को पहले उत्तर कोसल, दक्षिण कोसल और महाकोसल के नाम से जाना जाता था। महर्षि वाल्मीकि ने जो बात रामायण के उत्तरखंड में कही, वही बात वायु और ब्रह्मांड पुराण में भी मिलती है।

"कुशस्थ कोसला राज्यं पुरी चापि कुश स्थली।
रम्या निवेशिता तेन विंध्य पर्व सानुष ॥
उत्तर कोसले राज्यं लवस्य च महात्मनः।
श्रीवस्ती लोकविख्याता कुश वंश निबोधतः ॥"

दंडकारण्य क्षेत्र में राम सीता कुंड व लक्ष्मण पाँव जैसे और भी अनेक प्रमाण भगवान राम के प्रति हमारी आस्था को प्रबल बनाते हैं।

नव वर्ष आरम्भ

छत्तीसगढ़ी संस्कृति में नव वर्ष आरम्भ रामनवमी से होता है। भगवान राम की स्तुति नौ दिनों तक भक्ति भाव से कर नव वर्ष अच्छा बीतने की कामना करते हैं। इसी का परिणाम हो सकता है कि आज तक हमें अन्य राज्यों की तरह किसी बड़े दुर्भाग्य का सामना कभी नहीं करना पड़ा।

मनन व चिन्तन

हम जब प्रातः सोकर उठते हैं तो हमारे मुख से पहला शब्द हे राम...ही निकलता है। आज भी ग्रामीण अपनी दिनचर्या में सामूहिक रूप से रामधुनी गायन करते हुए बस्ती की परिक्रमा करते हैं। हमारी माता व बहनों के साथ यदि कोई भी आश्चर्य करने वाली बात या घटनाएँ सामने आती हैं तो मुँह से अपने आप हाय राम! शब्द निकल पड़ता है।

दिनचर्या

हम अपनी दिनचर्या आरम्भ से लेकर निद्रावधि में जाने तक भगवान राम का नाम ही लेते हैं। आज भी सबेरे उठते ही राम भक्त अपने मंडलियों के साथ टोली बनाकर भगवान राम का नाम वाद्य यन्त्रों में लय के साथ सामूहिक गायन करते गाँव की परिक्रमा करते हैं। इसमें बच्चे और बूढ़े सभी शामिल होते हैं। इसी तरह यदि कोई अपरिचित व्यक्ति भी आपस में मिलते हैं तो "राम राम भैया" से सम्बोधित करते हैं। इस शब्द मात्र उद्‌बोधन से प्रेम और मित्रता का भाव स्वतः छलक उठता है। हमारे छत्तीसगढ़ में मितान बदने की परम्परा है। अतः मितान बदने वाले आपस में नाम नहीं लेते भगवान का नाम जैसे "सीता राम भोजली" और "सीता राम जंवारा" उद्‌बोधन से सम्बोधित करते हैं।

रामायण प्रतियोगिता

सावन माह में प्रत्येक सोमवार को मन्दिर तथा घर में भक्त भगवान भोलेनाथ की स्तुति करते हैं तथा भक्त अपने घरों में रामायण मंडलियों द्वारा रामायण पाठ का आयोजन कर पुण्य लाभ अर्जित करते हैं। छत्तीसगढ़ में अनेक धार्मिक मंडलियाँ हैं, जिसमें रामायण मंडली ही अधिक होती हैं। ग्रामीण खेती किसानी के कार्यों के बाद अपना समय धार्मिक आयोजनों में लगाते हैं। इसी कारण अगहन से माघ महीनों में गाँव-गाँव में मानसगान प्रतियोगिता के आयोजन से भक्ति की धारा बहने लगती है। सारा वातावरण भक्तिमय हो जाता है। इसी प्रकार पहले रामलीला का आयोजन अधिक होता था। लेकिन आजकल रामायण का प्रसारण टी.वी. चैनलों में होने के कारण लोगों की रुचि रामलीला के प्रति घटने लगी है। रामनवमी के दिन राम भक्त हनुमान से प्रेरित बजरंग अखाड़ा का प्रदर्शन भी कम होने लगा है, इसके पीछे अनेक कारण गिनाये जा सकते हैं लेकिन फिर भी किसी न किसी रूप में राम के गुण का रसपान हमें होता रहता है और भगवान राम के प्रति आस्था कभी कम नहीं होती।

राऊत दोहों में श्रीराम

भगवान श्रीकृष्ण ने गोवर्धन पर्वत उठाकर यदुवंशियों की रक्षा की थी। इसी की याद में गोवर्धन पूजा के दिन यदुवंशी छत्तीसगढ़ में दोहा पढ़ते हुए भगवान कृष्ण के साथ श्रीराम की भी स्तुति करते हैं—

राम राज में दूध मिले, कृष्ण राज में घी हो।
अब के राज में चाय मिले, फूँक-फूँक के पी हो॥

वैवाहिक अवसरों में

छत्तीसगढ़ में विवाह के समय दूल्हा व दुल्हन को राम व सीता से सम्बोधन करने की प्राचीन परम्परा रही है यह हमें वैवाहिक गीतों में देखने को मिलता है—

मड़वा सरई सइगोना के दाई
छवई ले
बरे बिहे के रहि जाय
कि ये मोर दाई सीता ल
बिहावे राजा राम

निरन्तर शोध का विषय

हमारी आने वाली पीढ़ी भगवान राम के छत्तीसगढ़ से सम्बन्ध को और अधिक सरल और प्रामाणिक तथ्यों के साथ समझ सकें इसके लिए लगातार स्थानीय स्तर पर अनेक संस्थाओं द्वारा शोध किये जा रहे हैं। सन्त व कवि पवन दीवान द्वारा अनेक तथ्यों के आधार पर नव मन्त्रालय भवन का नाम माता कौशल्या के नाम पर रखने हेतु छत्तीसगढ़ शासन से निवेदन किया जा रहा है। अनेक संगठन इसका समर्थन भी कर रहे हैं। इसी तरह डॉ. मन्नूलाल यदु की टीम द्वारा राम वनगमन पर लगातार शोध किये जा रहे हैं। आशा है इससे भविष्य में और भी अधिक प्रामाणिक तथ्य सामने आयेंगे।

चोला माटी के हे राम

इस कथन से स्पष्ट है कि हमारे कण-कण में भी भगवान राम समाया हुआ है। और देखा भी जाता है कि छत्तीसगढ़ी लोक संस्कृति और साहित्य भगवान राम के बिना अधूरा है। सभी में भगवान राम से सम्बन्धित तथ्य ही जुड़े होते हैं। इसलिए हम मनुष्य की अन्तिम यात्रा में ''राम नाम सत्य'' को स्वीकार करते कह ही उठते हैं कि राम नाम के बिना कुछ नहीं हो सकता है। अतः जो सत्य है उसे स्वीकार करने में हम सब की भलाई है और हमें यह स्मरण हो कि राम नाम के बिना मुक्ति सम्भव ही नहीं है।

राम सर्वत्र

सन्त कृष्ण रंजन

प्राचीन काल से ही छत्तीसगढ़ रामायण, महाभारत से सम्बद्ध रहा है। महानदी, शिवनाथ नदी तथा अन्य छोटे-बड़े नालों-पर्वत-पहाड़ तथा उच्च समतलभूमियों से लगे मैदानी इलाकों ने इस क्षेत्र के सौभाग्य-दुर्भाग्य को नियत किया है। घने जंगलों से आच्छादित यहाँ की मनोरम घाटियाँ तपस्वियों का तप स्थल तथा देवी-देवताओं की क्रीड़ा कथ्य से लबरेज रहा है। आर्य तथा अनार्यों की संस्कृति यहाँ की धरोहर है। इसी के माध्यम से तत्कालीन सामाजिक, सांस्कृतिक, धार्मिक, ऐतिहासिक तथा भौगोलिक स्थिति का पता चलता है, यही यहाँ की सभ्यता और परम्परा की खबर देते हैं।

रामायण काल में बिलासपुर, रायगढ़ जिलों तथा सारंगढ़, रामगढ़, बिलाईगढ़ के वन क्षेत्रों में श्रीराम वनवास के समय कुछ अधिक समय तक भ्रमण करते रहे। इस भूभाग में उनकी उपस्थिति का प्राकृतिक संस्कार कूट-कूट कर भरा पड़ा है। आज भी श्रीराम की भक्ति का यहाँ के जनजीवन पर गहरा प्रभाव है। कुछ वन क्षेत्रों के निवासी न केवल प्रभु श्रीराम की मूर्ति की पूजा अर्चना करते हैं वरन उसे गोदना के रूप में अपनी देह में सूई द्वारा काले रंग को शरीरस्थ कर लेते हैं। उनके सौन्दर्य बोध में धार्मिक आस्था की पराकाष्ठा है। न केवल हाथ-पाँव वरन सम्पूर्ण भौंह तथा कपाल में भी श्रीराम का नाम गोदना के द्वारा अंकित कर लेते हैं। ताकि मृत्यु के बाद भी श्रीराम का नाम देह के साथ विसर्जित हो सके। इन्हें रामनामी या रामनमिहा जमात या समुदाय कहते हैं। यह समुदाय सम्पूर्ण विश्व में छत्तीसगढ़ के सारंगढ़, बिलाईगढ़ के आसपास ही निवास करता है। वर्ष में एक बार रामनामी मेले के रूप में भेंट करते हैं। सूई के द्वारा सम्पूर्ण शरीर में सूई चुभोकर रंग भरना नाड़ी चिकित्सा की पतंजलि योग और ऋषि चर्वाक और च्यवन की पद्धति है। इस प्रक्रिया से देह की प्रायः सभी नाड़ी व नसों को वैद्य पद्धति से प्रभावित किया जाता है। आमूल जीवन स्वास्थ्य की यह विधि उन्हें निरोग बनाती है। गुह निषाद और केवट से मित्रता का प्रभार व संस्कार भी छत्तीसगढ़ के प्रायः सभी क्षेत्रों में गंगाजल, मितान, दौनापान, तुलसीदल, गंगाबावर बदने के रूप में दिखाई पड़ता है। ऐसे रिश्ते खून के रिश्ते से ज्यादा मजबूत दिखाई पड़ते हैं।

यहाँ की लोक कथाओं तमूरहा, भजनहा, चिकरहा आदि लोगों के आधार पर माता कौशल्या का मायका कोसिर (सारंगढ़, रायगढ़ के बीच) से कोसला (पामगढ़ के पास) तक माना गया है। माता सुमित्रा का मायका भी छत्तीसगढ़ माना गया है।

> **"मगध राजदुहिता थी, सुमित्रा कोसल राजदुहिता थी।**
> **कौशल्या तथा कैकेयी राजदुहिता थी ॥"**

श्रीराम ने अपने पुत्र कुश को इसी दक्षिण दिशा में स्थित दक्षिण कोसल का राज्य दिया। लव को उत्तर कोसल का राज्य अधिपति नियुक्त किया। इस तरह यह भी सिद्ध होता है कि बुन्देलखंड या

बघेलखंड दक्षिण कोसल के अन्तर्गत था। कोसल देश को सात राज्यों में विभक्त किया गया।

गो सहस्र फलं विन्दपात,
कुर्द कोसलाधि पेरिदूम
कोसलान्त समासाप्दद्य
कालतीर्थ मुपस्पृशेतू

(महाभारत : वन पर्व अ 84)

इस्कन्दरिया (मिस्र) के प्रख्यात ज्योतिषी टालमी सन् 130 ई. से 161 तक विद्यमान थे। उनके लेखों से ज्ञात होता है कि तिब्बत के एक लेखानुसार रोम में भी कोसल देशीय विशुद्ध हीरों का प्रचार था।

श्रीराम, वनवास के समय बारह वर्ष छत्तीसगढ़ में रहे

पहले जो तीर्थयात्रा में अयोध्या जाते थे वह लोग प्रसाद को छोड़कर भोजन नहीं करते थे। उनकी मान्यता थी कि–

"इहाँ बेटी देहन बेटी के घर कैसे खाबो।"

कोसल में कौशल्या माता का मन्दिर भी है। छत्तीसगढ़ में श्रीराम को अवतारी से अधिक भाँचा मानते हैं। उपरोक्त लेख रायपुर रविशंकर विश्वविद्यालय के उपकुलपति श्री रामलाल कश्यप ने लिखा था।

छत्तीसगढ़ में जब कभी दो व्यक्ति जान पहचान के मिलते हैं तो आवभगत में राम राम सम्बोधित करते हैं। जयराम जी भी नमस्कार का एक रूप है।

दक्षिण भारत में ही रावण का वर्चस्व था। उत्तर भारत में आर्य राजा था। रावण भगवान शंकर का शिष्य था अतएव दक्षिण भारत में विशेषतः छत्तीसगढ़ में गाँव-गाँव में शिवलिंग की पूजा होती है। लंका लक शब्द से बना है। लक्क अर्थात् चोटी, तंग, शिखर। सतपुड़ा विन्ध्याचल की चोटियों की खाई ही लंका थी। समुद्र लाँघने की बात है तो उस काल में दो भारत थे। जल प्लावन को मध्य में होना चाहिए। भौगोलिक परिवर्तन होते हैं। राम रावण को हुए हजारों वर्ष बीते, उस युग में मनुष्य के समाज में विवाह नहीं होते थे। अपहरण होते थे। मनुष्यता में बानगी आयी तो स्वयंवर की प्रथा प्रारम्भ हुई। कृष्ण, अर्जुन से आकर पृथ्वीराज संयोगिता तक अपहरण होते रहे।

छत्तीसगढ़ विशाल हदय का क्षेत्र है। राम का यह भी संस्कार है। विभीषण राम के शरण में आते हैं, उसे श्रीराम लंकेश बना देते हैं। रावण के जीते जी भाई को लंकेश घोषित करने पर लक्ष्मण के सन्देह को स्पष्ट करते हुए श्रीराम कहते हैं लक्ष्मण हम विभीषण को लंकेश बनायेंगे और यदि परिस्थिति आयी तो हम रावण को अवधेश बना देंगे। श्रीराम को भगवान मानने का यह मजबूत कारण था। श्रीराम के विचार आज छत्तीसगढ़ के व्योम मंडल में व्याप्त हैं। विचार कभी मरते नहीं। लंका के मैदान में विभीषण ने बताया कि "हे राम रावण के हदय को तीरों की बौछार से विदीर्ण कर दो तभी रावण मर सकता है।" श्रीराम सुन्दर उत्तर देते हैं–"हम ऐसे हजारों युद्ध हार सकते हैं किन्तु रावण के हदय को तीरों की बौछार से विदीर्ण नहीं कर सकते विभीषण। रावण के हदय में चौबीस घंटे जानकी विराजमान है। हम वहाँ कैसे तीर चलायें।" राम के इन्हीं विचारों की सर्वत्र पूजा होती है। छत्तीसगढ़ आज भी उनके विचारों को जीता है। ऐसा अवश्य लगता है हम कुछ खोते चले जा रहे हैं किन्तु ऐसा नहीं है सत्य का साथ प्रकृति देती है फिर हमारे साथ श्रीराम की छाया प्रतिछाया है जो केवल उजाले में ही नहीं अँधेरे में हमें दिखाई पड़ती है।

छत्तीसगढ़ में रामलीला का मंचन

श्रीमती आशा ध्रुव

छत्तीसगढ़ की धरा पावन है यह भूमि कई ऋषि-मुनियों महात्माओं की तपोभूमि है, यहाँ घांसीदास जैसे सन्त ने सतनाम के रहस्य को प्रकट किया तो वही सन्त कबीर ने यथार्थ की दार्शनिकता पर जोर दिया, आडम्बर और कुरीतियों का खंडन किया।

ऐतिहासिक और पौराणिक दस्तावेजों, प्रमाणों में कई ऐसे तथ्य उजागर हुए कि जिन पर शोधार्थी शोध कर रहे हैं। कोट, पुर, गढ़ से मिलकर छत्तीसगढ़ का निर्माण हुआ है, प्रत्येक गाँव शहर के नाम के अन्त में कोट, पुर, गढ़ इसलिए आता है क्योंकि यह पुराने ऐतिहासिक गढ़ों का बखान करता है।

छत्तीसगढ़ आदिवासी बाहुल्य से पूर्ण होने के कारण यह घने वनों से आच्छादित है, इसलिए इसे रामायण में दंडकारण्य भी कहा गया है।

ये वही दंडकारण्य है जिसमें राजा राम के साथ जानकी व भाई लक्ष्मण ने वनवास के 10 वर्ष के दौरान वनगमन किया, 10 वर्ष बिताये छत्तीसगढ़ द्वापर और त्रेतायुगीन पौराणिक कथाओं का अथाह सागर है। सीता की खोज में श्रीराम इसी मार्ग से लंका गये थे और यहीं सुग्रीव, जामवंत से उनकी भेंट हुई, यहीं उन्होंने वानरों की सेना तैयार की, यहीं जटायु ने उन्हें लंका का मार्ग दिखाया था।

यहाँ के वनवासियों ने राम की सहायता की तथा राम को स्वयं देखा इसलिए यहाँ के लोकगीतों में राम का नाम आता है तथा अभिवादन पर भी एक-दूसरे से राम-राम कहा जाता है। शायद राम के चरण रज इस धरा पर पड़ने के कारण यहाँ के लोगों ने गाँव की लीला मंडलियों का भी संरक्षण और संवर्धन किया, रामलीला का आयोजन कर इस लोक नाट्य को संरक्षित करने की आवश्यकता है। आधुनिकता और पाश्चात्य संस्कृति लोक मंचों पर हावी होती जा रही है तथा अपने पुराने ऐतिहासिक धरोहर को आज की युवा पीढ़ी भूलती जा रही है और युवा भटकाव की दिशा की ओर बढ़ रहे हैं। चन्द लोग ही सही लेकिन प्रयास करें तो इसे संरक्षित करने का कार्य हो सकता है।

यहाँ तुलसी रचित रामचरितमानस का गान किया जाता है तथा वाल्मीकि रामायण का पाठ किया जाता है। जो मुक्ति प्रदान करता है। राम की स्मृतियों को चिरस्थायी बनाने के लिए यहाँ भांजे को राम के रूप में मानकर उनके पाँव छुये जाते हैं, क्योंकि राम का ननिहाल होने के कारण यहाँ मामा ऐसा करते हैं।

राम की स्मिृतियों एवं उनके द्वारा किये गये कार्यों को स्मरण करते हुए यहाँ के जनमानस में रामलीला का मंचन किया जाता है, रामलीला जनसाधारण की बोली में तथा रामायण के दोहा-चौपाइयों पर आधारित होती है। रामलीला मंच में पुरुष पात्रों के द्वारा नारी पात्र निभाये जाते हैं। यहाँ रामलीला का मंचन गाँव में होता है तथा बड़े शहरों में रामलीला मैदान बिलासपुर के शनिचरी बाजार के पास तथा दुर्ग में रामलीला मैदान, रायपुर में गुढ़ियारी पड़ाव जहाँ कई वर्षों तक रामलीला

और कृष्ण लीला का मंचन होता था, दशहरा मैदान।

कुँवार नवरात्रि के पहले दिन प्रतिपदा से प्रारम्भ होकर यह दशमी को दशहरा के दिन रावण वध पश्चात् राम राज्याभिषेक कर लीला की पूर्णाहुति होती है।

गाँव में रात्रिकालीन भोजन ग्रहण कर लोग लीला मंच के समीप उपस्थित होते हैं जिसमें महिलाएँ, बच्चे, बूढ़े, जवान सभी लोग बड़े मजे से रामलीला का आनन्द उठाते हैं। पहले मंगलाचरण फिर तुलसीदास की रामायण का मंचन बालकांड से प्रारम्भ होकर अन्त में राज्याभिषेक पर श्रीराम की शोभायात्रा निकालकर आरती की जाती है, लोग स्वेच्छा से अन्नदान, धनदान, वस्त्रदान और श्रमदान करते हैं। जिससे यह आभास होता है, कि यहाँ धर्म और मजहब की दीवारों का कोई काम नहीं है।

राजभाषा छत्तीसगढ़ी में रामायण

यहाँ के विद्वान एवं साहित्यकारों ने रामायण का अनुवाद छत्तीसगढ़ी भाषा में किया है, जो प्रबोध और सरल है। यहाँ राम से सम्बन्धित साहित्य की उपलब्धि प्रचुर मात्रा में है, लिखने वाले लिख भी रहे हैं। स्कूली पाठ्यक्रम में भी रामलीला को शामिल करने से नौनिहालों को मौलिक व मौखिक रामलीला का ज्ञान हो सकेगा। लोक मंच लोक नाट्य को सामाजिक एकता के साथ राष्ट्रीय एकता का परिचायक समझाने का एक अवसर उन्हें मिले कि रामलीला कैसी होती है।

रामलीला में मंचन—रामलीला में बालकांड, खर-दूषण वध, अहल्या उद्धार, जनकपुर, राम-सीता विवाह, राज्याभिषेक, कैकेयी वनवास, दशरथ विलाप, चित्रकूट, पंचवटी, केवट संवाद, सूर्पनखा अंग भंग, मारीच वध, भरत मिलाप, लक्ष्मण सीता संवाद, सीता हरण, जटायु वध, राम विलाप, सीता

खोज, शबरी प्रेम, राम हनुमान मिलन, सुग्रीव से भेंट, बालि वध, सेतु निर्माण, लंका दहन, त्रिजटा-जानकी संवाद, मेघनाथ-अंगद संवाद, कुंभकरण वध, मन्दोदरी-रावण संवाद, रावण वध, राम-भरत मिलाप, राम राज्याभिषेक, इत्यादि प्रसंगों को मंच में पात्रों के द्वारा संवाद व अभिनय के साथ मंचित किया जाता है। 12-15 दिनों तक यह क्रम निरन्तर चलता रहता है। लोग उत्साह और उमंग के साथ दर्शक दीर्घा को सुशोभित करते हैं। रावण दहन (वध) के पश्चात् विभीषण का राज्याभिषेक, वनवास काल समाप्ति के पश्चात् राम के अयोध्या वापसी पर अयोध्या में राम-भरत मिलाप की शोभायात्रा निकाली जाती है, जिसमें राम, जानकी लक्ष्मण रथ में बैठते हैं। गाँव में बैलगाड़ी में ही बैठाकर गाँव के चारों ओर घुमाया जाता है तथा शाम को मंच में राजा राम को सिंहासन पर सीता लक्ष्मण सहित विराजित किया जाता है और राज्याभिषेक कर तिलक लगाकर आरती उतारी जाती है तथा जय श्रीराम का जय घोष चारों ओर गुंजायमान होता है। लोग एक-दूसरे से गले मिलकर आपसी वैमनस्यता को मिटाते हैं तथा राम-राम कहते हैं।

लोक संस्कृति लोकमंच के द्वारा रामलीला को संरक्षित किया जाये, वर्तमान समय में यह लुप्त प्राय है, सिर्फ ग्रामीण अंचलों में कहीं-कहीं मंचित की जा रही है, इसे सुरक्षित एवं संरक्षित कर लोक कलाकारों को प्रोत्साहित किया जाये।

बालोद, बेमेतरा, लिमतरा, बिलासपुर, आदि स्थान ऐसे हैं, जहाँ इस कला को प्रोत्साहित किया जा रहा है। छत्तीसगढ़ के प्रत्येक गाँव में रामलीला चौंरा जो गाँव के मध्य हृदय स्थल पर होता है तथा गाँव के बाहर रावण भाँटा होता है, इसका यह अर्थ होता है, कि रावण रूपी पाप का शमन करने वाले भगवान राम यहाँ जनमानस के हृदय में निवास करते हैं, मर्यादा पुरुषोत्तम राम सीधे सरल एवं सेवाभावी थे, शायद इसलिए यहाँ के निवासी मृदुभाषी होने के साथ ही साथ सीधे सरल और सेवा भावी हैं। कौशल्या छत्तीसगढ़ की बेटी थी, प्राचीन नाम कोसल देश होने के कारण कौशल्या नाम से प्रसिद्ध हुई। छत्तीसगढ़ में भगवान राम का मामा गाँव (ननिहाल) होने के कारण यहाँ मामा अपने भांजे-भांजियों का राम मानकर स्मरण करते व चरण स्पर्श करते हैं। पूरे भारत में एक यही ऐसा प्रान्त है, जहाँ यह परम्परा आज के आधुनिक युग में भी प्राचीन स्मृतियों को सँजोये हुए पूरे गौरव के साथ विद्यमान है।

छत्तीसगढ़ में रामलीला का मंचन कुँवार नवरात्रि से प्रारम्भ होता है तथा एकादशी को समाप्त होता है रामलीला की तैयारी महीनों पहले से गाँव के चौपाल में बुजुर्गों व कलाकारों के साथ की जाती है तथा संवादों का रिहर्सल किया जाता है। प्रतिवर्ष पात्र का अभिनयन करने वालों को अपने संवाद कंठस्थ होते हैं। किन्तु लीला मंच में अच्छी से अच्छी प्रस्तुति देने के लिए प्रत्येक गाँव की लीला मंडली प्रयास करती है।

गाँव के सभी लोगों का सहयोग

गाँव में प्रायः सभी लोगों का सहयोग रहता है, लीला में सहभागिता करने वालों के लिए एक स्थान पर भोजन की व्यवस्था की जाती है, मंच को सजाना, विद्युत इत्यादि, पंडाल पर्दा की व्यवस्था करना तथा शाम को गाँव के कोतवाल के द्वारा हाँका देना कि लीला मंच के पास सभी गाँव के लोग उपस्थित होकर राम नाम का रसपान करें। हाँका पड़ते ही गाँव के लोग जमीन पर बैठने के लिए दरी, कमरा (जो काले रंग का कम्बल होता है) तथा पट्टी, चटाई, बोरा इत्यादि लेकर जगह को सुरक्षित कर लेते हैं और बच्चे, बूढ़े, महिलाएँ स्त्रियाँ सभी मिलकर रामलीला का आनन्द लेते हैं।

पुरुष पात्र ही स्त्री पात्र का अभिनय करते हैं

पहले रामलीला में स्त्री पात्र का अभिनय पुरुष पात्र ही करते थे, जिनमें मुख्य पात्र कौशल्या, कैकेयी, सुमित्रा, सीता, मन्दोदरी, मन्थरा, त्रिजटा, तारा आदि की भूमिका करते थे। छत्तीसगढ़ में रावणभाँठा (दशहरा मैदान) रामलीला मैदान के लिए स्थान सुरक्षित होता है, यहाँ रामलीला की समाप्ति के दिन दशहरा मैदान में राम-रावण युद्ध का मंचन कर, रावण के पुतले का दहन कर राम की लंका पर विजय को प्रदर्शित किया जाता है। इस तरह गाँव की संस्कृति परम्परा रामायण की कथा लोक संस्कृति में रची बसी हुई है। जो अपनी प्राचीनता का बखान स्वयं ही करती है।

जिस तरह नाचा गम्मत को सुरक्षित करने के प्रयास में सरकार आयोजन करती है, उसी तरह रामलीला का बदला स्वरूप–आधुनिकता का प्रभाव रामलीला मण्डलियों पर भी पड़ा है। रामलीला का व्यय भार अधिक होने के कारण भी कई मण्डलियों ने मंचन करना बन्द कर दिया। इलेक्ट्रानिक मीडिया के आने से दूरदर्शन एवं विभिन्न चैनलों में रामायण, सम्पूर्ण रामायण तथा रावण या वीर हनुमान, जय-जय वीर हनुमान जैसे रामायण से सम्बन्धित धारावाहिकों का चैनलों से प्रसारण होने के कारण लोगों का रुझान इस ओर अधिक हुआ, इसका लाभ यह हुआ कि सभी धर्म जाति के लोग रामायण के सारगर्भित अर्थों को समझ सके हैं। आधुनिकता और प्रतिस्पर्धा की दौड़ में समय अभाव के कारण अब देर रात तक जाग कर लीला का आनन्द लेना आज की जीवन शैली से अलग हो गया है। गाँव से लेकर शहर महानगरों में भी इसका प्रभाव देखने को मिलता है।

रामनवमी की शोभायात्रा अब सड़कों की शोभा और भीड़, राजनैतिक रंग में बदल चुकी है, सच ही कहा गया है कि समय के साथ परिवर्तन आवश्यक है, क्योंकि परिवर्तन ही जीवन है।

रामलीला मण्डलियों का संरक्षण करना आवश्यक है

भारतीय लोक नाट्य शैली को जीवन्त करने वाले तथा इस ऐतिहासिक पौराणिक धरोहर को लोक नाट्य मंच आज के आधुनिक युग में भी धैर्य के साथ सहेजे हुए हैं तथा उनका मंचन अब भी लगातार किया जा रहा है, ऐसे कलाकारों एवं संस्थानों, मण्डलियों को शासन द्वारा संरक्षण प्रदान किया जाना चाहिए तथा उन कलाकारों को प्रोत्साहन दिया जाना चाहिए, ताकि यह कला आने वाली पीढ़ी को धरोहर के रूप में उसके मूल स्वरूप में हस्तान्तरित हो सके।

रामत्व ही समत्व है

पवन दीवान

जिस प्रकार सूरज को दीपक दिखाने की जरूरत नहीं है, उसी प्रकार जो कण-कण और जन-जन में रमा हुआ है, उस पर कुछ लिखने की आवश्यकता नहीं है। वाणी बिना आँख की है और आँख की वाणी नहीं है। छत्तीसगढ़ (दक्षिण कोसल) माता कौशल्या की जन्मभूमि है। सम्पूर्ण भारत में और विश्व में राम का कितना प्रभाव है, यह दुहराने की जरूरत नहीं है। यहाँ तक कि रूस जैसे साम्यवादी देश में प्रतिवर्ष रामलीला का मंचन किया जाता है।

यहाँ के लोग कहते हैं कि राम को हम ईश्वर भले न मानें पर हमारा मन कहता है कि मानव का आदर्श राम जैसा व्यक्तित्व, चरित्र और व्यवहार वाला व्यक्ति ही हो सकता है, दूसरा नहीं। राम के दृश्य और अदृश्य प्रभाव का आकलन करना हमारे लिए असम्भव है। प्रेम, न्याय, सत्य, चरित्र

अनन्त श्री विभूषित श्री श्री 1008 श्री जगतगुरु शंकराचार्य स्वामी स्वरूपानन्द सरस्वती जी से भेंट कर आशीर्वाद लेते हुए सन्त कवि पवन दीवान जी

और मानवता का कोई भी प्रसंग राम के उल्लेख बिना पूर्ण हो ही नहीं सकता।

रमन्ते योगिनोऽनन्तेसत्यानन्देचिदात्मनि,
राम इति पदेन असौ परब्रह्माभिधियते।

जो सबमें रमा हुआ है, उसी को राम कहते हैं। मन बुद्धि प्राण आत्मा सभी राम ही है। छत्तीसगढ़ राममय है। सम्बोधन, व्यवहार, जन्म, नामकरण सभी में राम छाये हुए हैं। छत्तीसगढ़ में समरसता का भाव राम के नाम के कारण है। यहाँ अमीर गरीब सभी बिना किसी भेदभाव के "सियाराम मय सब जगजानी, करउँ प्रणाम जोर जुग पानी" को लोगों ने आत्मसात् कर लिया है। राम का नाम लेकर लोग तनाव मुक्त रहते हैं और कहते हैं हमको राम से काम है। केवल पुरुष ही नहीं महिलाएँ भी सबको राम-राम कहती हैं। यहाँ के लोग राम का नाम सायास नहीं लेते बल्कि राम का नाम स्वाभाविक ही हर समय हर परिस्थिति में उच्चारित होता रहता है। यहाँ तुलसीदल, गंगाजल इत्यादि बदते हैं, सीताराम का ही नाम लेकर। परस्पर अभिवादन किया जाता है तो भी राम का नाम लेकर। सुख में, दुःख में, आश्चर्य में यही अभिव्यक्ति का माध्यम है। यहाँ तक क्रोध में भी राम का ही

नाम आता है। दया और प्रेम दिखाने के लिए भी इसी नाम का लोग उच्चारण करते हैं। कहने का तात्पर्य यह कि जन्म से मृत्यु पर्यन्त राम साथ ही होते हैं। गाँव, शहर, गली, घर राम से रहित नहीं है। कभी-कभी तो ऐसा भी प्रतीत होता है कि मनुष्य को यह भी पता नहीं चल पाता कि उसने राम का नाम लिया या ले रहा है। इससे एकात्मता का और बड़ा उदाहरण क्या हो सकता है।

छत्तीसगढ़ का प्रत्येक पर्व, मांगलिक अवसर और कठिनाइयाँ सभी राममय हैं। ईश्वर को तो

किसी न किसी रूप में सभी मानते हैं और उसका नाम लेते हैं। यदि भगवान किसी क्षेत्र के स्नेहिल रिश्तों में बँध जाये तो और क्या कहना। जैसे ब्रज भूमि के लिए कृष्ण तथा उत्तर कोसल और दक्षिण कोसल के लिए राम। दक्षिण कोसल का आज का नाम छत्तीसगढ़ है जो परमविदुषी माता कौशल्या की जन्म भूमि है और मर्यादा पुरुषोत्तम भगवान श्रीराम का ननिहाल है। छत्तीसगढ़ (दक्षिण कोसल) के निवासी श्रीराम को भगवान मानने के साथ-साथ भाँजा भी मानते हैं, इसीलिए यहाँ आज भी भाँजे को राम की तरह पूजा जाता है और उसे 'भाँचा राम' कहा जाता है। महाकवि तुलसीदास ने मानस में कौशल्या की वन्दना करते हुए कहा है–

बन्दऊँ कौशल्या दिसि प्राची

प्राची दिसि का अर्थ पूर्व दिशा होता है। जिस प्रकार पूर्व दिशा से सूर्य का जन्म होता है, उसी प्रकार कौशल्या माता से पूर्व दिशा की तुलना की गयी है, जिनसे राम रूपी सूर्य (सूर्यवंशी) का जन्म हुआ, इस तरह दक्षिण कोसल अर्थात् छत्तीसगढ़ पूर्व दिशा में स्थित है, अतः श्री तुलसीदास ने छत्तीसगढ़ की वन्दना की है।

यदि यह प्रश्न किया जाये कि भगवान के सभी नामों में वह कौन-सा नाम है जो छत्तीसगढ़ में छाया हुआ है तो राम का नाम ही आयेगा और जहाँ राम सर्वत्र छाये हुए हैं, वहाँ राम राज है–

निर्मलजन जो सो मोही पाव।
मोही कपट छल छिद्र न भाव॥
रामहिं केवल प्रेम पियारा।
जान लेहु जो जान निहारा॥

श्रीराम के नाम और काम का प्रभाव छत्तीसगढ़ में अन्य क्षेत्रों की तुलना में सर्वाधिक गहरा है। यहाँ के नर-नारियों के नाम के साथ राम को जोड़े जाने की परम्परा, गाँवों में गरीब किसान मजदूरों की मदद के लिए रामकोठी की स्थापना, आदि। बनवास काल में सर्वाधिक 10 वर्ष छत्तीसगढ़ में व्यतीत करना इस बात को प्रमाणित करता है कि रावण जैसे मानव द्रोही एवं राष्ट्र विरोधी राक्षसों के नाश करने की पृष्ठभूमि एवं रणनीति छत्तीसगढ़ में ही रची गयी। रघुकुल का आदर्श वाक्य "प्राण जाये पर वचन न जाये।" छत्तीसगढ़ की बेटी कौशल्या माता के त्याग और दृढ़ संकल्प के कारण ही आज तक अमर है। यदि वह इस बात के लिए हठ ठान लेतीं कि भरत को गद्दी मिले लेकिन मैं अपने राम को इतनी लम्बी अवधि के लिए वन में नहीं जाने दूँगी तो किसी की ताकत नहीं थी कि उनका विरोध कर सके। तब देश और विश्व का इतिहास ही दूसरा होता। आज माताएँ अपने कलेजे के टुकड़े और अतिप्रिय पुत्र को देश और मानवता की रक्षा के लिए सीमाओं पर भेजती हैं, वह कौशल्या परम्परा ही है। उस युग में रामराज्य का उद्गम छत्तीसगढ़ और आज भी रामराज्य की शुरुआत छत्तीसगढ़ से ही होगी। महात्मा गाँधी ने राम के नाम से ही देश को जाग्रत और एक किया जिससे देश को आजादी मिली। आज आजादी कायम है तो राम की मर्यादा की नींव पर और भविष्य में भी राष्ट्र की मजबूती राम के नाम और आदर्श से ही सम्भव है।

जय कौशल्या माता, जय श्रीराम, जय भारत, जय छत्तीसगढ़।

छत्तीसगढ़ से ही राम

सन्त गोवर्धन महाराज

छत्तीसगढ़ का पौराणिक इतिहास अत्यन्त गौरवमय रहा है। यह छत्तीसगढ़ श्रीराम की कर्मभूमि है। भगवान राम को धरती पर अवतार लेना था तो छत्तीसगढ़ की बेटी कौशल्या मैया की गोद से जन्मे। इससे यह निश्चित हो जाता है कि छत्तीसगढ़ की माटी में ही वो क्षमता है जो भगवान राम को बेटा बना सके।

दूसरी बात यह है कि जब राजा दशरथ को पुत्र प्राप्ति के लिए गुरु वशिष्ठ द्वारा पुत्रेष्टि यज्ञ का मार्ग बताया गया तब राजा दशरथ ने वशिष्ठ जी से पूछा कि यह यज्ञ कौन सम्पन्न करायेंगे। तब गुरु वशिष्ठ ने राजा दशरथ को बताया कि राजन इस महान यज्ञ के लिए दक्षिण कोसल से शृंगी ऋषि को बुलाना होगा। चूँकि दक्षिण कोसल की भूमि भक्ति से ओत-प्रोत भूमि है अतः वहाँ के ऋषि शृंगी द्वारा यज्ञ का कार्य सम्पादित होना ही उत्तम रहेगा। आशय यह कि भगवान को धरती पर लाना भी दक्षिण कोसल (छत्तीसगढ़) के ऋषि शृंगी द्वारा ही सम्भव हो सका। सीधे-सीधे कहें तो भगवान राम के धरती पर अवतरण में भी छत्तीसगढ़ की महत्त्वपूर्ण भूमिका मालूम पड़ती है। एक वर्ष तक चले इस यज्ञ का परिणाम यह हुआ कि यज्ञ भगवान को प्रकट होकर आशीर्वाद स्वरूप पायष देना पड़ा।

जनश्रुतियाँ यह बताती हैं कि भगवान श्रीराम ने वनवास काल का अधिकमत समय इसी छत्तीसगढ़ में बिताया था। छत्तीसगढ़ सिद्ध ऋषि-मुनियों का स्थान था जिसके बारे में अनेकों विद्वानों ने चर्चा की है। वनवास काल में श्रीराम के छत्तीसगढ़ आने का एक अभिप्राय यह भी हो सकता है कि छत्तीसगढ़ में निवास करने वाले इन ऋषि-मुनियों से मार्गदर्शन या मन्त्रणा कर आमजन और ऋषियों को प्रताड़ित करने वाले असुरों का वध करना हो। छत्तीसगढ़ की संस्कृति का प्रभाव वनवासी पर भी पड़ा होगा। एक घटना और कि राम द्वारा त्यागने के पश्चात भैया लखन ने माता सीता को छत्तीसगढ़ में ऋषि वाल्मीकि के आश्रम में ही क्यों छोड़ा। अन्यत्र कहीं और क्यों नहीं। वह भी ऐसी स्थिति में जब माता सीता गर्भवती थीं। तो इसका कारण यह है कि एक तो दक्षिण कोसल (छत्तीसगढ़) भक्त और ज्ञानी ऋषि-मुनियों के कारण संस्कार और भक्ति की भूमि मानी जाती थी और दूसरा कारण कि वन में रहकर यदि कोई अबला सुरक्षित रह सकती थी तो वह केवल दक्षिण कोसल का ही वन था और तीसरा कारण यह कि माता सीता को ऋषि वाल्मीकि जैसे महान सन्त का आश्रय मिल सके।

छत्तीसगढ़ की इसी पावन माटी में माता सीता ने लव-कुश जैसे वीर बालकों को जन्म दिया और अन्त में स्वयं भी इसी छत्तीसगढ़ की भूमि में समा गयी।

माता सीता छत्तीसगढ़ की इष्ट देवी

पूरे देश में केवल छत्तीसगढ़ में ही शीतला माता के इतने मन्दिर मिलते हैं। प्रत्येक गाँव में शीतला

माता का मन्दिर अवश्य मिलता है। बहुत से लोग यह नहीं जानते कि यह शीतला माता, माता सीता ही हैं। अर्थात् सीता माता ही छत्तीसगढ़ की इष्ट देवी हैं। इस परम पावन व संस्कार भूमि छत्तीसगढ़ की माटी को हमारा कोटिशः नमन जो अध्यात्म, ऋषि, कृषि, संस्कृति का उद्गम स्थल है।

राम ने छत्तीसगढ़ में अनेक वर्षों तक सत्संग किया, ज्ञान प्राप्त किया, जिसने उन्हें महामानव बना दिया। राम-सुग्रीव मैत्री, विभीषण-शरणागति और राम-राज्य की स्थापना का मन्त्र छत्तीसगढ़ की देन है। राम ने यह सब ज्ञान इसी पावन माटी से सीखा। छत्तीसगढ़ की मितानी प्रथा के प्रभाव ने

"पावक साखी देइ कर जोरी प्रीत दृढ़ाइ"

राम-सुग्रीव मैत्री को सुदृढ़ आधार प्रदान किया। 'बैरी बर ऊँच पीढ़ा' की छत्तीसगढ़ी संस्कृति विभीषण-शरणागति में दृष्टिगोचर होती है। छत्तीसगढ़ का सहज, सरल, निष्कपट, समरस संस्कृति से राम-राज्य की भूमिका बनी। छत्तीसगढ़ ने राम को अपने हृदय में बिठाया है। आज छत्तीसगढ़ की रग-रग में राम ही रम रहे हैं।

भगवान श्रीराम का बस्तर आगमन

दिनेश वर्मा

बस्तर अपने प्राचीन पुरातात्विक महत्त्व, आरण्यक संस्कृति, दुर्गम वनांचल और अनसुलझे तथ्यों के लिए प्रसिद्ध है। बस्तर, दंडक, चक्रकूट, भ्रमरकूट, महाकान्तर जैसे अनेक नामों से परिभाषित धरती पर स्वर्ग का पर्याय है। बस्तर के पूर्वजों ने धर्म, विज्ञान, साहित्य, कला और संस्कृति के क्षेत्र में जो पराक्रम किया है, वह सारा विस्तार बस्तर के भू-भाग में परिलक्षित है, जिसके तेज को आज भी बस्तरवासी साक्षात अनुभव करते हैं।

भगवान श्रीराम के बस्तर आगमन के अनेकों कथा प्रसंग किंवदन्तियों व जनश्रुतियों में हैं, जिसे बस्तर भू-भाग के पौराणिक व पुरातात्विक साक्ष्य प्रमाणित करते प्रतीत होते हैं। इस साक्ष्य का रामायण जैसे प्रमाणित ग्रन्थ में उल्लेख मिलता है। पौराणिक ग्रन्थों के अनुसार रामायण काल का स्पष्ट प्रभाव मिलना दुर्लभ है, रामायण काल की घटना लगभग 9,84,000 वर्ष की है यह तिथि रावण संहिता में भी दर्ज है। भारतीय ज्योतिषियों के कालगणना अनुसार त्रेतायुग के आधार पर भगवान राम का जन्म 15 से 26 लाख वर्ष पूर्व माना जाना चाहिए। अन्य गणना के आधार पर भगवान राम का जन्म 5114 ईस्वी पूर्व माना जाता है। धर्मग्रन्थों में सम्मिलित अगस्त्य संहिता के अनुसार चैत्र शुक्ल नवमी के दिन पुनर्वसु नक्षत्र, कर्क लग्न में जब सूर्य अन्य पाँच ग्रहों की शुभ दृष्टि के साथ मेष राशि में विराजमान थे तब साक्षात् भगवान राम ने माता कौशल्या के गर्भ से जन्म लिया।

मर्यादा पुरुषोत्तम भगवान राम के चरित्र पर आधारित प्रसंग हजारों वर्षो से बस्तर की भूमि पर प्रवाहमान है, बस्तर की भूमि में रामचन्द्र जी का पूरा जीवन मर्यादाओं की ऐतिहासिक यात्रा से परिपूर्ण था। राम एक आदर्श राजा होने के साथ ही कर्तव्य को समझने वाले, भाइयों के प्रेम का आदर करने वाले तथा वानरराज सुग्रीव की दोस्ती को अन्त तक निभाने वाले सगे मित्र के रूप में भी जाने जाते हैं यही कारण है बस्तरवासियों ने राम को आदर्श के रूप में स्वीकार किया है। बुनियादी अभाव, प्रताड़ना, शोषण से संघर्ष कर रहे बस्तरवासियों में राम आसुरी शक्तियों को समाप्त करने वाले देव के रूप में स्थापित हैं। राम का देवदूत के रूप में बस्तरवासियों में स्थापित होने के कई साक्ष्य बस्तर भू पर विद्यमान हैं।

पुरातात्विक साक्ष्य : शैलचित्रों के रूप में

बस्तर का वनांचल नैसर्गिक सुन्दरता के लिए जाना जाता है, सुन्दर वन कलकल करती नदियों का जल, कलरव करती पंछियों की बोली, मुग्ध सुगन्ध चलती शुभ्र बयार ऐसे रमणीय और आनन्ददायक वातावरण में पाषाणों में शैलचित्र के रूप में बस्तर के अनेक स्थानों में रामायण में घटित घटनाओं का शिल्पांकन मिलता है। प्राचीन काल में दक्षिण कोसल के नाम से जाना जाने वाला यह प्रदेश

वनों से आच्छादित था और बस्तर परिक्षेत्र को दंडकारण्य के नाम से जाना जाता है। अतः बस्तर का रामायण से निकट का सम्बन्ध दिखाई देता है और यही कारण है कि बस्तर के अनेक स्थलों पर भगवान श्रीराम के अनेक प्राचीन देवालय उत्कीर्ण हैं।

जिला उत्तर बस्तर कांकेर के चारामा विकासखंड के गोटीटोला के पहाड़ी के विशाल पत्थर पर 'रामदरबार' के शैलचित्र उत्कीर्ण हैं। 'रामदरबार' के साथ अबुझमाढ़ शैली के साथ तीर-धनुष, शिकार करता मानव व अन्य साक्ष्य मौजूद हैं। ऐसे ही साक्ष्य 'शैलचित्र' पास के ग्राम उड़कुड़ा (जोगी गुफा), गांड़ागौरी में बना है ग्राम कुलगाँव, मोहपुर में भी इसी आशय का शैलचित्र है। ग्राम रिसेवाड़ा विकास खंड नरहरपुर के वन क्षेत्र में 11वीं शताब्दी के देऊर (छोटा देवालय) के गर्भगृह में शिव-पार्वती व राम-सीता की प्राचीन मूर्तियाँ हैं। कांकेर शहर के अनेकों स्थलों पर प्राचीन राम देवालय मिलता है। यह प्राचीन प्रस्तर साक्ष्य भगवान श्रीराम के बस्तरागमन के साक्ष्य को रेखांकित करता है। ग्राम रामपुर जुनवानी विकास खंड कांकेर में राम-लक्ष्मण के द्वारा विष्णु जी की पूजा करने की जनश्रुति है, जिसका साक्ष्य ग्राम में प्राचीन विष्णु जी की मूर्ति व देवालय है।

भगवान श्रीराम महानदी और दूधनदी होते हुए कांकेर और कांकेर से कोटरी नदी मार्ग से केशकाल होते हुए गढ़धनोरा पहुँचे थे, उसके पश्चात् नारायणपुर, छोटे डोंगर, बारसूर, चित्रकोट, नारायणपाल आदि स्थलों पर राम भ्रमण का उल्लेख मिलता है। वैसे भी वनवास काल में श्रीराम के वनगमन मार्ग में बस्तर का उल्लेख मिलता है कि रामचन्द्र जी के पर्णकुटी प्रस्थान करने के पूर्व उनकी भेंट गीदम में गिद्धराज जटायु से हुई थी। गीदम से दंतेवाड़ा शंखनी-डंकनी नदी मार्ग से होते हुए तीरथगढ़ पहुँचने का कथा प्रसंग है। तीरथगढ़ जलप्रपात के स्थल पर 'सीता नहानी' है जहाँ माता सीता ने स्नान कर पास के प्राचीन देवालय में शिवजी की पूजा की थी। यहाँ प्राकृतिक रूप में अनेक शिवलिंग मिलते हैं। बस्तर के कोंटा (इंजरम) होते हुए आन्ध्रप्रदेश के भद्राचलम जाने का वर्णन श्लोक में वर्णित है—

प्रविश्य तु महारण्यं दंडकारण्य मात्मवान्।
रामो ददर्श दुर्धर्ष स्तापसा श्रम मण्डलम् ॥

बस्तर के लोक साहित्य, लोकगीत, लोकनाट्य में भगवान श्रीराम

बस्तर का लोक साहित्य मुख्यतः दो भागों में प्रवाहित है, पारम्परिक (मौखिक अलिखित) व अपारम्परिक (लिखित) सृजन की इस भाव भूमि में मौखिक या लोक साहित्य (हल्बी, भतरी में) भगवान श्रीराम का कथा प्रसंग सदियों पूर्व बस्तर के भू-भाग में झालियाना, छेरता और तारा आदि लोकगीत में विद्यमान है। किन्तु जगार गीत में भगवान का वर्णन लोक साहित्य की गरिमा का परिचायक है। बस्तर में सदियों से धनकुल गीत में रामायण व महाभारत के प्रतीकात्मक कथाओं के माध्यम से भगवान श्रीराम लोक साहित्य में जीवन्त हैं। ठाकुर पूरनसिंह, स्व. पंडित गणेशप्रसाद सामन्त के 1937 में हल्बी में प्रकाशित लोक साहित्य इसके उदाहरण हैं। 1950 में स्व. पंडित गम्भीरनाथ पाणिग्रही का गजामूंग, हल्बी पंचतन्त्र, रामकथा, रामचालीसा, प्रसंगवश रामकथा का आख्यायिका निश्चित तौर पर बस्तर में राम के वन आगमन का सूक्ष्म साक्ष्य है।

बस्तर का जगार गीत प्रबन्ध काव्य के अन्तर्गत आता है, अंचल का प्रबन्ध काव्य जब मौखिक परम्परा के अन्तर्गत प्रस्तुत होता है तब इनमें महाकाव्य के सारे लक्षण सुनाई देते हैं। जगार लोक गाथाएँ हैं—सीता स्वयंवर, शिव विवाह आदि प्रसंग आरम्भ करने के पूर्व जगार गीतों का दायित्व

निर्वहन करने वाली गुरु माताएँ अपनी वन्दना 'राम' शब्द के उच्चारण पश्चात् ही शुभारम्भ करती हैं–

यथा : हरी-हरी मयं-राम-राम
हरी-हरी मयं-राम-राम
हरी पद चाले बाबा
गुरुमायं नमना करे हरिबोल
हरी-हरी मयं-राम-राम

यह श्रद्धा-भक्ति युक्त साक्ष्य बस्तर में सहज प्रवेश नहीं कर गया, अपितु इसका ऐतिहासिक कारण अवश्य है।

पारम्परिकता लोक-नाट्य की गरिमा की कसौटी होती है, यह उसकी आत्मा है। बस्तर के भतरा नाट में पौराणिक धार्मिक प्रसंगों का मंचन प्राचीन समय से अनवरत हो रहा है, जिसमें राम-रावण युद्ध, सीता हरण, सीता स्वयंवर, राम द्वारा राक्षस वध आदि नाट का यहाँ प्रचलन काफी पुराना है। नाट जैसे विद्या भागोक्तम में भी भगवान श्रीराम के चरित्र का दृश्य एवं श्रव्य रूप में मंचीय प्रस्तुतीकरण है, भागोक्तम के प्रसिद्ध कथा प्रसंग राम-जनम, भरत मिलाप, राम-रावण युद्ध आदि तथ्यों को रेखांकित करता है कि सदियों पूर्व बस्तर के भू-भाग में भगवान श्रीराम का आगमन हुआ था। इन्हीं कथा प्रसंगों को गौरम्मा जी पर्व पर खेलगीत के रूप में दक्षिण बस्तर में बालिकाएँ पुष्प का मीनार बनाकर रामायण के दोहों का सस्वर गायन करती हैं, यह क्रम 09 दिनों तक चलता है।

चइतरई दशहरा

बस्तर में दशहरा पर्व वर्ष में दो बार मनाया जाता है। आश्विन (अक्टूबर) मास में प्रतिवर्ष धूमधाम से मनाने वाले विख्यात दशहरे के अलावा चैत्र मास में संक्षिप्त रूप में चइतरई दशहरा या छोटा दशहरा मनाया जाता है। चइतरई दशहरा का सम्बन्ध भगवान श्रीराम के जीवन प्रसंग से जुड़ा होता है, परन्तु इस दशहरे पर रावण वध की परम्परा नहीं है। महिषासुर के प्रतीक महिष को मारा जाता है। यह गणना के हिसाब से पन्द्रह दिनों तक चलता है। चइतरई दशहरा के माध्यम से बस्तरवासी के हृदय में सदियों से भगवान श्रीराम विराजमान हैं, यह तथ्य भगवान के बस्तर में आगमन का संकेत है।

गोबर बोहरानी

रामनवमी के ठीक पहले आयोजित होने वाले इस पर्व पर मर्यादा पुरुषोत्तम भगवान राम के जन्म प्रसंग पर आधारित ग्राम्य देवों की अराधना की जाती है। गोबर बोहरानी ग्राम के खुले मैदान 'छापर' पर ग्राम्य पुजारी, भगत के निर्देश पर आयोजित होता है, यहाँ आखेट पर प्रयुक्त होने वाले शस्त्र, धनुष, तीर, कुल्हाड़ी, फरसा आदि की विधिवत पूजा करते हैं। यह रस्म बस्तर के वनवासियों में अन्तर्निहित होने का कारण श्रीराम के प्रति आस्था मात्र नहीं अपितु श्रीराम का इनके भू-भाग पर आगमन है। बस्तर के मूल निवासी माड़िया, मुरिया, गोड़, किरात, निषाद, शबर, कोल से श्रीराम की मित्रता व इन मित्रों द्वारा भगवान श्रीराम का वनवास के दौरान सहयोग करना भगवान राम का बस्तरागमन का साक्ष्य है। बस्तर अंचल का सारा जीवन प्रकृति पर अवलंबित है, अतः बस्तर में प्रथम प्रकृति की पूजा की जाती है, इसमें 'माटी तिहार (बीज पुटनी)', 'विज्जा पण्डुम', चरू-जातरा, दियारी-तिहारी और लक्ष्मी जगार में प्रभुराम की आराधना कर धार्मिक कार्य सम्पन्न करते हैं।

बस्तर के बाह्य व्यवहारों में भले ही भिन्नता दिखाई दे, पर थोड़ी सी अन्तर्दृष्टि डालने से एकात्मता का प्रत्यक्ष परिचय प्राप्त होता है। बस्तर के लोगों का पुण्य सलिला वन भूमि, प्रकृति देव, दंतेश्वरी माई, कृष्ण, राम के प्रति श्रद्धा, आस्था जन-जन में व्याप्त है। श्रीरामकथा की धारा भक्ति भाव पैदा कर लोगों के नैतिक जीवन प्रवाह को सुन्दर से सुन्दरतम रूप दे रही है। हिंसक वनवासी के मन में पारिवारिक प्रेम उत्पन्न कर आदर्श अभिमुख आचरण की प्रेरणा देने वाले राम औरों को भी प्रेरित करने वाले हैं। यही कारण है कि बस्तर अंचल में एक भी ऐसा पर्व नहीं होगा, जिसका सम्बन्ध राम से न हो यही राम बस्तर के वनवासियों के जीवन में नयी चेतना का संचार कर रहे हैं। राम से सम्बन्धित पर्व सामूहिक रूप से मनाये जाने के कारण यहाँ लोगों में सामुदायिक समरसता का भाव भी निरन्तर प्रवाहमान है।

सामूहिक वाचन का प्रतीक है अखंड रामायण पाठ

रामकुमार वर्मा

भारत की संस्कृति में कलाओं के विकास के साथ ही साथ पठन-पाठन की परम्परा बड़े रोचक ढंग से समृद्ध हुई है। यह मानवीय बुद्धि और सृजन का अनूठा प्रदर्शन है। मन की बातों को बोलकर अभिव्यक्त करने की ईश्वर प्रदत्त निधि का उपयोग मनुष्यों ने अच्छी तरह से करना सीखा है। बोली और संवाद करने का वरदान दुनिया के सभी प्राणियों को प्राप्त है। पर मनुष्य ही ऐसा बिरला प्राणी है जो इस वरदान का उपयोग वाचन परम्परा को समृद्ध करने में लगाता है। सुखद बात यह है कि हजारों वर्ष पूर्व हमारे ऋषि-मुनियों से लेकर गुरुओं विद्वानों ने पठन-पाठन, लेखन, चित्रकारी करने जैसी साहित्यिक व सांस्कृतिक विरासत हमारे लिए छोड़ी है। वर्तमान पीढ़ी उसे निरन्तर समृद्ध करती चली जा रही है। ऐसी ही एक पठन-पाठन की परम्परा है, अखंड रामायण पाठ।

भारत के अन्य प्रदेशों व क्षेत्रों के साथ ही छत्तीसगढ़ में गोस्वामी तुलसीदास द्वारा रचित रामचरितमानस सर्वाधिक पढ़ा जाता है। प्रायः सभी के घरों में इस पवित्र ग्रन्थ का वाचन होता है। प्रदेश में इसके सामूहिक वाचन की बड़ी अनूठी परम्परा है। इसे 'अखंड रामायण पाठ' कहा जाता है।

पौराणिक पृष्ठभूमि

सामूहिक वाचन की परम्परा हमारे देश में युगों-युगों से चली आ रही है। सतयुग, त्रेता, द्वापर में भी राजाओं के सरंक्षण और ऋषियों, कुल-गुरुओं के मार्गदर्शन में यज्ञों व मन्त्रों का सामूहिक वाचन किसी खास कामना और जरूरत को पूर्ण करने किसी रुष्ट देवी-देवता को प्रसन्न करने के लिए किया गया है। राजसूय, अश्वमेध, पुत्रेष्टि, यज्ञ सहित सीता-माता द्वारा रचित धनुष यज्ञ आज भी लोगों के मानस पटल पर है। ऐसे अवसरों को सद्ग्रन्थों की ऋचाओं का सामूहिक वाचन सम्पूर्ण वातावरण को मन्त्रों व ध्वनियों से पवित्र कर देता है।

प्रादेशिक प्रचलन

छत्तीसगढ़ में रामचरितमानस पाठ करने का अनोखा प्रचलन है। यहाँ के लोग प्रायः अपने घरों में प्रातः स्नान के बाद बड़ी श्रद्धा से एकल मानस पाठ करते हैं। कुछ लोग पाँच, कुछ दस और ज्यादा दोहों का पाठन कर मन में पवित्रता भाव भरते हैं। दूसरे लोग मन्दिरों, सांस्कृतिक भवनों, चबूतरों, चौक या गुड़ी पर बैठकर पाँच-सात लोग वाद्य यन्त्रों के साथ सस्वर गीत-संगीत के साथ या केवल वाचन एवं दोहों, चौपाइयों की मौलिक व्याख्या हिन्दी व कहीं-कहीं छत्तीसगढ़ी में भी की जाती है। अब इसमें महिलाओं की भागीदारी भी बढ़ी। जगह-जगह मानस गान की प्रतियोगिताएँ भी होने लगी हैं। कई जगह साप्ताहिक मानस गान सैकड़ों वर्षों से प्रचलित है।

अवसर या समय

अन्य तरह का मानस गान तो साल भर होता रहता है। पर अखंड मानस पाठ नये भवन के उद्घाटन, बसन्त पंचमी, हनुमान जयंती, रामनवमी जैसे पवित्र अवसरों पर होता है। कुछ संकल्पित मानस प्रेमियों द्वारा हर साल होता है। पर छत्तीसगढ़ में वरुण व इन्द्रदेव को प्रसन्न करने की दृष्टि से आषाढ़, सावन व भादो मास में इसका प्रचलन ज्यादा है। लोग वर्षा में घरों से बाहर कम निकल पाते हैं। खेती किसानी का काम भी हो गया होता है, तब मनोरंजन व देवी-देवताओं को सुकाल व सुख-समृद्धि की कामना से अखंड रामायण कराया जाता है। वर्ष के बीच में भी किसी खास इच्छा-कामना की पूर्ति के लिए भी मानस पाठ किया जाता है।

स्वरूप

अखंड रामायण पाठ करने के लिए बहुत से लोगों की जरूरत होती है। तब लोग दो-दो घण्टे या इससे अधिक समय तक टोलियों में गाते हैं। एक तरफ के लोग पहले मुखड़े के दोहों को गाकर शुरुआत करते हैं, फिर बारी-बारी से आगे की चौपाइयों, दोहे, सोरठे, छन्दों को बिना रुके गाते हैं। इसका आयोजन कोई अकेला व्यक्ति या सार्वजनिक रूप से करते हैं। गाँव या शहर की मानस टोलियों के लोगों को आमन्त्रित कर गायन का समय बता दिया जाता है। तब वे समय के कुछ देर पूर्व पहुँचकर रामायण की पंक्तियाँ पढ़ना शुरू कर देते हैं। नीचे जमीन पर दरी बिछाकर व सामने रामचरितमानस को रखकर गायन किया जाता है। इसमें गाँव के लोग स्वेच्छा से भी सहयोग करते हैं। बिना रुके मानस गान किया जाता है। शब्दों के उच्चारण सहित दोहों श्लोक छन्दों व सोरठों को अलग-अलग लय से गाने पर विशेष ध्यान दिया जाता है। वाचन की कड़ी न टूटे इसलिए दोनों

तरफ के लोग पंक्तियों पर लगातार निगाह रखते हैं।

अखंड ज्योति

अखंड रामायण पाठ के समय ज्योति कलश की स्थापना कर विधिपूर्वक दीप प्रज्वलित कर मानस गान प्रारम्भ किया जाता है। जो कि अखंडता व निरन्तर उजालों की ओर जाने का सन्देश देता है। सुख समृद्धि से पूर्ण होने का भाव समाहित होता है, लोग बड़ी श्रद्धा से ज्योति कलश का दर्शन व पुष्पांजलि अर्पित करते हैं। इस तरह अखंड ज्योति व अखंड मानस गान से घर, ग्राम व प्रदेश के जन-जन की सुख समृद्धि की कामनाएँ की जाती हैं। विशेष रूप से जब वर्षा नहीं हो रही है, तब वरुण व इन्द्र देव को प्रसन्न करने के लिए अखंड रामायण पाठ किया जाता है।

वाचन शैलियों का विकास

अखंड रामायण पाठ की इस अनोखी परम्परा से सम्पूर्ण प्रदेश में दोहों, चौपाइयों, छन्दों, सोरठों व श्लोकों को सस्वर एवं लय ताल के साथ गाने की शैलियों का निरन्तर विकास हो रहा है। इससे प्रदेश में लोक शैलियों व वैदिक शैली तथा संगीत के तत्वों की समृद्धि हो रही है। जो कि वाचन शैलियों के विकास को बढ़ावा दे रही है।

सामुदायिक सहयोग

किसी व्यक्ति या समुदाय द्वारा जब भी अखंड रामायण पाठ का आयोजन होता है, वहाँ के लोगों में सामुदायिक सहयोग की भावना का विकास होता है, जो कि उच्च मानवीय मूल्य है। बिना किसी स्वार्थ के किसी दूसरे की मनोकामनाओं की पूर्ति की दिशा में किये जा रहे प्रयासों में सहयोग करना मनुष्य की श्रेष्ठता को प्रकट करता है।

इस तरह प्रदेश में प्रचलित अखंड रामायण पाठ सामूहिक वाचन का अनूठा प्रतीक होने के साथ ही लोगों में साहित्य, कला एवं संस्कृति के प्रति विशेष लगाव को लगातार समृद्ध करता चला जा रहा है। इसे घर जाति-समुदाय द्वारा निरन्तर समृद्ध करना अति आवश्यक है।

लोकजीवन में 'राम'

डॉ. लक्ष्मण सिंह साहू

'धान का कटोरा' कहा जाने वाला छत्तीसगढ़ का भू-भाग आर्य-अनार्य संस्कृति के संगम स्थली के रूप में प्राचीन काल से महाकान्तर, दंडकारण्य, कोसल इत्यादि नामों से सम्बोधित होता रहा है। प्राकृतिक सम्पदा एवं खनिज संसाधनों की दृष्टि से वैभव पूर्ण छत्तीसगढ़ की ऐतिहासिक, सामाजिक तथा सांस्कृतिक चेतना विकासोन्मुखी रही है।

वाल्मीकि रामायण में कोसल के दो भागों—क्रमशः उत्तर कोसल तथा दक्षिण कोसल का उल्लेख हुआ है। जबकि वायु पुराण में कोसल देश का सात खंडों में से दक्षिण कोसल को एक खंड बतलाया गया है। वास्तव में प्राचीनकाल का दक्षिण कोसल ही आज का छत्तीसगढ़ है।

राम का स्वरूप

त्रेतायुग में अवतरित हुए भारतभूमि पर जन्मे अद्भुत स्वरूप के गुणी प्रभु राम जी विष्णु भगवान के प्रमुख अवतारों में से एक हैं। भगवान श्रीराम का उज्ज्वल स्वरूप सूर्य के तेज से भी अधिक प्रकाशमान है। राम का नाम सभी को भवसागर से पार लगा देता है। राम की भक्ति ही जीवन का आधार है, जिसकी डोर को थामे हुए भक्त सभी कठिनाइयों से पार पा लेता है। और उनकी भक्ति में लीन होकर जीवन को सदाचार रूप में व्यतीत करता है, तथा अन्त में मोक्ष को पाता है।

रामचन्द्र जी का जन्म पौराणिक काल में अयोध्या के राजा दशरथ और रानी कौशल्या के सबसे बड़े पुत्र के रूप में हुआ था। लक्ष्मण, भरत और शत्रुघ्न, रामजी के भाई थे। श्रीराम का विवाह राजा जनक की पुत्री सीता जी के साथ हुआ था, जो लक्ष्मी का अवतार मानी जाती है।

माता कैकेयी को दिये वचन से बाधित होकर राजा दशरथ द्वारा श्रीराम को 14 वर्ष का वनवास प्राप्त हुआ। श्रीराम अपने पिता राजा दशरथ की आज्ञा का पालन कर पत्नी सीता एवं भाई लक्ष्मण समेत वनवास को चले जाते हैं। और वनवास के दौरान ही रावण का वध करके सभी को राक्षसों के अत्याचारों से मुक्त करते हैं तथा धर्म की पुनः स्थापना करते हैं।

थे राम अयोध्या के राजा, पत्नी थी उनकी श्री सीता।
नदियों में जैसी गंगा हो, ग्रन्थों में जैसे हो गीता ॥

राम एक आदर्श पुत्र, पति और प्रजापालक थे। तेजस्वी, बुद्धिमानी, पराक्रमी, विद्वान, नीति-निपुण मर्यादा पुरुषोत्तम भगवान राम ने सामाजिक क्रान्ति की मजबूत नींव रखी। ऐसे अनेक उदाहरण देखे जा सकते हैं, जैसे नौका खेने वाला केवट, भक्त माता सबरी वानर जाति के सुग्रीव और अंगद, जामवंत, जटायु आदि सभी प्राणियों के साथ श्रीराम का प्रेमपूर्ण सद्भाव और मैत्रीपूर्ण व्यवहार रहा है, वहीं दूसरी

ओर रामसेतु और लंका विजय सामूहिक एकता की विजय के प्रतीक रूप में देखा जा सकता है।

राम का छत्तीसगढ़ से सम्बन्ध

भगवान श्रीराम की माता कौशल्या छत्तीसगढ़ (प्राचीन काल में दक्षिण कोसल) के सम्राट भानुमंत की बेटी थी। ऐसी किंवदन्ती है, कि माता कौशल्या का जन्म रायपुर जिले के आरंग नगर में हुआ था, इस नाते से छत्तीसगढ़ को भगवान श्रीराम के ननिहाल के रूप में भी जाना जाता है। माता कौशल्या का कोई भाई नहीं था अतः राजा भानुमंत ने प्राचीन कोसल राज्य को अपनी पुत्री कौशल्या का राजा दशरथ के साथ हुए विवाह में दहेज के रूप में दे दिया। माता कौशल्या से कोसल राज्य का उत्तराधिकार भगवान श्रीराम को प्राप्त हुआ। मर्यादा पुरुषोत्तम राम विश्वात्मा हैं, परात्पर परमात्मा के नरावतार हैं, और साथ ही वन्दनीया भारतभूमि के अमृत पुत्र भी हैं, अतः श्रीराम भारत की राष्ट्रात्मा भी हैं। आदि कवि महर्षि वाल्मीकि से लेकर व्यास, कालिदास, गोस्वामी तुलसीदास और आधुनिक राम काव्यकार मैथिलीशरण गुप्त तक की भारतीय कवि परम्परा ने रामकथा द्वारा जन-जन व्यापिनी विराट राष्ट्रीय चेतना का प्रतिनिधित्व किया है। रामकथा स्वयं परात्पर ब्रह्म के रामावतार की गाथा मात्र न होकर विश्व में भारतीय राष्ट्रीयता के सांस्कृतिक एवं आध्यात्मिक दिग्विजय की गाथा है।

राम का छत्तीसगढ़ प्रवास

भगवान श्रीराम छत्तीसगढ़ के लोकजीवन में रचे-बसे हुए हैं। रामजी जब 14 वर्ष के वनवास में थे तो छत्तीसगढ़ के बलौदाबाजार जिले के शिवरीनारायण नामक स्थान में उन्होंने माता शबरी के जूठे बेर खाये थे। वहीं पर श्रीराम के लघु भ्राता श्री लक्ष्मण जी ने खरौद नामक स्थान पर श्री लखनेश्वर महादेव की स्थापना कर पूजा की थी, जो आज भी विराजमान हैं।

माता सीता ने मिथिला से छत्तीसगढ़ तक की यात्रा वनवास के दौरान भी की और रावण वध के पश्चात् श्रीरामचन्द्र के राज्याभिषेक के पश्चात् भी, उसने मिथिला की धरती में जन्म लिया और छत्तीसगढ़ की धरती में निर्वाण, पता नहीं दोनों अंचलों की मिट्टी में क्या साम्यता है?

छत्तीसगढ़ प्रदेश के बलौदा बाजार जिले में स्थित तुरतुरिया ग्राम में आदि कवि महर्षि वाल्मीकि का आश्रम था। जब श्रीराम ने माता सीता का त्याग किया तो छत्तीसगढ़ की धरती ने उन्हें महर्षि वाल्मीकि के आश्रम में आश्रय दिया। इसका आशय यह हुआ कि माता सीता की पवित्रता को तत्कालीन कोसल और आधुनिक छत्तीसगढ़ की पावन धरा ने अपने आँचल में समेट कर दो यशस्वी बालक लव और कुश दिये।

गुरु वशिष्ठ की आज्ञा से जब श्रीराम ने अश्वमेध यज्ञ का आयोजन किया तब यज्ञ के श्यामकर्ण घोड़े को लव तथा कुश ने तुरतुरिया नामक स्थान में ही पकड़कर रखा था और क्रमशः चन्द्रकेतु (श्री लक्ष्मण के पुत्र) अंगद, हनुमान, शत्रुघ्न, भरत और लक्ष्मण को युद्ध में परास्त किया था। अन्ततः श्रीराम पुनः छत्तीसगढ़ की पावनपुण्य धरा तुरतुरिया पधारे और उसी समय यह रहस्य खुला कि लव-कुश श्रीराम एवं माता सीता के पुत्र हैं। माता सीता के छत्तीसगढ़ की पावन भूमि तुरतुरिया में धरती माता की गोद में समा जाने के कारण लव-कुश ने श्रीराम के साथ अयोध्या जाते वक्त यह शपथ ली कि छत्तीसगढ़ (दक्षिण कोसल) की जिस धरती में उनकी माँ ने समाधि ली है, उस धरती की वे प्राण-पण से आजन्म सेवा करेंगे।

छत्तीसगढ़ के लोकजीवन में राम

छत्तीसगढ़ के लोकजीवन में भगवान राम की सर्वव्यापकता इस बात से भी प्रकट होती है, कि लोग अपने नाम के आगे एवं पीछे राम शब्द जोड़ते हैं, जैसे—रामकुमार, रामशरण, रामभरोसा, सीताराम, भगतराम, जगतराम आदि। जब लोग आपस में मिलते हैं, तब भी राम-राम, सीता-राम, जय-राम आदि उद्‌बोधन से एक-दूसरे का अभिवादन करते हैं। प्रतिवर्ष चैत्र माह के शुक्ल पक्ष की नवमी तिथि को राम जी के जन्मोत्सव को रामनवमी के रूप में पूरे छत्तीसगढ़ में उल्लास के साथ मनाया जाता है। रामनवमी की सर्वव्यापकता श्रीराम के छत्तीसगढ़ में अस्तित्व का प्रमाण है।

छत्तीसगढ़ के लोकजीवन में दशहरा एवं दीपावली त्योहारों का विशेष महत्त्व है। दशहरा को यहाँ की जनता लंका के राजा रावण पर श्रीराम के विजय पर्व के रूप में प्रतिवर्ष आश्विन माह के शुक्ल पक्ष की दशमी तिथि को मनाती है। दीपावली (दीपोत्सव) को माता सीता (लक्ष्मीरूपी) एवं श्रीराम के वनवास के पश्चात् अयोध्या वापसी पर घर-घर में दीप प्रज्वलन कर प्रतिवर्ष कार्तिक माह की अमावस्या तिथि के दिन याद किया जाता है।

ऋषि वाल्मीकि की धरती का, यह ज्ञान भरा उर्वर अंचल।
छत्तीसगढ़ नाम सुचर्चित है, साहित्य-धनी भगवान श्रीरामचन्द्र ॥

भगवान राम आदर्श व्यक्तित्व के प्रतीक हैं। परिदृश्य अतीत का हो या वर्तमान का, छत्तीसगढ़ के जनमानस ने रामजी के आदर्शों को खूब समझा एवं परखा है। रामजी का पूरा जीवन आदर्शों और संघर्षों से भरा पड़ा है, आज छत्तीसगढ़ का लोकजीवन भी इन्हीं आदर्शों पर चल रहा है।

छत्तीसगढ़ की जनश्रुतियों में श्रीराम

राजेन्द्र कुमार शर्मा

सदियों से वाचिक परम्परा चली आ रही है। लोककथा, लोकगीत, लोक कहावतें एवं किंवदन्तियों तथा प्रचलित जनश्रुतियाँ ही एक दिन इतिहास बनती हैं। छत्तीसगढ़ में भगवान श्रीराम के वनवास काल के दंडकवन (छत्तीसगढ़ का प्राचीन भू-भाग) में आगमन के प्रसंग में तथा राक्षस संस्कृति के पोषक राक्षस, असुर, यक्ष आदि के रामायण कालीन प्रसंग, तत्कालीन युग की घटित घटनाओं से सम्बन्धित जनश्रुतियों का संग्रह ही इस आलेख का उद्देश्य है। इस आलेख में जनश्रुतियों का समावेश किया गया है, जो छत्तीसगढ़ के रामायण कालीन प्रसंगों एवं घटनाओं को इंगित करती हैं। हमारे लोकगीत एवं लोकगाथा को आधारित कर श्रीराम की छत्तीसगढ़ में वनवास से सम्बन्धित स्थलों एवं मार्गों को प्रकाश में लाना प्रमुख लक्ष्य है–

(1) सरगुजा के अम्बिकापुर से लगभग 65 कि.मी. की दूरी पर स्थित जिला कोरिया, भरतपुर तहसील में जनकपुर नामक स्थान है। मवाई नदी के तट पर बसे इस ग्राम के समीप सीतामढ़ी, हरचौका नामक स्थान है। हर चौका अपनी प्राचीन विरासत एवं पुरातात्विक धरोहर, प्राकृतिक गुफा के कारण प्रसिद्ध है। मवाई नदी के तट पर बने सीतामढ़ी, हरचौका पर भगवान श्रीराम का वनगमन मार्ग में पदार्पण हुआ था। छत्तीसगढ़ की पावन धरा पर सीताजी एवं लक्ष्मण जी के साथ उनका चरण स्पर्श हुआ था। माँ सीता के आगमन पर वनवासियों ने माँ आयी, माँ आयी के सम्बोधन से इस नदी का नाम माँ आयी से मवाई पड़ गया, ऐसी जनश्रुति मिलती है।

(2) सीतामढ़ी–हरचौका में इसी नदी के तट पर शिला पर चरण चिह्न मिला है। किंवदन्तियों के आधार पर यह त्रेतायुग में वनगमन करते समय दंडकारण्य पहुँचने पर प्रभु श्रीराम इसी स्थान पर नदी से उतरे थे, एवं सीतामढ़ी हरचौका में प्रथम पड़ाव डाला था। भगवान श्रीराम के चरण चिह्न होने की जनश्रुति मिलती है।

(3) सीतामढ़ी हरचौका नामक एक प्राकृतिक गुफा मवाई नदी के तट पर स्थापित है। इस गुफा के सम्बन्ध में किंवदन्ती है कि इसमें सीता जी निवास करती थीं। अतः इसे सीतामढ़ कहा जाता है। इसी प्रकार इसका हरचौका नाम के पीछे जनश्रुति मिलती है कि सीताजी ने यहाँ रसोई बनाई थी, इसे सीता-रसोई अर्थात् हरि का चौका होने के कारण इसे हरि चौका से हरचौका नामकरण होने की पुष्टि होती है।

(4) सीतामढ़ी हरचौका से आगे नदी तट पर बने सीतामढ़ी घाघरा, सीतामढ़ी छत्तौड़ा एवं सीतामढ़ी

कनवाई नामक स्थान है। जहाँ पर सीता जी ठहरी थीं। इसी के कारण इस स्थान का नाम सीतामढ़ी पड़ा।

(5) अम्बिकापुर के पास बनारस रोड पर भैयाथान नामक ग्राम है। इसी के पास सरोसर नामक स्थान है। कहा जाता है कि यहाँ पर सरासुर नामक राक्षस बड़का पर्वत पर निवास करते थे। उसका इस क्षेत्र में आतंक था। जब श्रीराम वनगमन करते समय महानदी से यहाँ पहुँचे, तो राक्षस के आतंक को समाप्त करने के लिए बड़का और खरात दो पर्वतों के मध्य को तीर से अलग कर दिया। उस समय रहने वाले आतंकी सरासुर का वध किया। इसी कारण सरासुर के नाम से इस स्थान का नाम सरासोर पड़ा। इन दोनों पर्वतों को चीरते हुए महानदी आगे बढ़ती है। पर्वत के ऊपर का भाग गेट के आकार में परिलक्षित होता है। यहीं पर महानदी में सीताकुंड बना हुआ है। कहा जाता है कि सीता जी ने यहाँ पर स्नान किया था।

(6) सरगुजा जिले में रक्सगंडा के पास एक सीता पोखरी नामक स्मारक है। इस पोखरी का जल मटमैला है। आसपास के सभी पोखरी के जल साफ हैं। इस सम्बन्ध में किंवदन्ती है कि सीता जी ने यहाँ पर स्नान किया था एवं सिर धोया था तब से इसका जल मटमैला हो गया है।

(7) इसी के समीप एक ऐसा चट्टान है जिसे चन्दन तिलक कहते हैं। इस चट्टान को हाथ से घिसने से सिन्दूरी रंग निकलता है। किंवदन्ती है कि माता सीता ने स्नान करने के बाद इसी चट्टान को स्पर्श कर सिन्दूरी माँग भरी थी। तब से इस चट्टान पर सिन्दूरी रंग निकलता है।

(8) रामगढ़ के पहाड़ी क्षेत्र में चन्दन मिट्टी नामक स्थान है। कहा जाता है कि इस स्थान की मिट्टी के लेप से सीता जी ने स्नान किया था तब से इस स्थान का नाम चन्दन मिट्टी हो गया है। यहाँ की मिट्टी में चन्दन सा सुगन्ध होता है।

(9) अम्बिकापुर से 175 कि.मी. दूर रेण नदी पर रक्सगंडा स्थान है, इसे रक्सगंडा जलप्रपात भी कहते हैं। यहाँ पर भगवान श्रीराम ने वनवास काल के समय अनेक राक्षसों का संहार किया था। उनका ढेर (गंडा) लगा दिया था। अतः इसी रक्सगंडा अर्थात् राक्षसों का ढेर से है। पुनः यह स्थान एक छोटी पहाड़ी के रूप में परिवर्तित हो गया है, तब से इसे रक्सगंडा कहते हैं।

(10) अम्बिकापुर से 10 कि.मी. की दूरी पर स्थित मनेन्द्रगढ़ रोड पर पिलरवा नामक गाँव है। जनश्रुति है कि जब श्रीराम इस क्षेत्र से वनगमन कर रहे थे तब पिलरवा बिहार राज्य में था। लक्ष्मण के मन में यहाँ के पर्वत को सरगुजा के रामगढ़ पर्वत से मिलाने की बात आयी। तब प्रभु से आज्ञा लेकर कन्धे पर बंहगी रखकर उसे लेने गये। वापसी में दुर्भाग्य से लक्ष्मण की बंहगी टूट गयी और पिलरवा पहाड़ वहीं स्थित हो गया, जिस स्थान पर आज स्थित है। इस पहाड़ पर लक्ष्मण जी के पद चिह्न स्पष्ट रूप से दृष्टिगोचर होते हैं। श्रद्धालुगण इस चरण पादुका की पूजा अर्चना करते हैं।

(11) सरगुजा के ओड़गी विकासखंड के अन्तर्गत बिहारपुर मार्ग में लक्ष्मण जी का पाँव है। उसके मानवाकार पाँव को देखने के लिए दूर-दूर के लोग यहाँ आते हैं।

(12) रामगढ़ की पहाड़ी के ऊपर मुनि वशिष्ठ के आश्रम होने की जनश्रुति मिलती है। कहा जाता है कि भगवान श्रीराम इनसे मिलने यहाँ पहुँचे थे। अतः यहाँ पर भगवान के पद चिह्न शिला पर मौजूद हैं। यहीं पर भगवान श्रीराम ने यहाँ की मिट्टी का तिलक लगा था। अतः यहाँ की मिट्टी चन्दन मिट्टी के नाम से प्रसिद्ध है।

(13) रामगढ़ की पहाड़ी में भगवान श्रीराम वनवास काल के समय 4 माह ठहरकर प्रथम चौमासा बिताये थे। यहाँ पर ऋषि-मुनियों का सत्संग हुआ था, ऐसी जनश्रुति है।

(14) शिवरीनारायण में मतंग मुनि का आश्रम था। जहाँ शबर कन्या शबरी गुरुकुल की आचार्या थी। मतंगमुनि शबरी के गुरु थे। उन्होंने शबरी को कहा था, यहाँ भगवान श्रीराम स्वयं आकर तुमको दर्शन देंगे।

(15) माता शबरी से प्रभु श्रीराम ने बेर खाए थे। इस स्थान को शिवरीनारायण उन्हीं के नाम पर रखा गया है। यहाँ पर मुख्य मन्दिर परिसर में एक ऐसा वट वृक्ष है, जिसके पत्ते से दोने बनाकर शबरी ने भगवान को बेर खिलाए थे। इस वृक्ष में तबसे उसके पत्ते दोने जैसे बनते चले आ रहे हैं। यह अत्यन्त दुर्लभ वृक्ष है।

(16) महासमुन्द जिले में तुरतुरिया नामक स्थान है। जो वाल्मीकि आश्रम के नाम से प्रसिद्ध है। माता सीता इसी आश्रम में रहीं, जहाँ लव-कुश का जन्म हुआ था। इसे लव-कुश का आश्रम तथा वैदेही आश्रम भी कहते हैं। लव-कुश ने यहीं पर अश्वमेध यज्ञ का घोड़ा पकड़ा था। अतः यहाँ पर दो बालकों द्वारा घोड़े को पकड़े हुए एक विग्रह इस आश्रम में स्थापित है।

(17) आरंग में प्रभु श्रीरामचन्द्र जी की माता कौशल्या का स्थान है। अतः यह स्थल माता कौशल्या के जन्म स्थली के रूप में प्रसिद्ध है। यह क्षेत्र दक्षिण कोसल के नाम से जाना जाता है। यहाँ से थोड़ी ही दूर मन्दिर हसौद क्षेत्र में ग्राम चन्दखुरी है। जहाँ पर तालाब के मध्य में एक प्राचीन मन्दिर है। जिसे माता कौशल्या का मन्दिर कहा जाता है। इस मन्दिर की विशेषता यह है कि यहाँ पर स्थित मूर्ति में माता कौशल्या ने गोद में भगवान श्रीराम को उठा रखा है। जिसमें भगवान का सिर माता कौशल्या से बड़ा प्रदर्शित है। इस अनूठी मूर्ति के कारण चन्दखुरी क्षेत्र प्रसिद्ध है।

(18) सिरपुर में भगवान श्रीरामचन्द्र आये थे। यहाँ पर ठहरकर श्रीराम ने विश्राम किया था। यहीं से होकर महानदी से आरंग पहुँचे थे। यहाँ पर प्राचीन लक्ष्मण मन्दिर है।

(19) धमतरी जिले में महानदी के तट पर डोंगा पथरा नामक स्थान है। जहाँ आज भी उल्टी रखी हुई नाव है। इसके नीचे का हिस्सा लगभग 7-8 फीट जमीन में दबे हुए नाव का है। जो स्पष्ट दिखाई देता है। जनश्रुति यह है कि वनगमन के समय जब प्रभु श्रीराम यहाँ आये थे तो उनके साथ तटवर्ती लोग भी नाव में सवार हो गये। जिससे नाव पलट गयी थी। अर्थात् श्रीराम हमारे यहाँ के भाँजा हैं। मामा और भाँजा एक साथ नाव में यात्रा नहीं करते। अतः डोंगा जो सदियों से उल्टा पड़े रहने के कारण पत्थर (जीवाश्म) में बदल गया है। इसीलिए इसे डोंगा पथरा कहते हैं। इस स्थान में डोगेश्वर महादेव का मन्दिर भी है।

(20) राजिम में लोमश ऋषि के आश्रम के पास सीता वाटिका है। कहा जाता है कि सीता श्रीराम राजिम में वनगमन करते समय लोमश ऋषि के आश्रम में रुके थे, तथा यहाँ पर पंचकोशी की यात्रा की थी, यह क्षेत्र कमलक्षेत्र के नाम से रामायण काल में प्रसिद्ध था। लोमश ऋषि के आश्रम में ठहरकर उनसे आर्य संस्कृति के विस्तार के सम्बन्ध में विचार विमर्श किये थे। लोमश ऋषि ने रामायण भी लिखी है। जो श्रीराम के समकालीन ऋषि थे।

(21) नारायणपुर के पास रक्सा हाड़ा नामक स्थान है। कहा जाता है कि वनवास के समय भगवान श्रीराम एवं लक्ष्मण ने ऋषि-मुनियों की तपोभूमि को विघ्न पहुँचाने वाले राक्षसों का बड़ी संख्या में विनाश किया था। उनकी हड्डियों के ढेर से पहाड़ बना दिया था। अर्थात् राक्षसों की हड्डी के कारण इस पहाड़ी का नाम रक्साहाड़ा है। यहाँ के पत्थर एवं मिट्टी को जलाने से आज भी मांस की दुर्गन्ध आती है।

ग्राम्य जीवन में रामायण प्रतियोगिता का प्रभाव

हरीश पाण्डेय

रामायण प्रतियोगिता का ग्राम्य जीवन में क्या प्रभाव परिलक्षित हो रहा है, इसे समझाने के पूर्व हमें थोड़ा पुराने समय में जाना पड़ेगा। पहले रामायण गान कहीं-कहीं हर मंगलवार को हुआ करता था या खुशी के अवसर पर या किसी की स्मृति में या धार्मिक आयोजनों में रामायण पाठ टीका सहित आयोजित किया जाता था। उस समय कहीं-कहीं एकाध रामायण मण्डली हुआ करती थी। समय बदलता गया। लगभग 15-20 वर्ष से ही रामायण प्रतियोगिता का शुभारम्भ हुआ। वर्तमान में ग्रामीण अंचलों में फसल कटने के पश्चात् रामायण प्रतियोगिता का दौर प्रारम्भ हो जाता है। अब तो स्थिति ये है कि हर गाँव में और जो बड़े गाँव होते हैं, वहाँ एक से अधिक मोहल्ले में प्रतियोगिता का आयोजन बड़े समारोहपूर्वक किया जाता है। गाँव में आयोजन स्थल के आस-पास के घरों की पुताई की जाती है। घर के दरवाजों के सामने साफ कर लिपाई की जाती है तथा सन्ध्या को हर घर के सामने दीपक जलाया जाता है।

प्रतियोगिता में भाग लेने वाली टोली को भारतीय वेशभूषा में ही मंच पर उपस्थिति देनी होती है। प्रतियोगिता का समय अधिकतम एक घंटे का होता है। जिस मंडली की बारी आती है, उसे मंचस्थ होने पर विषय दिया जाता है, दोहा, क्रमांक और कांड का उल्लेख होता है। उसी दोहे से प्रारम्भ कर समय सीमा के अन्तर्गत प्रसंग से सन्दर्भित भजन प्रस्तुत किया जाता है तथा टीकाकार दोहे चौपाई के आधार पर टीका करते हैं।

प्रतियोगिता में नगद पुरस्कार होता है जो प्रथम से लेकर पाँचवें स्थान तक निर्धारित होता है और सान्त्वना पुरस्कार, उत्तम संगीत, उत्तम टीका, वेशभूषा, मंच अनुशासन के आधार पर श्रेष्ठता का चयन किया जाता है। वर्तमान में रामायण प्रतियोगिता इतनी लोकप्रिय हो गयी है, कि दो दिवसीय या तीन दिवसीय प्रतियोगिता के दिनों में गाँव का माहौल मेला जैसा हो जाता है।

रामायण प्रतियोगिता में युवा वर्ग जुड़ रहा है। इस प्रतियोगिता के आयोजन से रामायण के सभी पात्रों का चरित्र उभरकर सामने आता है। श्रीराम, लक्ष्मण, सीता, भरत, कौशल्या, सुमित्रा, राजा दशरथ, गुरु वशिष्ठ, विश्वामित्र, अन्य ऋषि मुनि, भक्त सभी के जीवन जीने की रीति नीति से आम नागरिक परिचित होता है। रावण, कुम्भकरण, मन्दोदरी, मेघनाद, विभीषण और भी चरित्र जो दैत्यवंश के हैं, उनकी जीवन शैली-चरित्र तथा गुण-दोष से ग्राम्य अंचल अवगत होता है। कुल मिलाकर ये सभी रामायण के चरित्र अपने-अपने ढंग से जनता को प्रभावित करते हैं। हम जीवन की कला सीखते हैं।

रामायण प्रतियोगिता के माध्यम से टीकाकारों को निर्धारित समय के भीतर अपने ज्ञान, जीवन दर्शन, रामायण के विभिन्न चरित्रों का चरित्र-चित्रण, श्री तुलसीदास जी का विशद साहित्यिक ज्ञान

आदि विषयों पर प्रसंगानुसार विचार अभिव्यक्त करने का सुनहरा अवसर मिलता है। अब तो पढ़े-लिखे लोग महाविद्यालयों के प्रध्यापक तक टीकाकार की भूमिका में नजर आते हैं।

इस प्रकार श्रोताओं को रामायण के भौतिक, आध्यात्मिक, साहित्यिक पहलुओं पर अलग-अलग उत्तम विचार सुनने का अवसर मिलता है।

रामायण प्रतियोगिता में संगीतकारों, गायक, वादकों को भी अपनी कला के प्रदर्शन का सुनहरा अवसर प्राप्त होता है। वे भावपूर्ण भजन मधुर आवाज और विभिन्न साजों के तालमेल से जनमानस को भाव विभोर कर देते हैं।

प्रतियोगिता में निर्णय करने के लिए एक निर्णायक मंडल होता है। निर्णायक मंडल, टीका की शैली एवं विषय का प्रस्तुतीकरण, संगीत की गुणवत्ता, मंडली की वेशभूषा तथा मंच पर अनुशासन के आधार पर अंक देकर ही चयन करते हैं।

रामायण प्रतियोगिता का एक लाभ तो ये हुआ कि रामायण की लोकप्रियता बढ़ गयी। गाँव में सन्ध्या चौपालों में जहाँ दो-चार बुजुर्ग बैठ गये तो रामायण के विभिन्न प्रसंगों की चर्चा शुरू हो जाती है, बड़े स्वस्थ वातावरण में विचारों का आदान-प्रदान होता है।

अनपढ़ लोग भी सुन-सुनकर ज्ञानवर्धक चौपाइयों और दोहों को याद कर उचित अवसरों पर उपयोग करते देखे जाते हैं। रामायण प्रतियोगिता से गाँवों में एकता की भावना जाग्रत हो रही

है—मिलजुल कर सहयोग से काम करने का गुण जाग रहा है, अनुशासन के पालन की भावना बढ़ रही है। बहुत-सी मंडलियों ने तो इसे व्यवसाय के रूप में अपना लिया है। पुरस्कारों के अलावा प्रशंसा पुरस्कार देने की प्रथा है जो जनता या श्रोतागण तत्काल घोषित करते हैं, जिसे इकट्ठा कर आयोजक मंडली को प्रदान करते हैं। अक्टूबर से जून तक चलने वाली प्रतियोगिता अच्छा-खासा रोजगार प्रदान कर रही है।

अब तो तहसील स्तरीय, जिला संभाग और राज्य स्तरीय प्रतियोगिता आयोजित की जाती है, जिनमें भारी भरकम पुरस्कार की राशि होती है।

रामायण गान प्रतियोगिता आयोजन से सदाचरण के प्रति युवकों का झुकाव हो रहा है, नशामुक्ति के प्रति जागरूकता आ रही है। महिलाओं के प्रति विचारों में परिवर्तन होकर आदर-सम्मान की भावना जन्म ले रही है। साहित्य के पठन-पाठन के प्रति रुझान हो रहा है। धार्मिक जागृति के साथ-साथ सामाजिक जात-पाँत भेद का अन्त हो रहा है। छुआछूत को नकारा जा रहा है। मानस के दोहे, चौपाइयाँ ग्राम्य जीवन के नस-नस में दौड़ रही हैं। यह सम्भव हुआ क्योंकि तुलसीदास जी ने पहले ज्ञान की अनुभूति ली, फिर उसको लेखनी मानस के माध्यम से अभिव्यक्त किया। तुलसीदास जी कवि के बजाय एक ऋषि के रूप में सामने आते हैं। उनकी हर पंक्ति साधना से ओत-प्रोत है। रामायण पाठ एवं गान तथा कथा सुनने से प्रभु प्राप्त करने की अभिलाषा जाग्रत होती है। तुलसीदास जी रामचरितमानस में रामकथा के माध्यम से सामाजिक, राष्ट्रीय, आध्यात्मिक जीवन जीने की आचार संहिता दे गये हैं।

राम राज्योत्सव की प्रथम परिकल्पना छत्तीसगढ़ में हुई थी

डॉ. विद्या विनोद गुप्त

छत्तीसगढ़ का प्रयागराज शिवरीनारायण जो महानदी (चित्रोत्पला गंगा) शिवनाथ और जोंक नदी का पावन त्रिवेणी संगम है। उसके पास ही ऋष्यमूक पर्वत श्रेणी अपनी उपत्यकाओं के लिए आदि काल से प्रसिद्ध है। इसी पर्वत श्रेणी के निकट ही पम्पा नाम का सरोवर था जो नील कमल के लिए प्रसिद्ध था। जहाँ चक्रवाक और हंस नित कल्लोल किया करते थे। इसी पम्पा सरोवर के तट पर मातंग ऋषि का जगत प्रसिद्ध आश्रम था जो चारों ओर से वनों से घिरा हुआ था। इन वनों को भी मातंग वन ही कहते थे। मातंग ऋषि बड़े तपस्वी थे—प्रखर प्रज्ञा वाले प्रकांड ज्ञानी और विद्वान थे। लोक हितैषी भावना उनमें कूट-कूट कर भरी थी। उन्होंने यहाँ बहुत से यज्ञ किये थे तथा सप्त तीर्थ भी बनवाये थे। उनका गुरुकुल एक विशाल विश्वविद्यालय के रूप में प्रसिद्ध था। उनकी ख्याति से आकर्षित होकर दूर-दूर से विद्यार्थी विद्याध्ययन तथा जन सेवा का प्रशिक्षण लेने यहाँ आते थे। विद्यार्थी यहाँ श्रम भी करते थे। भोजन के लिए लकड़ी काटते और सिर में लकड़ी का गट्ठर ढो कर लाते थे। उनके शरीर के पसीने से ही पौधों में सिंचाई होती रहती थी। इसलिए इन फूलों की सुगन्ध दसों दिशाओं में प्रवाहित होती रहती थी। यह सब श्रम का ही सौरभ था। यहाँ कर्म, धर्म, ज्ञान और जन सेवा का जो प्रशिक्षण दिया जाता था वह सब श्रम सिंचित ही था। इस आश्रम में देवराज इन्द्र स्वयं आते थे और मातंग ऋषि का आतिथ्य स्वीकार करते तथा उनके उपदेशों का अमृतपान किया करते थे। मातंग ऋषि को वो अपने साथ-साथ स्वर्ग लोक भी ले जाते थे। वहाँ उनके प्रवचन का आनन्द देवगणों के साथ उठाया करते थे।

मातंग ऋषि के इसी आश्रम में श्रमणी नाम की एक शबरी (भीलनी) रहती थी। उसे वहाँ के लोग शबरी के नाम से ही जानते थे। वह बड़ी सेवा परायण थी। रात्रि में ही उठकर ऋषियों के मार्ग झाड़-बुहारकर साफ करती थीं। मातंग ऋषि तो उसकी सेवा भावना से सदैव प्रसन्न रहते थे। क्यों न हो शबरी की सेवा भावना समर्पित सेवा थी।

मातंग ऋषि जब शरीर त्याग कर इस लोक से जाने लगे तब शबरी ने उनसे प्रार्थना की कि आप मुझे भी अपने साथ ले चलें। इसपर मातंग ऋषि ने कहा—तू अभी यहीं रह इस स्थान पर श्रीराम आयेंगे। उनके दर्शन लाभ होने के बाद आना।

शबरी ने पुनः प्रश्न किया कौन राम?

मातंग ऋषि ने बताया—भगवान के अवतार श्रीराम-दशरथ नन्दन श्रीराम और कौशल्या का बेटा श्रीराम। कौशल्या कोसल (छत्तीसगढ़ की राजकुमारी, छत्तीसगढ़ की बेटी का बेटा हम सबका भाँजा) श्रीराम यहाँ आने वाले हैं शबरी तो यह सुनकर गद्‌गद हो गयी। राम की सुबह शाम प्रतीक्षा करने लगी। उसने पहले से ही श्रीराम के द्वारा ताड़का और सुबाहू के वध की शौर्य गाथा, अहल्या उद्धार

की पावन गाथा और सीता स्वयंवर की अपूर्व गाथा सुन रखी थी। उसे यह भी मालूम था कि राम सीता और लक्ष्मण को वनवास हुआ है। सीता का हरण भी रावण के द्वारा ही हुआ है। राम लक्ष्मण इसी मार्ग से आयेंगे। वह प्रतीक्षारत थी राम की बाट जोहती मार्ग को नित नूतन फूलों से सजाती और कल्पना भी करती जाती थी कि राम तो भगवान हैं। इनके द्वारा ही रावण का विनाश सम्भव है। सीता को लेकर वे शीघ्र अयोध्या लौटेंगे ही और राम का राज्याभिषेक भी होगा क्यों न मैं उनके आगमन को राज्याभिषेक के रूप में परिणित कर दूँ। नीले नभ का सुन्दर वितान तना है और वन कान्तरों और पर्वत श्रेणियों से सुसज्जित है। सुरभित सुमन और पवन है मार्ग को मैंने फूलों से सजा दिया है। चख-चख कर मीठे और स्वादिष्ट बेरों को भी मैंने रख लिया है। निर्निमेष नयनों से राम की बाट निहारती रहती।

इसी प्रकार एक दिन उसकी प्रतीक्षा टूटी जब भगवान श्रीराम और अनुज लक्ष्मण वन पर्वत उपत्यकाएँ पार करते हुए मातंग ऋषि के आश्रम में जा पहुँचे। वहाँ वृद्धा शबरी ने बड़ी भाव विह्वलता के साथ आतिथ्य सत्कार कर आश्रम में ठहरा कर उनकी थकान मिटाई।

शबरी ने श्रीराम से कहा हे प्रभु मैं अत्यन्त मन्द बुद्धि हूँ। मैं किस प्रकार आपकी स्तुति करूँ। न स्वागत कर सकती न अभिनन्दन। ऐसा कहकर शबरी ने स्वादिष्ट एवं रसीले फल कन्दमूल लाकर श्रीराम के सामने रख दिया। बेर को चख-चख कर राम को देती जाती थी और राम प्रेम से खाते भी जाते थे और शबरी को नवधा भक्ति का पाठ पढ़ाते जाते थे। नवधा भक्ति का पाठ श्रीराम के द्वारा शबरी को दिया गया पुरस्कार ही तो है।

श्रवण कीर्तनं विष्णौः स्मरणं पादसेवनम् ।
अर्चनं वन्दनं दास्यं सख्यमात्म निवेदनम् ॥

(1) श्रवण,	(2) कीर्तन,	(3) स्मरण,
(4) पादसेवन	(5) अर्चन,	(6) वन्दन,
(7) दास्य,	(8) सख्य,	(9) आत्मनिवेदन

राम ने कहा—शबरी जो मैंने तुम्हें नवधा भक्ति का पुरस्कार प्रदान किया है, वह योगियों के लिए दुर्लभ है। आज वह तुम्हारे लिए सुलभ हो गया। शबरी ने पुरस्कार प्राप्त करके अपना प्राण त्याग दिया और राम के हाथों उसे मोक्ष प्राप्त हो गया। शबरी और राम (नारायण) का मिलन स्थल शिवरी नारायण में ही राम राज्योत्सव की प्रथम परिकल्पना हुई थी, जिसकी प्रथम सूत्रधार शबरी थी। शबरी उपासिका थी और राम उपास्य थे। छत्तीसगढ़ राज्योत्सव पर शबरी और राम के उपासकों को भी पुरस्कृत किया जाना चाहिए। शासन दृष्टा भी है और स्रष्टा भी।

मेरे जीवन का सार श्रीरामचरितमानस

नन्द कुमार साहू

हर मनुष्य अपने जीवन में सुख शान्ति चाहता है, और सुख की तलाश में जन्म से लेकर मृत्यु तक भटकते रहता है, पर सुख नहीं मिलता। मिलता भी है तो क्षणिक सुख मिलता है, स्थायी नहीं रहता। स्थायी और अनन्त सुख पाने का मार्ग हमारे ऋषि, मुनि और सन्तों ने जो बताया है वो है धर्म शास्त्र, जिसमें श्रीरामचरितमानस का स्थान सबसे प्रथम है। जिसे पाँचवें वेद का स्थान मिला है। कवि कुल दिवाकर गोस्वामी तुलसीदास जी ने अपने जीवन भर की तर-साधना और सभी शास्त्रों का अध्ययन कर मनुष्य जीवन के सार आधार—इस अनमोल ग्रन्थ की रचना करके मानव समाज पर जो उपकार किया है, समाज उससे कभी उऋण नहीं हो पायेगा।

क्योंकि—

धर्म के मार्ग पर चलना सिखाती है, रामायण,
कर्तव्य का पालन करना सिखाती है, रामायण ।
पशुता से मानवता की ओर बढ़ना सिखाती है, रामायण,
अपने उत्तरदायित्व पर खरा उतरना सिखाती है, रामायण ॥

रामायण क्या है—

श्री रामायण पुस्तक नहीं, भारत का मस्तक है,
रामायण केवल ग्रन्थ नहीं, सभी धर्मों का पन्थ है।
रामायण पुराण नहीं, भारतवासियों की जान है, मानव धर्म की पहचान है।
रामायण मनोरंजन नहीं—यन्त्र, तन्त्र, मन्त्र है और सबके लिए स्वतन्त्र है।
रामायण भोग नहीं—जीवन का योग है,
रामायण बुक नहीं—बुद्धि का सागर है।
रामायण का अन्त नहीं—अनादि काल का शेष है,
रामायण केवल शब्द नहीं—सन्तों का स्वर सन्देश है।

मुझे भी श्रीरामचरितमानस से अति प्रेम है, या यों कहिये रामायण ही मेरा जीवन है—बचपन से ही मैं रामचरितमानस पढ़ते आ रहा हूँ। इसकी प्रेरणा मिली गाँव के ही बुजुर्गों से, मेरे भीतर भक्ति के सुलगते हुए आग को हवा दी मेरे पूज्यवर गुरुदेव सदाराम ध्रुव जी ने जिनका मैं जनम-जनम तक ऋणी रहूँगा। बारह वर्ष की बाल अवस्था में ही घर-परिवार की सारी जिम्मेदारी मेरे सिर पर आ गयी। धन के अभाव, शारीरिक, मानसिक कष्ट और गरीबी की मार ने मेरा जीना मुश्किल कर दिया। चिन्ता के

कारण हर शाम को मृत्यु और हर सुबह को जन्म होता था मेरा। ऐसे विषम परिस्थिति में अन्धकार भरे जीवन में रामचरितमानस मेरा आधार बना, मुझे सम्बल मिला। हर दिन आत्म-हत्या करने का विचार मन में उठता था, पर इस रामचरितमानस ने मुझे सम्बल दिया और मेरे भीतर जीवन जीने की शक्ति दी—आज मैं हर तरह से सुखी हूँ, उसी शक्ति को अब मैं सबको बाँट रहा हूँ। दीन-दुखी, रोते-बिलखते, गरीबी की मार से घायल लोगों को रामकथा का अमृत पिलाकर, जगाने का प्रयास करता हूँ उदास और मायूस चेहरे को हँसाने का प्रयास करता हूँ और मैं अपने प्रयास में सफल भी हो रहा हूँ, जिसका प्रमाण है लाखों-करोड़ों लोगों का प्रेम, जो मुझे मिल रहा है। मेरे मंडली का नाम है 'श्री शोर सन्देश मानस प्रचार समिति' खैरझिटी।

जो लगातार बीस वर्षो से चल रही है और जन मानस के दिल में अपना विशिष्ट स्थान बना चुकी है। श्रीरामचरितमानस को आधार बनाकर लोगों में प्रेम, एकता और भाईचारे की भावना जगाने का प्रयास रहता है।

उपलब्धि के बारे में क्या बताऊँ वो गिनती से बाहर है। छत्तीसगढ़ के राज्यपाल द्वारा छत्तीसगढ़ की सभी मण्डलियों में—'शोर सन्देश मानस मंडली' को प्रथम स्थान का पुरस्कार भी मिला है, लेकिन मेरा सबसे बड़ा पुरस्कार, जनमानस का प्यार है।

गीत और कविता लिखने की आदत मुझे बचपन से है। मेरे पास हजारों गीत और कविता स्वरचित हैं। जो लोगों के दिलों में अमिट छाप छोड़ते हैं, जिसे सुनकर लोग झूम उठते हैं।

छत्तीसगढ़ी-कविता-जेला देख तेला, पापी पेट के सवाल हे—
का भारत देश, अतेक कंगाल हे,
का धान का कटोरा छत्तीसगढ़ के अतेक गिरे हाल हे,
नहीं, कुछ ना कुछ चाल हे,
तभे लोगन मन कहिथे पापी पेट के सवाल हे—
ए धरती मा का नइये भइया,
सोना-चाँदी, हीरा-मोती इंहा के माटी माटी मा परे हे,
दुध के नदी बोहावत है अउ घी के गरिया भरे हे,
चौरासी लाख गइया के चरइया नन्दलाल हे
सबके पालन करइया, जनम देवईया दिन दयाल हे,
तभो ले तैं कहिथस पापी पेट के सवाल हे, इही पायके पुरा दुनिया कंगाल हे,
जेकर करा राम नाम के दौलत हे, तौने मालामाल हे,

मेरे द्वारा गाये गये गीत, कविता और रामकथा कहने की शैली कुछ अलग ही है जो बच्चों को, नौ-जवानों को और बुजुर्ग वर्ग सबको प्रभावित करती है। और उन्हें कुछ करने की प्रेरणा देती है। उनकी रुचि रामचरितमानस में बढ़ी है तभी तो शोर सन्देश मानस मंडली से प्रेरणा लेकर, छत्तीसगढ़ सहित अन्य राज्यों में भी शोर सन्देश के बैनर तले लगभग तीन सौ से अधिक नयी मानस मण्डली गठित होकर छत्तीसगढ़ एवं अन्य राज्यों में रामकथा का प्रचार-प्रसार कर रही हैं, जिसमें बालक और बालिका मण्डली अधिक हैं। लगभग बीस भागों में मेरी रामकथा का कैसेट बनाया गया है, जो ऑडियो, विडियो और दूरदर्शन के माध्यम से पूरे छत्तीसगढ़ तथा अन्य राज्यों में भी देखा सुना जाता है, जिससे लोगों को सही मार्ग पर चलने की प्रेरणा मिलती है।

मेरे भाइयो, श्रीरामचरितमानस को मैंने अपने जीवन में प्रयोग करके देख लिया है यह वास्तव में कामधेनु गाय है–

॥ रामकथा सुर धेनु सम, सेवत सब सुख खानि ॥

अर्थ, धर्म, काम, मोक्ष चारों फल प्रदान करता है। समाज में यश, कीर्ति और प्रतिष्ठा बढ़ती है। साधु समाज में गिनती होती है, आप भी रामचरितमानस से जुड़कर आत्मकल्याण और जनकल्याण करके सच्चे सुख का अनुभव कीजिए। मैं छत्तीसगढ़ के कोने-कोने में लोगों को रामकथा सुनाकर, उनका भरपूर आशीर्वाद पाकर अति आनन्द का अनुभव करता हूँ। श्रीरामचरितमानस के माध्यम से बड़े-बड़े सन्तों से जुड़कर उनका सान्निध्य और आशीर्वाद पाकर मन गद्‌गद हो जाता है।

भगवान की बहुत बड़ी कृपा है, तभी तो जगद्‌गुरु शंकराचार्य स्वामी स्वरूपा नन्द जी सरस्वती महाराज, स्वामी राम किंकर, मंदाकिनी दीदी, स्वामी राजेश्वरानन्द सरस्वती जी जैसे अनेकों राष्ट्र सन्तों का कृपा हस्त मेरे सिर पर है। मैं अपने जीवन को धन्य मानता हूँ कि मुझे उस छत्तीसगढ़ में जन्म मिला जहाँ भगवान राम की माता कौशल्या की जन्मभूमि है और भगवान राम, माता सीता व लक्ष्मण भैया के चरण रज से यह छत्तीसगढ़ की भूमि युग युग तक पावन रहेगी।

मूल कोसल की खोज

स्व. हरि ठाकुर

प्राचीन ग्रन्थों के अध्ययन से हमें कोसल नाम के दो अति प्राचीन राज्यों का पता चलता है। एक है—उत्तर कोसल, जिसे अयोध्या कहते थे। दूसरा है—दक्षिण कोसल जो आजकल छत्तीसगढ़ के नाम से विख्यात है। एक ही देश में एक ही नाम के दो राज्यों का होना अपवाद है, वह भी इतिहास के एक ही कालखंड में दो अलग-अलग राज्यों ने अपने लिए एक ही नाम क्यों चुना जबकि इन राज्यों पर अलग-अलग राजवंशों का शासन था, उनकी भौगोलिक स्थिति भी दूर-दूर थी? उत्तर कोसल अर्थात् अयोध्या राज्य सरयू तट पर था, दक्षिण कोसल का राज्य महानदी और वेणा (वैनगंगा) के तट पर बसा था। उत्तर कोसल और दक्षिण कोसल के मध्य गोमती, गंगा, यमुना और हिरण्यवाह (सोननदी) नदियाँ थीं।

वासुदेवशरण अग्रवाल ने वैदिक काल से लेकर महाजनपद काल तक प्राचीन राज्यों के निर्माण के इतिहास पर अपने ग्रन्थ 'पाणिनिकालीन भारतवर्ष' में विस्तार से प्रकाश डाला है। उनके अनुसार—"वैदिक युग में जन की सत्ता प्रधान थी। एक ही पूर्वज की वंश परम्परा में उत्पन्न कुलों का सम्प्रदाय 'जन' कहलाता था। शनैः-शनैः जन का अभियतवास समाप्त होने लगा और जन एक स्थान जनपद कहलाये। मूल जन के अन्तर्गत जो क्षत्रियकुल सम्मिलित थे, जनपद में भी राजसत्ता उन्हीं के हाथों में बनी रही। एक जनपद के निवासी प्रायः एक ही भाषा या बोली बोलते थे। प्रत्येक व्यक्ति का एक अभिघात (नाम) उसके जनपद के अनुसार ही पड़ता था जैसे अंग जनपद का निवासी आंगक कहलाता था। प्रायः स्त्रियों के लिए भी ये विशेषण प्रयुक्त होते थे। जैसे आंगी, वांगी, माद्री, यौथेयी आदि। स्त्रियाँ जब विवाहित होकर पति कुल में पहुँचतीं तो उनकी वहाँ जनपदीय अभिधा बनी रहती थी। कुन्ती, माद्री, गान्धारी, कौशल्या, कैकेयी—ये सुप्रसिद्ध स्त्री नाम जनपद सम्बन्ध से ही थे।

वासुदेवशरण अग्रवाल ने जनपदों के प्रारम्भिक विकास पर प्रकाश डालते हुए लिखा है—"जन अपने आपको किसी एक पूर्वज से उत्पन्न हुआ मानते थे। यूनानी पुर राज्य और भारतीय जनपद दोनों के स्वामी इस कल्पना को समान रूप से मानते थे।" भरत जन किसी एक पूर्वज से अपनी उत्पत्ति मानने वाला एक छोटा समुदाय था। कुछ और उदाहरण देते हुए वासुदेवशरण ने इस प्रक्रिया को समझाया है—"वस्तुतः प्रत्येक जाति आवश्यकतानुसार अपने लिए एक ऐसे पूर्वज की कल्पना भी कर लेती थी। उदाहरण के लिए महाभारत में अंग, बंग, कलिंग, सुह्या, पुण्ड्र—इन पाँच जनपदों के आदि संस्थापकों को बलि की रानी सुदेष्णा के पाँच पुत्र कहा गया है, जिनका जन्म दीर्घतमा ऋषि द्वारा हुआ था। प्रत्येक ने अपने नाम से एक-एक जनपद की स्थापना की।" वायुपराण में (कुछ अन्य पुराणों में भी) सुद्युम्न के पुत्र उत्कल गये तथा विनताश्व ने अपने नाम पर राज्यों की स्थापना की। उनके राज्यों का नाम भी उन्हीं के नामों पर पड़ा। अर्थात् जनपदों के नाम वही थे जो उनमें बसने वाले क्षत्रियों के थे।

जनपदों के निर्माण और विकसित परम्पराओं को ध्यान में रखते हुए दो कोसल राज्यों की स्थिति पर विचार करना चाहिए। सबसे पहले हम अयोध्या राज्य जिसे उत्तर कोसल कहा गया है, की स्थिति पर विचार करें। अयोध्या के राजा इक्ष्वाकुवंशी थे। उनके मूल पुरुष मनु थे। इक्ष्वाकु उनके ज्येष्ठ पुत्र थे। बाद में यह राजवंश ऐक्ष्वाक के नाम से प्रसिद्ध हुआ। इस राजवंशी कन्याओं को ऐक्ष्वाकी कहा जाता था। इसका एक उदाहरण प्रस्तुत है–

"मधोर्जज्ञेऽथवैदर्भ्या पुरद्वान पुरुषोत्तमः
ऐक्ष्वाकीचाभद्भार्या मधोस्तूस्यांव्यजाता।
सत्वत सर्वगुणावेतः सात्वता कीर्तिवर्द्धनः ॥

मधु (मध श्रीकृष्ण के पूर्वज थे अतः श्रीकृष्ण को माधव भी कहते हैं) की वैदर्भी से पुरूद्वान नामक पुत्र हुआ। पुरूद्वान की पत्नी का नाम ऐक्ष्वाकी था। उससे सत्वान या सत्वत नामक पुत्र का जन्म हुआ।

"सत्वतः सत्वसम्पन्नान् कौशल्या सुषवे सुतान।
भगिनंभजमानव च दिव्यंदेवावृद्ध नृपम् ॥"

सत्वत का विवाह कौशल्या से हुआ। कौशल्या ने भजमान, दिव्य, देवावृद्ध आदि पुत्रों को जन्म दिया। इन दो उदाहरणों से स्पष्ट है कि अयोध्या के राजवंश की कन्या ऐक्ष्वाकी कहलाती थीं। वह कौशल्या नहीं कहलाती थीं। कोसल देश और कोसल राज्य की कन्या ही कौशल्या कहलाती थीं। डॉ. हेमचन्द्रराय चौधरी ने शतपथ के (5-4, 4-5) साक्ष्य के आधार यह निष्कर्ष निकाला है–"हैरण्यनाभ को कौशल्य राज कहा गया है किन्तु ऐक्ष्वाक नहीं माना गया है। इसके विपरीत पुरूकुत्स दौर्गह को ऐक्ष्वाक माना गया है किन्तु कौशल्य राज नहीं माना गया है। कौशल्य राज और ऐक्ष्वाक में अन्तर माना गया है। इसलिए दोनों प्रकार के राजाओं को एक ही वंश तथा एक ही देश का शासक नहीं कहा जा सकता। बौद्धायन श्रौतसूत्र (2, 357) तथा आपस्तम्बी श्रौतसूत्र (20-3) में ऋतुपर्ण को ऐक्ष्वाक नहीं कहा गया है।"

उपर्युक्त उदाहरणों से स्पष्ट है कि अयोध्या के राजा ऐक्ष्वाक कहलाते थे और उनकी राजकन्याएँ ऐक्ष्वाकी कहलाती थीं। अयोध्या के राजा को कौशल्य नहीं कहा जाता था। उनकी राजकन्याओं को भी कौशल्या नाम से सम्बोधित नहीं किया जाता था।

इसके विपरीत दक्षिण कोसल (छत्तीसगढ़) के राजाओं को रामायण, महाभारत, पुराणों में कोसल राज अथवा कौशल्य कहा गया है। दक्षिण कोसल की राजकन्याएँ कौशल्या कहलाती थीं। दक्षिण कोसल के राजा भानुमन्त की कन्या का नाम कौशल्या था। कोसल राज भानुमन्त का नाम वाल्मीकि रामायण के बालकांड में आया है। पुत्र प्राप्ति के लिए किये जाने वाले यज्ञ में महाराजा दशरथ ने जिन राजाओं को आमन्त्रित किया था उनमें भानुमन्त भी थे।

"तथा कोसल राजनंभानुमतंसुसत्कृतम्।
मगधाधिपति शूरंसर्वशास्त्रविशारदम् ॥"

इन्हीं कोसल राजा भानुमंत की कन्या का नाम कौशल्या था। कौशल्या का विवाह महाराजा दशरथ के साथ हुआ था। वे अयोध्या राज्य की पट्‌ट महादेवी थीं। भगवान श्रीराम का जन्म उन्हीं के पुण्य कोख से हुआ था। कृतवास रामायण में कौशल्या के पिता को भी कोसल कहा गया है–

कोसलेर राजा से कोसल दंडधर।
कौशल्या नामे ते कन्या आछेवार घर॥

पाणिनिकालीन भारतवर्ष में वासुदेवशरण अग्रवाल ने इस प्रकार नाम रखे जाने के नियम पर प्रकाश डाला है। उन्होंने लिखा है–"जनपद राजनैतिक दृष्टि से दो प्रकार के हो गये थे–एक संघ और दूसरे एक राजा। संघ शासन वाले जनपदों में क्षत्रियगणों का राज्य था। वे क्षत्रिय और जनपद एक नाम से पुकारे जाते थे। एक राज जनपदों में जहाँ एक व्यक्ति राजा होता था, स्थिति यह थी कि जनपद के राजा का नाम और जनपद के प्रत्येक नागरिक क्षत्रिय के पुत्र का नाम एक-सा होता था। प्राचीन साहित्य में माद्री, पांचाली, गान्धारी आदि जो नाम मिलते हैं, वे जनपद स्वामी क्षत्रियों की लड़कियों के थे। ज्ञात होता है कि व्यवहार में इन नामों का बहुत अधिक महत्त्व रहा होगा और लोग अपने नाम के आगे जनपदवाची विशेषण नियमपूर्वक लगाते होंगे तभी पाणिनि ने विस्तार से इस प्रकार के नामों की व्युत्पत्ति पर विशेष ध्यान दिया है।"

यदि अयोध्या राज्य का नाम कोसल था तो उनके राजा को कौशल्य क्यों कहा जाता था? उनकी कन्याओं को कौशल्या क्यों नहीं कहा जाता था? इस तथ्य का स्पष्टीकरण डॉ. रमेशचन्द्र मजुमदार ने इन शब्दों में किया है–"क्लमाषपाद ने गुरु वशिष्ठ के पुत्रों को मार डाला और उसके बाद राज्य में अशान्ति फैल गयी तथा वह दो विरोधी परिवारों में बँट गया। यह आन्तरिक कलह 6-7 पीढ़ियों तक चलता रहा। अन्त में दिलीप (द्वितीय) ने पुनः एक राज्य की स्थापना की। इस समय अयोध्या राज्य का नाम बदल कर कोसल हो गया।"

डॉ. रमेशचन्द्र मजुमदार ने अपने एक अन्य ग्रन्थ 'हिन्दू सभ्यता' में लिखा है–"अयोध्या को अत्यन्त योग्य राजाओं की परम्परा के अधीन पुनः शक्ति प्राप्त हुई। इनमें भागीरथी, दिलीप, रघु, अज और दशरथ आदि थे, जिनके समय अयोध्या का नाम कोसल पड़ा।"

उपर्युक्त कथनों से इतना तो स्पष्ट है कि अयोध्या राज का मूल नाम कोसल नहीं था। अयोध्या का कोसल नाम बहुत बाद में पड़ा। प्रश्न यह है कि अयोध्या के महाप्रतापी राजाओं ने अयोध्या राज्य के लिए नया नाम 'कोसल' क्यों चुना जबकि इसी नाम का एक राज्य छत्तीसगढ़ में बहुत पहले से अस्तित्व में था? भानुमंत और उसके पूर्वज इस छत्तीसगढ़ वाले कोसल राज्य के शासक थे और वे कोसल राज अथवा कोसल्य के नाम से जाने जाते थे। किसी दूसरे राज्य के नाम को यथावत् अपना लेने की सम्भवतः इतिहास में यह अकेली घटना है। ऐसी कौन-सी विवशता थी, जिसके कारण अपने महान मूल पुरुष वैवस्वत मनु द्वारा दिये गये सुप्रसिद्ध और बहुप्रशंसित अयोध्या के नाम के स्थान पर कोसल नाम रख लिया और फिर भी वे अपने को ऐक्ष्वाक ही कहते रहे, कौशल्य नहीं? इस प्रश्न की ओर सम्भवतः इतिहासकारों का ध्यान नहीं गया अथवा उन्होंने इसकी गम्भीरता पर विचार नहीं किया।

उपर्युक्त प्रश्न का समाधान हमें, कृतवास रामायण के इस विवरण से प्राप्त हो सकता है। कोसल नरेश भानुमंत ने अपनी विदुषी कन्या कौशल्या का विवाह चक्रवर्ती सम्राट महाराज दशरथ से किया था। भानुमंत ने दहेज में अपने दामाद को नाना प्रकार के रत्न आदि दिये हों, और कोसल राज्य का आधा हिस्सा भी दहेज में दे दिया–

"नाना रत्न दिला राजा करे कन्यादान।
शास्त्रेर विहित राजा करिल सन्मान॥

आपन अद्धक राज दिला अधिकार।
बिलारते दिल तारे अनेक भण्डार ॥"

महाराजा दशरथ को कोसल का आधा राज्य दहेज में प्राप्त होने के बाद वे भी कोसल नरेश कहलाने लगे। उनके पश्चात् भगवान श्रीराम को अपने नाना भानुमंत के सम्पूर्ण कोसल राज्य का उत्तराधिकार प्राप्त हो गया। वे भी कोसल नरेश कहलाने लगे। कोसल नरेश की उपाधि के साथ अयोध्या भी कोसल कहलाने लगा होगा। महाराजा दशरथ के पूर्व अयोध्या का नाम कोसल पड़ा होगा इसकी कोई सम्भावना या कारण दिखाई नहीं पड़ता।

अब प्रश्न यह है कि छत्तीसगढ़ का प्राचीन नाम कोसल क्यों पड़ा? कोई दूसरा नाम भी तो पड़ सकता था? इस प्रश्न का उत्तर 'कोसल खंड' नामक ग्रन्थ में है—"विन्ध्याचल से दक्षिण प्रदेश में एक राजधानी थी, जिसका नाम नागपत्तन था। वहाँ कोसल नामक एक प्रतापी राजा हुआ जिससे इस देश का कोसल नाम पड़ा। तब से वहाँ के जो राजा होते थे, उनकी संज्ञा 'कोसल' होती थी। उसी राजवंश में एक भानुमंत राजा हुए जिनकी पुत्री कौशल्या जी थीं। कौशल्या जी के विवाह के समय तक उनके कोई भाई नहीं था, इसलिए भानुमंत जी ने कोसल देश का उत्तराधिकारी श्री दशरथ जी को बनाया। उसी समय अयोध्या उत्तर कोसल और नागपत्तन दक्षिण कोसल नाम से विख्यात हुआ।

पाणिनि ने जनपदों के नाम रखे जाने के नियम या परम्परा का उल्लेख किया है उसके अनुसार—"एकराज जनपदों में जहाँ एक व्यक्ति राजा होता था, स्थिति यह थी कि जनपद के राजा का नाम और जनपद के प्रत्येक नागरिक क्षत्रिय के पुत्र का नाम एक-सा होता था। "छत्तीसगढ़ वाले क्षेत्र का कोसल नाम इसलिए पड़ा कि इस राज्य के संस्थापक राजा का नाम 'कोसल' था। उसके उत्तराधिकारी भी अपने को कोसल का कौशल्य कहते थे। संस्थापक मूल पुरुष के नाम पर जनपदों के नाम रखने की परम्परा प्राचीन काल में थी।

उदाहरण के लिए मिथि से मिथिला, उत्कल से उत्कल, गय से गया, करूष से कारूष, विदर्भ से विदर्भ, कुरू से कुरू, गन्धार से गन्धार आदि।

अयोध्या के राजवंश की सूची में कोसल नाम के किसी राजा का उल्लेख नहीं है। अतः अयोध्या का नाम महाराजा दशरथ के पूर्व कोसल रहा होगा, ऐसा कहना तर्कहीन और तथ्यों के विपरीत है।

चूँकि अयोध्या का नाम बाद में कोसल पड़ा इसलिए उसे 'उत्तर कोसल' कहा गया। उत्तर शब्द का अर्थ केवल दिशा-बोधक नहीं है, उसका अर्थ पश्चात् भी है जैसे—उत्तरकांड उत्तरार्द्ध। महाभारत में छत्तीसगढ़ वाले क्षेत्र के लिए सभापर्व में 'प्राक् कोसल' नाम दिया है। यहाँ 'प्राक्' का अर्थ पूर्व दिशा नहीं है। प्राक् का अर्थ पहले का अथवा प्रारम्भ का भी होता है, जैसे प्राक्कथन, प्रागैतिहासिक। प्राक् कोसल का अर्थ पहले अथवा मूल कोसल है।

प्राचीन ग्रन्थों में अयोध्या वाले क्षेत्र को 'उत्तर कोसल' ही कहा गया है। छत्तीसगढ़ वाले भू-भाग को सिर्फ कोसल सम्बोधित किया गया है। यह भी इस तथ्य का प्रमाण है कि छत्तीसगढ़ राज्य को वैदिक काल से ही कोसल कहा जाता रहा है और वहीं के राजा को कौशल्य या कोसल राज कहा जाता था। यहाँ की राजकन्याएँ कौशल्या नाम से सम्बोधित की जाती थीं। अयोध्या राज्य का उत्तर कोसल नाम प्रचलित होने के बावजूद वहाँ के राजा परम्परानुसार अपने को ऐक्ष्वाक ही कहते रहे। उनकी राजकन्याएँ ऐक्ष्वाकी कहलाती थीं।

वाल्मीकि रामायण को आदिकाव्य कहा जाता है। इस आदिकाव्य में अयोध्या राज्य को उत्तर

कोसल और छत्तीसगढ़ राज्य को सिर्फ कोसल कहा गया है। इस तथ्य को प्रमाणित करने के लिए वाल्मीकि रामायण से कुछ श्लोक उद्धृत है–

"कौशलेषु कुशंवीरमुत्तरेषु तथा लवम्।
अभिषिचय महात्मानावुभौः रामः कुशीलवौ॥"

अर्थात् भगवान श्रीराम ने कोसल राज्य पर कुश को तथा उत्तर कोसल के सिंहासन पर लव को अभिषिक्त किया। यहाँ आदिकवि ने कुश को जो राज्य उत्तराधिकारी में दिया उसे दक्षिण कोसल नहीं कहा–सिर्फ कोसल कहा है, जबकि लव को जो राज्य प्राप्त हुआ उसे उत्तर कोसल नाम दिया है। वाल्मीकि रामायण में कुश वाले कोसल की भौगोलिक स्थिति को भी स्पष्ट किया गया है–

"कुशस्य नगरी रम्या विन्ध्यपर्वरोधसि।
कुशावतीर्भिनिम्ना सा कृता रामेण धामता॥"

भगवान श्रीराम ने अपने ज्येष्ठ पुत्र कुश के लिए विन्ध्य पर्वत के समीप कुशवानी नामक नगरी का निर्माण कराया। कोसल की यह नगरी राजधानी बनी। कुश के वंश ने इसी छत्तीसगढ़ वाले कोसल पर राज्य किया। भगवान श्रीराम के स्वर्गारोहण के पश्चात् अयोध्या नगरी निर्जन हो गयी। वहाँ किसी की राजधानी नहीं थी, यह बात स्वयं आदि कवि ने अपने ग्रन्थ में लिखी है–

"श्रावस्तीतिपुरी रम्या श्राविता चा लवस्यः।
अयोध्यांविजनांकृत्वा राघवो भरतस्थात॥"

भगवान श्रीराम ने अपने कनिष्ठ पुत्र लव को जो उत्तर कोसल राज्य उत्तराधिकार में दिया था उसकी राजधानी श्रावस्ती में थी। भगवान श्रीराम के पश्चात् अयोध्या नगरी जनशून्य हो गयी, उजाड़ हो गयी। अर्थात् अयोध्या न कुश की राजधानी थी और न लव की फिर भी मूलग्रन्थ में उल्लिखित इस तथ्य की उपेक्षा करके बाद में ग्रन्थकारों ने कुश के वंशजों को अयोध्या का ही नरेश मान लिया।

आदिकवि वाल्मीकि ने जो कुछ भी कुश और लव तथा उनके राज्य कोसल तथा उत्तर कोसल के विषय में लिखा है, उसकी पुष्टि पुराणों से भी होती है। यहाँ वायुपुराण के उत्तरार्द्ध, अध्याय 27 के श्लोकों को उद्धृत किया जा रहा है–

"कुशस्य कोसला राज्यंपुरी चापि कुशस्थली।
रम्या निवेशिता तेन विन्ध्यपर्वत सानुष॥
उत्तरा कोसले राज्यंलवस्य च महात्मनः।
श्रीवस्ती लोकविख्यात कुशवं निबोधत्॥"

वायुपुराण में कुश के कोसल की राजधानी का नाम कुशस्थली दिया गया है जबकि वाल्मीकि जी ने राजधानी का नाम कुशवती लिखा है। वायुपुराण में भी कोसल की भौगोलिक स्थिति विन्ध्य पर्वत के समीप बताई गयी है। वायुपुराण में भी कुश वाले कोसल को दक्षिण कोसल नहीं कहा गया है। किसी भी प्राचीन ग्रन्थ में कुश वाले अर्थात् छत्तीसगढ़ वाले राज्य को दक्षिण कोसल नहीं कहा गया है। उसे सर्वत्र 'कोसल' ही कहा गया है, जबकि लव द्वारा शासित क्षेत्र को 'उत्तर कोसल' कहा गया है। तात्पर्य यह कि प्राचीन ग्रन्थों में जहाँ भी कोसल नाम आता है उसका अर्थ छत्तीसगढ़ वाले राज्य से ही लिया

जाना चाहिए न कि अयोध्या या उत्तर कोसल, जब तक प्रसंग विशेष के कारण अन्यथा सिद्ध न हो।

वायुपुराण में उपर्युक्त श्लोक 199 के पश्चात् कुश के वंश में उत्पन्न राजाओं की सूची दी गयी है। महापराक्रमी वृहद्बल कुश के वंश के अन्तिम शासक थे। उन्होंने महाभारत के युद्ध में भाग लिया था।

भगवान श्रीराम के शासनकाल तक अयोध्या राज्य का प्रताप और वैभव अपने चरम शिखर पर था, किन्तु श्रीरामचन्द्र जी के पश्चात् अयोध्या का राजनीतिक महत्त्व लगभग समाप्त हो गया। उन्होंने अयोध्या न कुश को दी, न लव को। इसलिए राज्य के बँटवारे के साथ उनके लिए उन्होंने अलग-अलग राजधानियों की व्यवस्था करा दी। श्रीरामचन्द्र जी के पश्चात् अयोध्या का धार्मिक और सांस्कृतिक महत्त्व तो बना रहा किन्तु इक्ष्वाकुवंशियों की वह फिर कभी राजधानी नहीं रही। महाभारत काल में अयोध्या पर किसी दीर्घयज्ञ का शासन था जो इक्ष्वाकुवंशी नहीं था। डॉ. हेमचन्द्रराय चौधरी के अनुसार—"बौद्धकाल तक अयोध्या नगर एक छोटा-सा कस्बा रह गया था। श्रावस्ती ने बौद्धकाल में अवश्य उन्नति की और प्रसिद्धि प्राप्त की किन्तु जहाँ तक उत्तर कोसल का सम्बन्ध है, महावग्ग में उसे एक निर्धन, छोटा और सीमित साधनों वाला राज्य कहा गया है।"

भगवान श्रीरामचन्द्र जी अपने पिता महाराज दशरथ के ज्येष्ठ पुत्र थे अतः सिंहासन पर उनका प्रथम अधिकार था। इक्ष्वाकुवंश की परम्परा थी कि ज्येष्ठ पुत्र ही राज्य प्राप्त करने का अधिकारी होता था। कुश श्रीराम के ज्येष्ठ पुत्र थे। स्वयं भगवान श्रीरामचन्द्र जी ने अपने ज्येष्ठ पुत्र को उस कोसल राज्य का उत्तराधिकार दिया, जिसे आज हम छत्तीसगढ़ कहते हैं।

तात्पर्य यह कि भगवान श्रीराम के वंश की ज्येष्ठ शाखा ने छत्तीसगढ़ पर शासन किया। मूल कोसल पर राज्य करने के कारण कुश के वंशज भी कौशल्य या कोसलराज कहलाने लगे।

प्रश्न यह है कि भगवान श्रीराम ने अपने ज्येष्ठ पुत्र कुश को छत्तीसगढ़ वाले कोसल राज्य का उत्तराधिकारी क्यों बनाया? उत्तर कोसल का उत्तराधिकारी क्यों नहीं बनाया? इसका एक ही उत्तर जो मुझे सूझ रहा है वह यह है कि छत्तीसगढ़ वाला कोसल राज्य उत्तर कोसल वाले राज्य से बहुत अधिक विस्तृत और सम्पन्न था। कोसल (छत्तीसगढ़ राज्य) की सीमा काशी की सीमा से सटी हुई थी। उसके पूर्व में मगध, उत्कल और कलिंग राज्य थे। दक्षिण में कोसल की सीमा आन्ध्र को स्पर्श करती थी। पश्चिम में विदर्भ, चेदि, करूष, कुन्ति राज्य थे। डॉ. हेमचन्द्रराय चौधरी ने महाभारत के साक्ष्य के आधार पर लिखा है—"महाभारत के 'नलोपाख्यान' में दक्षिणापथ को विदर्भ और कोसल को दक्षिण कोसल कहा गया है। दक्षिण कोसल निवासी, वर्धा और महानदी के तटवर्ती भू-भाग पर बसे हुए थे।" इस विवरण से कोसल (छत्तीसगढ़) के भौगोलिक विस्तार का अनुमान लगाया जा सकता है। रामायण में जिस दंडकारण्य का उल्लेख है वह इसी कोसल के दक्षिण में था। भगवान श्रीराम के समय दंडकारण्य का उल्लेख है वह इसी कोसल के दक्षिण में था। भगवान श्रीराम के समय दंडकारण्य पर राक्षसों ने अपना आधिपत्य स्थापित कर आतंक मचा रखा था। छत्तीसगढ़ में आज भी दक्षिण दिशा के लिए 'रक्सहूँ' शब्द है, जिसका अर्थ है राक्षस। राक्षस को छत्तीसगढ़ में 'रक्सा' कहते हैं। दक्षिण दिशा के लिए छत्तीसगढ़ में अन्य कोई शब्द नहीं है। "दीर्धाति नाम कोसल राजा अहोसिदलिहो, अप्पधनो, अप्पधोगो, अप्पबली, अप्पवाहनों, अप्पविजितो, अपरिपुष्ण, कोर्धाकोट्ठागारो।"

अर्थात् बुद्धकाल में कोसल (उत्तर कोसल) दरिद्र, अल्पधन वाला, अल्प उद्योग-वाणिज्य, अल्प सैन्य बल, अल्प वाहनों, अल्प विजयी, अपरिपूर्ण अन्न भण्डार वाला राज्य था। क्या ऐसे जनपद को महाजनपद कहा जा सकता है? वस्तुतः महाजनपद कहलाने की पात्रता दक्षिण कोसल को थी। वायुपुराण में 'पंच कोसल' का उल्लेख है। अर्थात् पाँच जनपद मिलकर कोसल महाजनपद का निर्माण

करते थे। राजनीतिक परिवर्तनों के साथ इनकी संख्या अधिक भी हो जाती थी।

डॉ. वासुदेवशरण अग्रवाल ने पाणिनि के नियमों का उल्लेख करते हुए लिखा है—"दो पड़ोसी जनपदों के नामों के जोड़े भाषा में एक साथ प्रसिद्ध हो जाते थे। जनपदीय नामों के जोड़े जो भौगोलिक दृष्टि से पास-पास न हों, भाषा में नहीं बनते थे। एक जनपद अपने चारों ओर के दूसरे जनपदों से घिरा रहता था, जो उसकी सीमा बनाते थे। इन नियमों और परम्पराओं को ध्यान में रखकर महाभारत और पुराणों में उल्लिखित जनपदों के नामों के जोड़े का अध्ययन करें तो स्पष्ट हो जायेगा कि उसमें उल्लिखित कोसल का तात्पर्य उत्तर कोसल नहीं, दक्षिण कोसल है। इन श्लोकों को पढ़ने से दक्षिण कोसल की भौगोलिक स्थिति और उसके विस्तार का ज्ञान तो होगा ही, यह भी स्पष्ट होगा कि कोसल (दक्षिण) की सीमा से लगे हुए कौन-कौन से राज्य थे।

"शाल्वायानाश्च राजानः सोः र्यानुचरैः सह।
दक्षिणा ये पंचालाः पूर्वाकुन्तिषु कोसलाः ॥"

(सभा पर्व, अ. 14)

"कान्तारकौश्च समरे तथा प्राकूकोसलान नृपान।
नाटकेयांश्च समरे तथा हेरम्बकान युधि ॥"

(सभा पर्व, अ. 31)

"अंगा बंगान कलिंगाश्च मागधान काशिकासलान।
रात्रायणानूवीतहोन्नान् किरातान् मार्तिकावतीम ॥"

(सभा पर्व, अ. 38)

"एष पन्थ विदर्भाणम सौ गच्छसि कोसलान।
अतः परंच देशोऽयंदक्षिणापथः ॥"

(नलोपाख्यान, अ. 61)

"मत्स्याः कुशल्याः सौश्ल्या कुन्तया, कांति कोसलाः।
चेदिमत्स्य करूषाश्च भोजाः, सिन्धु पुलिंदका ॥"

(भीष्म पर्व, अ. 9)

"पंचालाः कैकया मत्स्या चेदि कारूष कोसलाः ॥"

(द्रोण पर्व, अ. 21)

"मैकला कोसला मद्रा दशार्णा निषधास्तथा ॥"

(कर्ण पर्व, अ. 22)

"कोसलान च आन्ध्र पौण्ड्रान च ताम्रलिप्तान ॥"
(वायुपुराण, कलि एज, पृ. 3, ब्रह्मांड पुराण, पृ. 156)

"तोसला कोसलाश्चैव त्रैपुरा चेदिकास्तथ ॥"

(बृ. सं., पृ. 339)

"आग्नेयो दिशिकोसल कलिंगवंगोपबंगापरांग ॥"

(वायुपुराण)

"अंगान बंगान कलिंगान बंगावत्स मत्स्याश्च मध्यदेशायता ॥"

(द्रोण पर्व, अ. 11, सभा पर्व, अ. 38)

"बंगांग मगधादेशाः समृद्धा काशिकोसलाः ॥"

(वाल्मीकि रामायण, अयोध्याकांड)

"ब्रह्ममालान, विदेहान् मालवान् काशि कोसलान ॥"

(किष्किंधाकांड)

उपर्युक्त श्लोकों के अध्ययन से स्पष्ट है कि कोसल राज्य की सीमा प्राचीन काल में कुन्ति (कुन्ती यहीं की राजकन्या थी) तथा कारूष राज्यों की सीमाओं से सटी हुई थी। ये दोनों राज्य कोसल (दक्षिण) के पश्चिमोत्तर सीमाओं पर थे। काशी राज्य कोसल के ठीक उत्तर में था। इन दोनों राज्यों के बीच हिरण्यवाह (सोन) नदी बहती थी। कोसल के पूर्वोत्तर में मगध और अंग देश थे। मध्य में तोसल तथा कलिंग राज्य थे। दक्षिण में आन्ध्र राज्य था। पश्चिम में विदर्भ, निषध तथा मेकल राज्य थे। काशी के साथ कोसल के नामों का जोड़ा बनने से कुछ इतिहासकारों को उत्तर कोसल का भ्रम हो सकता है किन्तु डॉ. हेमचन्द्रराय चौधरी द्वारा प्रस्तुत महाजनपद के नक्शे का अवलोकन करने पर यह स्पष्ट हो जाता है कि उत्तर कोसल और काशी राज्यों के बीच में वत्स नामक महत्त्वपूर्ण राज्य था, जिसकी राजधानी कौशाम्बी थी। दक्षिण कोसल और काशी राज्य के मध्य कोई भी जनपद नहीं था, केवल हिरण्यवाह नदी थी। अतः महाजनपदकाल में यदि उत्तर कोसल का जोड़ा कोई बनता है तो वह वत्स राज्य के साथ, न कि काशी के। काशी और उत्तर कोसल के मध्य सरयू, गोमती तथा गंगा जैसी नदियाँ थीं। इन नदियों के कारण उत्तर कोसल और काशी राज्यों का भौगोलिक सान्निध्य नहीं था। अतः प्राचीन ग्रन्थों में जहाँ भी काशी कोसल नाम का जोड़ा उल्लिखित है तो उसका अर्थ दक्षिण कोसल से लिया जाना अधिक नियमानुकूल होगा। "एक जनपद अपने चारों ओर दूसरे के जनपदों से घिरा रहता था, जो उसकी सीमा बनाते थे।" छत्तीसगढ़ वाले कोसल की सीमा बनाने वाले जनपदों का कोसल के साथ उल्लेख है। सीमावर्ती जनपदों के उल्लेख से दक्षिण कोसल की पहचान सुनिश्चित हो जाती है। इसके बावजूद कोसल का अर्थ यदि उत्तर कोसल ही लिया जाता है तो आप किसी का क्या बिगाड़ सकते हैं?

पाणिनि ने कलिंग के साथ कोसल पर सूत्र लिखें हैं—कलिंग पर पाणिनि ने सूत्र लिखा उसका क्र.—4-1-170 है। कलिंग के पश्चात् क्र.—4-2-171 में कोसल पर पाणिनि ने सूत्र की रचना की है। पाणिनि ने कच्छ अवन्ती, कोसल, करूष और कलिंग को भारत का दक्षिणतम देश कहा है (माधुरी मई 1944)। पं. लोचन प्रसाद पाण्डेय, प्रो. बालचन्द जैन आदि विद्वानों ने इस कोसल का सम्बन्ध दक्षिण कोसल अर्थात् छत्तीसगढ़ से बताया है। डॉ. वासुदेवशरण अग्रवाल ने लिखा है—यह (कोसल) राजधीन जनपद युद्धकालीन सोड्स महाजनपदों में गिना जाता था, किन्तु उन्होंने सूत्र क्र.—6-4-174 में उल्लिखित सरयू और इक्ष्वाकु के साथ उपर्युक्त कोसल के सम्बन्ध की कल्पना करके उत्तर कोसल का भ्रम उत्पन्न कर दिया है। जबकि महावग्ग में उत्तर कोसल की दयनीय राजनैतिक अवस्था का विवरण स्पष्ट करता है कि बुद्धकाल में उत्तर कोसल को महाजनपद की संज्ञा नहीं दी जा सकती।

कोसल को लेकर हमेशा उत्तर कोसल की भ्रांति उत्पन्न कर इतिहास को प्रायः तोड़ा-मरोड़ा जाता रहा है। इस प्रयास में छत्तीसगढ़ राज्य वाले कोसल के सही इतिहास की उपेक्षा तो होती ही है, उत्तर कोसल का इतिहास भी गलत तथ्यों के आधार पर खड़ा होने के कारण अविश्वसनीय हो जाता है। प्राचीन ग्रन्थों में जहाँ भी कोसल का उल्लेख हो उसे आँख मूँदकर उत्तर कोसल न मान लें। ऐसी त्रुटियों के कारण ऋतुपर्ण, कल्माषपाद, वृहदबल जैसे नरेशों को उत्तर कोसल (अयोध्या) का राजा मान लिया गया, जबकि वे दक्षिण कोसल के राजा थे। कुछ पुराणों में दक्षिण कोसल पर शासन कर रहे लव की वंशावली एक में ही समेट दी गयी है।

वस्तुतः भगवान श्रीराम के पश्चात् अयोध्या के राजधानी का दर्जा समाप्त हो जाने के बाद उनके ज्येष्ठ पुत्र को जो कोसल राज्य उत्तराधिकार में प्राप्त हुआ था, इतिहास में उसे महत्त्व दिया जाना था। अगर मैं यह कहूँ कि भगवान श्रीराम के पश्चात् इक्ष्वाकु वंश की मूल गद्‌दी ज्येष्ठ पुत्र कुश के साथ छत्तीसगढ़ में स्थापित हो गयी थी, तो अनुचित नहीं होगा। दुर्भाग्यवश इतिहासकारों ने (और पुराणकारों ने भी) कोसल (दक्षिण) के इतिहास पर इस दृष्टि से कभी गम्भीरतापूर्वक विचार ही नहीं किया।

उत्तर कोसल के राजा प्रसेनजित भगवान श्रीराम बुद्ध के समकालीन थे। इससे सम्बन्धित एक कथा 'अवदानशतक' में है। कथा इस प्रकार है—"उत्तर कोसल के राजा प्रसेनजित और दक्षिण कोसल के राजा विजयस के मध्य युद्ध छिड़ गया। युद्ध लम्बे समय तक चलता रहा। अन्त में प्रसेनजित युद्ध में जब हार के कगार पर पहुँच गया तब वह भगवान गौतम बुद्ध के पास गया और उनसे मध्यस्थ बनकर संधि कराने का अनुरोध किया। भगवान बुद्ध उस समय जेतवन में तपस्यारत थे। उन्होंने कहा कि वे कुछ समय पश्चात् वाराणसी आयेंगे तब वहीं भेंट करना। प्रसेनजित वाराणसी पहुँचे। भगवान बुद्ध ने उन्हें उपदेश दिया और प्रसेनजित ने पश्चात्ताप किया। वह संघाराम में जाकर भिक्षु की तरह रहने लगा। भगवान बुद्ध ने दक्षिण कोसल के राजा विजयस की प्रार्थना पर सिरपुर प्रवास किया। वहाँ वे तीन माह तक रहे।" आचार्य नरेन्द्रदेव के अनुसार 'अवदानशतक' अत्यन्त प्राचीन ग्रन्थ है। इस ग्रन्थ में भगवान बुद्ध के जीवन की घटनाओं को कथा के रूप में प्रस्तुत किया गया है। उपर्युक्त कथा से चार तथ्य स्पष्ट होते हैं—

1. उत्तर कोसल नरेश प्रसेनजित और दक्षिण कोसल नरेश विजयस में लम्बे समय तक युद्ध हुआ था।
2. युद्ध में पराजय की स्थिति देखकर प्रसेनजित भगवान बुद्ध के पास सन्धि करवाने की प्रार्थना लेकर गया था।
3. वाराणसी में प्रसेनजित ने पश्चात्ताप किया क्योंकि युद्ध उसी ने प्रारम्भ किया था। भगवान बुद्ध ने उसे युद्ध से विरत तो नहीं किया वरन् उसे बौद्ध धर्म में दीक्षित कर भिक्षु बनाया।
4. दक्षिण कोसल नरेश विजयस पर प्रसन्न होकर भगवान बुद्ध उसकी राजधानी श्रीपुर आये और वहाँ तीन माह तक रहे।

भगवान गौतम बुद्ध श्रीपुर आये थे, इस तथ्य का उल्लेख इतिहास प्रसिद्ध चीनी यात्री व्हेनसांग ने अपने यात्रा विवरण में भी किया है। इस विवरण से 'अवदानशतक' की उपर्युक्त कथा से ऐतिहासिकता की पुष्टि होती है।

तात्पर्य यह है कि युद्ध काल में भी उत्तर कोसल, दक्षिण कोसल की तुलना में कोई महत्त्वपूर्ण राजनैतिक शक्ति नहीं था। अतः महाजनपद काल के सोलह जनपदों में जिस कोसल की गणना होती है उसका आशय उत्तर कोसल कदापि नहीं है। उसका आशय दक्षिण कोसल ही है। पाणिनि ने इस काल के जनपदों का उल्लेख किया है। उसमें कोसल का उल्लेख कलिंग के साथ करके उन्होंने कोसल

की भौगोलिक स्थिति को स्पष्ट कर दिया है। "जिन जनपदों के नामों के जोड़े भाषा में प्रसिद्ध थे, उनकी भौगोलिक सीमाएँ किसी न किसी अंग में एक-दूसरे से मिली हुई थीं।" पाणिनि के नियमों के आधार पर डॉ. वासुदेवशरण अग्रवाल के इस कथन की कसौटी पर कलिंग की सीमा कहीं भी उत्तर कोसल से नहीं मिलती थी। अतः कलिंग कोसल, मगध कोसल, काशी कोसल, कुंति कोसल, मेकल कोसल, आन्ध्र कोसल या विदर्भ कोसल कहने से दक्षिण कोसल का अर्थ ही प्रकट होता है, क्योंकि उसकी सीमाएँ किसी न किसी अंश में इन राज्यों से मिलती थीं।

प्राचीन काल में भी दक्षिण कोसल उत्तर भारत को दक्षिण भारत से जोड़ने वाली प्रमुख कड़ी था। कात्यायन के अनुसार मुलहठी मिर्च आदि सामग्रियाँ 'स्थलपथ' नामक मार्ग से उत्तर में लायी जाती थीं। डॉ. वासुदेवशरण अग्रवाल ने इस 'स्थलपथ' की पहचान की है। उनका कहना है—यह 'स्थलपथ' दक्षिण भारत के पाण्ड्य देश से पूर्वी घाट और दक्षिण कोसल होकर आने वाले मार्ग में हो सकता है। उत्तर और दक्षिण भारत के मध्य प्रमुख व्यापारिक मार्ग होने के कारण यह भू-भाग उत्तर दक्षिण भारत में समान रूप से विख्यात था। ऐसे भू-भाग प्रायः व्यापार-वाणिज्य के केन्द्र के रूप में विकसित होते हैं। यह 'स्थलमार्ग' जो छत्तीसगढ़ से होकर गुजरता था केवल व्यापार के लिए ही प्रयुक्त नहीं होता था अपितु धार्मिक एवं सांस्कृतिक यात्राओं के लिए भी उपयोग में लाया जाता था। महाप्रभु वल्लभाचार्य के माता-पिता इसी मार्ग से होकर वाराणसी जा रहे थे कि राजिम के पास चम्पारन में महाप्रभु ने अवतार लिया।

यह समझना कि वैदिक काल में उत्तर भारत विन्ध्याचल के नीचे भू-भाग से सर्वथा अपरिचित था, अनुचित है। श्रीमद्भागवत महापुराणों में मनु को द्रविड़ेश्वर कहा गया है। (नवम स्कन्ध श्लोक-2) ऋग्वेद में 'दक्षिणापथ' शब्द आया है। महाभारत के नलोपाख्यात में इसे ही 'दक्षिणापथ' कहा गया है। इक्ष्वाकु के सौ पुत्रों में से एक दंड या दंडक था। उसने सुदूर दक्षिण में अपने नाम से दंडकारण्य राज्य की स्थापना की थी। रावण ने इस पर आक्रमण कर अपना आधिपत्य स्थापित कर लिया था। कैकेयी ने इसीलिए राम को दंडकारण्य जाने के लिए कहा था अन्यथा वनवास तो किसी भी वन में दिया जा सकता थ। इससे स्पष्ट है कि इक्ष्वाकु वंशियों का शासन सुदूर दक्षिण में था।

डॉ. वासुदेवशरण अग्रवाल ने पाणिनिकालीन समाज और उसकी आर्थिक दशा पर विस्तार से चर्चा की है। किसी भी जनपद की आर्थिक दशा के अध्ययन के लिए वहाँ से प्राप्त सिक्के बड़े सहायक होते हैं। महाजनपद युग तक आते-आते नियम के साथ-साथ विनिमय के लिए सिक्के प्रमुख माध्यम बन चुके थे। पाणिनि ने सोने, चाँदी और ताँबे के सिक्कों के विषय में विस्तार से प्रकाश डाला है। पाणिनि ने 'शाण' सिक्कों की चर्चा की है। एक शाण 25 ग्रेन (12.1/2) रत्ती के बराबर होता था। शाण का उल्लेख महाभारत तथा चरक के ग्रन्थ में भी है। डॉ. वासुदेवशरण अग्रवाल ने लिखा है—"प्राचीन कोसल जनपद के कुछ सिक्के अर्धशतमान (तोल 75-79 ग्रेन) और सोनपुर में प्राप्त सिक्के (तोल 21 ग्राम) पदार्धशतमान या शाण से मिलते हैं।" सोनपुर के ये सिक्के पं. लोचनप्रसाद पाण्डेय को मिले थे, जिन्हें उन्होंने महाकोसल इतिहास परिषद द्वारा मुद्रा शास्त्रियों को उपलब्ध कराया था। इसी प्रकार माषक (माषिक) सिक्के ठठारी (अकलतरा के पास बिलासपुर) में प्राप्त हुए हैं।"

चाँदी के कार्षापण सिक्के प्राचीनकाल में कोसल जनपद (छत्तीसगढ़) में बहुत अधिक प्रचलित थे। छत्तीसगढ़ में ये सिक्के प्रचुर मात्रा में मिले हैं। डॉ. लक्ष्मीशंकर निगम के अनुसार—"ये सिक्के महाभारत युद्ध के पश्चात् मौर्य साम्राज्य के विस्तार तक जनपदों और महाजनपदों द्वारा प्रचलित किये जाते थे।" डॉ. वासुदेवशरण अग्रवाल ने कार्षापण सिक्कों के महत्त्व पर प्रकाश डालते हुए लिखा

है—"प्राचीन भारत में सबसे मशहूर सिक्का चाँदी का काषार्पण था। इसे ही मनुस्मृति में 'धारण' या राजत पुराण भी कहा गया है। पाणिनि ने इन सिक्कों को 'आहत' (5/2/120) कहा है। उसी के अनुसार अंग्रेजी में ये पंच मावर्ड के नाम से प्रसिद्ध हैं। ये सिक्के बुद्ध से भी पुराने हैं। मनुस्मृति में ताँबे के आहत सिक्कों को 'पण' कहा गया है।

कोसल महाजनपद (छत्तीसगढ़) से मौर्य साम्राज्य के उदय के पूर्व प्राप्त आहत मुद्राएँ स्थानीय मुद्राएँ कहलाती हैं। मुद्रा विशारद डॉ. निगम के अनुसार इस प्रकार की मुद्राएँ सर्वप्रथम तारापुर (जि. रायपुर) में प्राप्त हुई थीं। प्रायः 12रत्ती तौल की इन आहत मुद्राओं पर किसी पर हाथी, किसी पर हल के साथ बैल जोड़ी के चिह्न ठप्पांकित है। नन्द-मौर्य काल के पूर्व के शाण अथवा पादकाषार्पण सिक्के आरंग, उडेला (रायपुर जिला) तथा धापेपुर (बालाघाट) से बड़ी संख्या में प्राप्त हुए हैं। नन्द-मौर्य काल के आहत सिक्के बार (रायगढ़), अकलतरा, ठठारी (बिलासपुर), सम्बलपुर से प्राप्त हुए हैं। इसके अतिरिक्त शातवाहन, कुषाण, यौधेय, गणराज्य के तथा चीनी सिक्के भी प्राप्त हुए हैं। अर्जुनी (डोंगरगढ़) में 64 चाँदी के आहत सिक्के मिले हैं। श्री चन्दोल को डोंगरगढ़ के ही पास ग्राम आमरी में दो चौकोर आहत मुद्राएँ प्राप्त हुई थीं।

सैकड़ों की संख्या में प्राप्त ये आहत मुद्राएँ कोसल महाजनपद (छत्तीसगढ़) की प्राचीनता को सिद्ध करने के लिए पर्याप्त हैं। साथ ही इस क्षेत्र की व्यापारिक गतिविधियों और उन्नत आर्थिक दशा के साक्ष्य भी प्रस्तुत करते हैं। उत्तर भारत से दक्षिण भारत को जोड़ने वाला व्यापारिक 'स्थलमार्ग' होने के कारण इस क्षेत्र में सिक्कों का अत्यधिक महत्त्व और प्रचलन था।

भारतीय सभ्यता के उषाकाल में जन अपने आपको किसी एक पूर्वज से उत्पन्न हुआ मानते थे। भारत जन अपने को भरत से उत्पन्न और ऐक्ष्वाक अपने को ऐक्ष्वाकु से उत्पन्न मानते थे। प्राचीन छत्तीसगढ़ के जन अपने को कोसल से उत्पन्न मानते थे। कोसल से उत्पन्न जन के समुदाय ने इस क्षेत्र पर शासन किया अतः इस क्षेत्र का नाम कोसल पड़ा। कुरू, पांचाल, गान्धार, मिथिला, करूष, वत्स आदि जनपदों के नाम इसी प्रथा के अनुसार पड़े। प्रत्येक जनपद की अपनी भाषा, धर्म, संस्कृति, सामाजिक और आर्थिक जीवन होता था। ये केवल भौगोलिक और राजनैतिक इकाई मात्र नहीं थे। पाणिनि से भी सैकड़ों वर्ष पूर्व से वे अपनी स्थानीय प्रथाओं को प्रचलित रखने में समर्थ रहे हैं। प्राचीन काल में प्रथा थी कि जो जिस जनपद का निवासी होता था, उसके नाम के साथ उस जनपद का नाम भी जुड़ जाता था। इसी प्रथा के अन्तर्गत कोसल नरेश कौशल्य कहलाते थे। उनकी कन्याएँ कौशल्या कहलाती थीं। यहाँ तक कि इस कोसल जनपद के निवासी भी कौशल्या कहलाने में गर्व अनुभव करते थे। राजकन्याएँ जब विवाहित होकर अपने पति के घर जाती थीं तो वे अपने साथ अपने जनपद की अभिधा भी साथ ले जाती थीं। उन्हें उनके उसी नाम से सम्बोधित किया जाता था। अयोध्या नरेश, महाराजा दशरथ के साथ विवाहित होने के पश्चात् कोसल नरेश भानुमंत की कन्या अयोध्या में कौशल्या के नाम से ही सम्बोधित की जाती रहीं। वधुओं के लिए यह प्रथा आज भी छत्तीसगढ़ में प्रचलित है। वधुओं को उसकी ससुराल में उनके मैके के गाँव के नाम से ही पुकारा जाता है। जैसे—रयपुरहिन, बिलासपुरहिन, रयगढ़हिन, नन्दगहिन, दुर्गहिन, बड़गहिन, धमतरहिन आदि।

इन्द्र वैदिक काल के प्रमुख देवता थे। बाद में उनका प्रभाव घट गया। अब तो वे केवल पुराणों के पन्नों में ही सिमट कर रह गये हैं। किन्तु छत्तीसगढ़ में उनका वैदिक कालीन सम्मान प्रतीक रूप में जीवित है। मड़ई छत्तीसगढ़ का लोकप्रिय लोकोत्सव है। दयाशंकर शुक्ल के अनुसार—"इस उत्सव में ध्वजोत्तोलन का महत्त्वपूर्ण स्थान है। यह वैदिक कालीन इन्द्रध्वज ही है।" मजदूरी के लिए

प्राचीनकाल में भृति शब्द का प्रयोग किया जाता थ। पाणिनि ने कर्मणिभूतौ, कर्म, करोतीति, कर्मकरः (3/2/22) का उल्लेख किया है। छत्तीसगढ़ी में यह भृति शब्द 'भूति' के रूप में आज भी दैनंदिन जीवन में प्रचलित है। यह 'बस' अष्टाध्यायी में उल्लिखित 'वस्न' का ही अपभ्रंश है। अष्टाध्यायी में पाणिनि ने गहराई नापने के लिए 'पुरुष संज्ञक माप के प्रयोग' (पुरुषात प्रमाणेऽन्यतर स्याम–4/1/24) का उल्लेख किया है। छत्तीसगढ़ में आज भी सिर से ऊपर तक पानी की गहराई को 'मुड़पुरूस' कहा जाता है। इसी प्रकार लम्बाई नापने के लिए 'कांड' शब्द का प्रयोग होता है। कांड को दंड भी कहा जाता था। छत्तीसगढ़ में इसके लिए डांग या डंगनी शब्द का प्रयोग आज भी प्रचलित है। अंगुलि और वितस्ति शब्दों का प्रयोग भी प्राचीन काल में होता था, जिसका उल्लेख पाणिनि ने किया है। उँगली और बीता से नापने की परम्परा छत्तीसगढ़ में आज भी है।

छत्तीसगढ़ में गँड़वा एक जाति है। बाजा बजाकर वे अपनी जीविका अर्जित करते हैं। वे जो बाजा बजाते हैं वह गँड़वा बाजा कहलाता है। यह जाति गोंडों से भिन्न है। गँड़वा गण शब्द से बना मालूम होता है। कोसल गणराज्य में जो वाद्य राजकीय समारोहों और सामाजिक उत्सवों में बजाया जाता था वह गणवाद्य कहलाता रहा होगा। उसके बजाने वाले 'गणवा' या गंड़वा कहलाने लगे।

पाणिनि के पूर्व से ही भारतीय समाज में भक्ति की धारा प्रवाहित होने लगी थी। वैदिक काल में यज्ञों का जो महत्त्व था, वह कम होने लगा था।

उसका स्थान सीधे, सरल आडम्बरहीन भक्ति आन्दोलन ने ले लिया। समाज के सम्मुख भगवान श्रीकृष्ण आदर्श के रूप में लोकप्रिय हो चुके थे। उन्हें विष्णु का अवतार मान लिया गया था। पाणिनि के अनुसार वासुदेव श्रीकृष्ण के प्रति भक्ति रखने वालों को 'वासुदेवक' कहा जाता था। 'वसदेवा' के नाम से आज भी एक जाति छत्तीसगढ़ में है। प्रातःकाल वे भजन गाते हैं और भिक्षा प्राप्त करते हैं। विष्णु की प्राचीनतम प्रतिमा (ईसा पूर्व दूसरी शताब्दी के लगभग की) मल्हार के पास बूढ़ीखार ग्राम से प्राप्त हुई है। छत्तीसगढ़ में वैष्णव का यह प्राचीनतम प्रमाण है।

प्राचीनकाल में छत्तीसगढ़ राज्य कोसल कहलाता था, यह अनेक प्रमाणों से सिद्ध किया जा चुका है। रामायण, महाभारत, पुराण आदि प्राचीन ग्रन्थों में इस क्षेत्र को सर्वत्र कोसल ही कहा गया है। इन ग्रन्थों में इस क्षेत्र को कहीं भी दक्षिण कोसल अथवा महाकोसल नहीं कहा गया है।

जो लोग यह कहते हैं कि अयोध्या वाले क्षेत्र को उत्तर कोसल और उससे भिन्नता दिखाने के लिए इस क्षेत्र को दक्षिण कोसल कहा जाने लगा, इस तर्क के समर्थन में किसी भी प्राचीन ग्रन्थ में कोई प्रमाण नहीं है। इसके विपरीत स्वयं रामायण में छत्तीसगढ़ राज्य को 'कोसल' और श्रावस्ती वाले राज्य को 'उत्तर कोसल' अवश्य कहा गया है। बाद के सभी ग्रन्थों में छत्तीसगढ़ वाले राज्य को 'कोसल' ही कहा गया है। अवदान शतक की कथा में प्रसेनजित को उत्तर कोसल का और विजयस को दक्षिण कोसल का राजा अवश्य कहा गया है। किन्तु छत्तीसगढ़ वाले राज्य के लिए दक्षिण कोसल नाम प्रचलित नहीं था। प्रसंग विशेष के कारण यहाँ उत्तर कोसल और दक्षिण कोसल नामों का प्रयोग हुआ है। इस एकमात्र प्रसंग के सिवाय बाद के भी किसी ग्रन्थ में छत्तीसगढ़ राज्य को दक्षिण कोसल या महाकोसल नहीं कहा गया है। समुद्रगुप्त के प्रशस्ति लेख में छत्तीसगढ़ वाले राज्य के नरेश को 'कोसल महेन्द्र' कहा गया है। वराह मिहिर ने 'वृहदसंहिता' में और श्री हर्ष ने 'रत्नावली' में इस क्षेत्र को कोसल ही कहा है। पांडुवंशी नरेशों के ताम्रपत्रों और शिलालेखों में यह क्षेत्र 'कोसल' नाम से ही उल्लिखित है। इस क्षेत्र में तथा बाहर से भी प्राप्त सभी शिलालेखों तथा ताम्रपत्रों में इस क्षेत्र का 'कोसल' नाम से ही उल्लेख है। जैन ग्रन्थ हरिवंशपुराण में इस क्षेत्र को 'कोसल' कहा गया

है। जाजल्लदेव प्रथम के शिलालेख (सन् 1114) में एक बार अवश्य छत्तीसगढ़ को 'दक्षिण कोसल' कहा गया है। जाजल्लदेव प्रथम के पूर्व पृथ्वीदेव प्रथम (सन् 1079) के शिलालेख में इस क्षेत्र को केवल 'कोसल' कहकर सम्बोधित किया गया है। बिलहरी के मुग्धतुंग तथा त्रिपुरी के लक्ष्मणराज के शिलालेखों में भी छत्तीसगढ़ राज्य को 'कोसल' ही कहा गया है। एहील तथा थिरूमलाई के प्रशस्ति पत्र में भी इसे 'कोसल' संज्ञा दी गयी है। देवगिरि के यादववंशी राजा रामचन्द्र के ताम्रपत्र में तथा कुरूसपाल के सामेश्वरदेव के लेख में भी इस क्षेत्र को 'कोसल' नाम से सम्बोधित किया गया है। प्रो. बालचन्द्र जैन भी इसी निष्कर्ष पर पहुँचकर लिखते हैं–"प्राचीनकाल के अधिकांश लेखों में 'कोसल' और बाद में 'कौशल्य' लिखने की पद्धति प्रारम्भ हुई। उत्कीर्ण लेखों के अलावा साहित्य ग्रन्थों में भी अक्सर 'कोसल' नाम ही मिलता है। महाभारत और वायुपुराण में कलिंग और मेकल के साथ कोसल का उल्लेख मिलता है। कालिदास के रघुवंश के नवम सर्ग में उत्तर कोसल और कोसल दोनों देशों का एक साथ उल्लेख किया गया है। उक्त सर्ग के प्रथम श्लोक में कहा गया है कि दशरथ ने अपने पिता के पीछे उत्तर कोसल राज्य बड़ी योग्यता से सम्हाला। उसी सर्ग के सत्रहवें श्लोक में बताया गया है कि कोसल, मगध और कैकेय देश के राजाओं की कन्याओं ने दशरथ को पतिरूप में प्राप्त किया। इससे स्पष्ट है कि कालिदास के समय अवध के कोसल को उत्तर कोसल और छत्तीसगढ़ वाले कोसल को केवल 'कोसल' कहा जाता था। वैसे तो कालिदास से भी बहुत पूर्व पाणिनि ने कलिंग के साथ कोसल नाम पर भी व्याकरण के नियम लिखे थे। इतिहास पुरातत्व के प्रकांड विद्वान पं. लोचन प्रसाद पाण्डेय भी इसी मत के हैं–

The Oldest inscriptional recorc's available to us mention the महाकोश or दक्षिण कोसल Country simply a 'कोसल' and this proves beyond doubt that the prevalent name if महाकोसल was कोसल in earliest times as the Ramayana and Mahabharata mention चीनी यात्री व्हेनसांग ने प्राचीन छत्तीसगढ़ राज्य को कोसल (कियावसलों) ही लिखा है। उसने लिखा है कि उस समय कोसल राज्य की सीमा की परिधि 6000 ली थी। प्रो. बालचन्द्र जैन 6000 ली को 1600 किलोमीटर के बराबर मानते हैं।

जाजल्लदेव प्रथम का शिलालेख एकमात्र अपवाद है। अपवाद नियम नहीं होते। इस क्षेत्र के लिए महाकोसल नाम अलेक्जेंडर का नियम का दिया हुआ है। सन् 1881-82 में जब वे इस क्षेत्र का पुरातात्विक अनुसन्धान कर रहे थे तब इस क्षेत्र की विशालता को देखकर भौचक्का रह गये और उन्होंने इसका 'महाकोसल' नाम रख दिया। वस्तुतः प्राचीन कोसल में छत्तीसगढ़ के सात जिलों के अतिरिक्त चाँदा (चन्द्रपुर) बालाघाट, मण्डला, शहडोल का आधा भाग, सम्बलपुर, सुन्दरगढ़, बलांगीर, कालाहाण्डी, पटना, खरियार, कोरापुट प्राचीन कोसल के अन्तर्गत ही थे। डॉ. हेमचन्द्र राय चौधरी के अनुसार–"दक्षिण कोसल निवासी वर्धा और महानदी के तटवर्ती भू-भाग पर बसे हुए थे।" उन्हीं के अनुसार–ब्राह्मण साहित्य में तोसल को कोसल (दक्षिण) से सम्बन्धित बताया गया है तथा उसे कलिंग से भिन्न बताया गया है। टालेमी ने कोसल को कोसलई और अशोक के शिलालेख में इसे कोसली कहा गया है। इस विवरण से भली-भाँति अनुमान लगाया जा सकता है कि प्राचीनकाल में कोसल साम्राज्य का विस्तार कितनी दूर-दूर तक था। तभी तो चक्रवर्ती सम्राट दशरथ ने इस कोसल की राजकुमारी कौशल्या के साथ वैवाहिक सम्बन्ध स्थापित करने में और उन्हें राजमहिष पद प्रदान करने में गौरव का अनुभव किया था। राजमहिष का पुत्र ही युवराज हो सकता था, अन्य कोई नहीं। समान स्तर के प्रतापी राजाओं में ही परस्पर वैवाहिक सम्बन्ध होते थे। छत्तीसगढ़ वाले कोसल की राजकन्या

का विवाह काशी नरेश के साथ हुआ था। अर्थात् अम्बा-अम्बिका और अम्बालिका की माता का नाम कौशल्या था, जैसे राम की माता का नाम। पुरू की पत्नी का नाम भी कौशल्या था। महाभारत में धृतराष्ट्र और पाण्डु की माता को भी कौशल्या लिखा गया है, वह भी इसी प्रथा के अनुसार है।

प्राचीन छत्तीसगढ़ राज्य कोसल कहलाता था और उसकी भाषा 'कोसली' कहलाती थी। अवध की भाषा आज भी अवधी कहलाती है, तब भी कहलाती थी। 'छत्तीसगढ़ी' नाम प्रचलित होने के बाद उसकी भाषा 'छत्तीसगढ़ी' कहलाने लगी।

प्रख्यात भाषाविद् डॉ. क्रान्तिकुमार के अनुसार—"पूर्व हिन्दी जिन तीन बोलियों के सम्मिलित संज्ञा बोध हैं, उनमें निम्न बोलियों की गणना होती है (क) अवधी (ख) बघेली (ग) छत्तीसगढ़ी बघेली और अवधी में तो इतना कम अन्तर है कि इन दोनों को पृथक मानना उपयुक्त नहीं है। मराठी और उड़ीसा का पड़ोस होने के कारण छत्तीसगढ़ी की स्थिति अवश्य किंचित विशिष्ट है।" उन्हीं के अनुसार—"छत्तीसगढ़ की सामान्य जनता के सामान्य व्यवहार की बोली छत्तीसगढ़ी है। सरगुजा, रायगढ़, बिलासपुर, रायपुर, दुर्ग, कांकेर, भानुप्रताप, कोंडागाँव, जगदलपुर (बस्तर जिला) में छत्तीसगढ़ी बोली जाती है। छत्तीसगढ़ी क्षेत्र की आदिम वन जातियाँ भी अपने समुदाय के बाहर छत्तीसगढ़ी का ही प्रयोग करती हैं। छत्तीसगढ़ के बाहर छत्तीसगढ़ी अपने संकर रूप में मण्डला, भण्डारा, बालाघाट, चाँदा, सम्बलपुर, छोटा नागपुर के सीमावर्ती क्षेत्रों में प्रयुक्त होती है। बिहार, बंगाल, आसाम आदि प्रान्तों के चाय बागानों, कल-कारखानों, खदानों आदि में छत्तीसगढ़ी मजदूर काम करते हैं, वे भी छत्तीसगढ़ी बोलते हैं।" (राष्ट्रबन्धु दि. 2-12-1976) बोली के आधार पर भी छत्तीसगढ़ के विस्तार का अनुमान लगाया जा सकता है।

प्राचीन कोसल की सीमा के विस्तार पर विचार करते समय हमें उसकी चारों दिशाओं में स्थित राज्यों के नामों पर भी विचार करना चाहिए। सम्भव है, ऐसा करने से कोई महत्त्वपूर्ण तथ्य सामने आ जाये। महाभारत, पुराण आदि प्राचीन ग्रन्थों के अध्ययन से पता चलता है कि कोसल राज्य के तीनों ओर ये राज्य थे—मेकल, कुन्तल (कुन्ति), उत्कल, सम्बल, तोसल तथा कोरल। इन सभी राज्यों के नाम 'ल' अक्षर से ही अन्त क्यों होते हैं? एकाध-दो नाम यदि 'ल' अक्षर से अन्त होते तो उसे संयोग कहा जा सकता था, किन्तु यहाँ तो सात-सात राज्यों के नाम 'ल' अक्षर से अन्त होते हैं। निश्चय ही इसे संयोग नहीं कहा जा सकता। फिर, इन सभी राज्यों के नाम 'ल' अक्षर से अन्त क्यों होते हैं? क्या इन सभी राज्यों के पूर्वज एक ही थे? क्या कोसल मेकल, कुन्तल, उत्कल, सम्बल, तोसल तथा कोरल—ये सभी एक ही पिता के सन्तान थे, जिन्होंने इस बड़े भू-भाग पर अपने-अपने नाम से राज्यों की स्थापना की? क्या ये सभी एक ही साम्राज्य के अन्तर्गत सात जनपद थे? वायुपुराण में जिस सप्त कोसल का उल्लेख है क्या उनके नाम यही थे? मेरा अनुमान है कि ये सब कोसल के अन्तर्गत जनपद थे और इन राज्यों का संस्थापक मूल पुरुष एक ही था। पुराणों में मनु की पुत्री इला का उल्लेख है। योनि परिवर्तन के पश्चात् इला का नाम सुद्युम्न हो गया। सुद्युम्न के तीन पुत्र थे—उत्कल, गय और विनिताश्व (या हरिताश्व) क्या विनिताश्व के वंश में कोई 'कोसल' नामक नरेश हुआ था? क्या उसी ने नागपत्तन पर अधिकार स्थापित कर अपनी राजधानी बनाई थी? इस क्षेत्र में प्राचीनकाल में नागों का राज्य था, इसका उल्लेख मिलता है। अर्जुन ने नागकन्या चित्रांगदा से विवाह किया था, जिसका पुत्र बब्रुवाहन था। कोसल की सीमा में प्रवेश करने के पूर्व राजा नल को कर्कोटक नाग मिला था। कुश की पत्नी कुमुदवती एक नागकन्या ही थी। कोसल नरेश की राजधानी नागपत्तन का नाम उसके नाम पर बाद में बदलकर कोसल नगर हो गया। उसके सम्पूर्ण

राज्य का नाम भी कोसल हो गया।

कलिंग सम्राट खारवेल के पूर्वज कोसल निवासी थे। प्रो. बालचन्द्र जैन ने उड़ीसा की एक प्राचीन पाण्डुलिपि का उल्लेख करते हुए इन पंक्तियों को उद्धृत किया है–

"देववाणी श्रुते एरः हर्षनिर्भरमानस।
कोसलानगरंत्यक्तवा खंडशैला समीपस्तु ॥"

अर्थात् खारवेल के पूर्वज जो ऐलवंशी थे, कासल नगर त्यागकर खंडगिरी में जाकर बस गये। इला के वंशज ऐल कहलाये। इला के पुत्र का नाम पुरूरवा था। खारवेल का शासन काल ईसा के लगभग सौ वर्ष पूर्व माना जाता है। उस समय उत्तर में शुंगवंश और दक्षिण में सातवाहन वंश का शासन था। सम्भवतः खारवेल के पूर्वजों को कोसल नगर से सातवाहन वंश के किसी नरेश ने अपदस्थ किया था। सबसे पहले हमें 'कोसल' नामक नगर की सूचना उसी पाण्डुलिपि से प्राप्त होती है।

प्रो. बालचन्द्र जैन ने ही मल्लार से प्राप्त महाशिवगुप्त बालार्जुन के शासनकाल (सन् 585 से 655 ई. वेक) का एक ताम्रपत्र प्रकाशित कराया है। उक्त ताम्रपत्र में शिवनन्दिन द्वारा कोसल नगर में कपालेश्वर महादेव के मन्दिर निर्माण का उल्लेख है–"कोसला नगर प्रतिष्ठित श्री शिवनन्दिने कारित कपालेश्वर भट्टारक यो...।" इससे स्पष्ट है कि उड़ीसा से प्राप्त खारवेल के पूर्वजों से सम्बन्धित कोसल नगर का उल्लेख कल्पना के आधार पर नहीं, अपितु ऐतिहासिक तथ्यों पर आधारित है।

डॉ. श्यामा कुमार पाण्डेय के मल्लार के उत्खनन में एक मृद मुद्रा प्राप्त हुई है, जिस पर 'गामस कोसली' उत्कीर्ण है। राजनीतिक उत्थान-पतन के साथ राजनगरों का भी उत्थान-पतन होता रहता है। खारवेल के पूर्वजों के समय जो कोसल एक नगर के रूप में राजधानी होने के गौरव से महिमा-मण्डित था, वह बाद में एक गाँव के रूप में सिमट कर रहा गया। श्रीपुर और रत्नपुर इस प्रक्रिया के उदाहरण हैं। किन्तु, सम्राट महाशिवगुप्त बालार्जुन के शासन काल में यह कोसल ग्राम पुनः नगर के रूप में विकसित हुआ जैसा कि ताम्रपत्र से ज्ञात होता है। राज के नाम पर राजधानी का नाम रखने के उदाहरण प्राचीन काल से मिलते हैं। अयोध्या राज्य की राजधानी अयोध्यापुरी थी, काशी राज्य की राजधानी काशी थी, त्रिपुरी राज्य की राजधानी त्रिपुरी थी।

पं. लोचन प्रसाद पाण्डेय की सूचना के अनुसार कोसीर ग्राम (जिला रायगढ़) में जो देवी स्थापित है, उन्हें 'कोसलेश्वरी' कहा जाता है, पटना (पहले यह स्थान कोसल में था, सन् 1905 में उड़ीसा में सम्मिलित हो गया) में महादेव का मन्दिर है–उन्हें 'कोसलेश्वर महोदव' कहा जाता है। राजिम के पास श्रीतंगम में जो महादेव है, उन्हें कुलेश्वर कहा जाता है। अनुमान है कि यह कोसलेश्वर का अपभ्रंश है। कोसला ग्राम में कौशल्या देवी का मन्दिर है।

कोसल राज्य के संस्थापक राजा का नाम कोसल था। उसके राजवंश का नाम भी कोसल था। यहाँ के निवासी कौशल्य और राजकन्याएँ कौशल्या कहलाती थीं। कोसल राज्य की राजधानी कोसल नगर कहलाती थी। कोसल राज्य की इष्ट देवी कोसलेश्वरी कहलाती थीं। ये सब किसी प्राचीन परम्परा के परिणाम हैं। उत्तर कोसल में हमें ऐसी परम्परा नहीं दिख पड़ती। अतः छत्तीसगढ़ वाले भू-भाग को ही मूल कोसल स्वीकार करने में कोई बाधा नहीं होनी चाहिए। छत्तीसगढ़वासियों को अपने प्राचीन इतिहास पर अभिमान करने का पूरा अधिकार है। आवश्यकता इस बात की है कि हीन भावना त्यागकर अपने प्राचीन गौरव की स्थापना के लिए वे संकल्प लें।

छत्तीसगढ़ का गौरवशाली इतिहास

संकलित

दंडकारण्य क्षेत्र के अन्तर्गत सरगुजा का कुछ भाग भी आता है, उन दिनों सरगुजा की सुरम्य वादी में 'मैनपाटी' नामक स्थान था। इस सम्बन्ध में जनश्रुति है कि मैनपाट पर शरभंजा ग्राम है जहाँ

अगस्त्य ऋषि का आश्रम था। कुछ विद्वान् इसे सरभंग ऋषि का आश्रम बताते हैं। कहा जाता है कि इस स्थान पर अगस्त्य ऋषि ने तपस्वी ऋषिजनों के लिए आश्रम बनवाकर भारतीय संस्कृति का केन्द्र स्थापित किया था। जिसका वाल्मीकि रामायण में उल्लेख आता है। सरगुजा का मैनपाट नामक स्थान प्राकृतिक दृष्टि से इतना अधिक आकर्षक है कि ऐसे स्वस्थ वातावरण ने उन दिनों ऋषि जनों

को अवश्य आकर्षित किया होगा, क्योंकि तपोभूमि के लिए एकान्त वृक्षों से आच्छादित चारों ओर पहाड़ियों से घिरा हुआ यह एक मनोरम स्थान है।

छत्तीसगढ़ की प्राचीन नदियों में 'रेण' नदी एक प्रमुख नदी है, जो सरगुजा क्षेत्र में प्रवाहित होती है। इसी नदी के तट पर देवगढ़ नामक स्थान है जहाँ प्राचीन शिवमन्दिर का भग्नावशेष है। जनश्रुति के अनुसार इस नदी के किनारे ऋषि जमदग्नि की तपोभूमि थी। ऋषि जमदग्नि ने एक बार यज्ञ में आचमन के लिए नदी से जल लाने हेतु अपनी पत्नी रेणुका को आदेश दिया। ऋषि पत्नी जब जल लेने उस नदी पर गयी तो वहाँ गन्धर्व दम्पत्ति को रतिक्रिया में संलिप्त देखकर वह मुग्ध हो गयी और वह यज्ञ के लिए पवित्र जल लाना भूल गयी। इस कृत्य से ऋषिवर क्रोधित हो उठे, उसी समय अपने पुत्रों को उनका गला काटने का आदेश दे डाला किन्तु कोई भी पुत्र माँ का गला काटने के लिए तैयार नहीं हुआ। तभी उनका एक पुत्र परशुराम इस कार्य के लिए तैयार हो गया और उसने अपने पिता की आज्ञा का पालन किया। ऋषि ने अपने पुत्र के इस कार्य से प्रसन्न होकर उन्हें वर माँगने को कहा तब परशुराम ने अपनी माता को पुनर्जीवित करने का वर माँगा, फलस्वरूप माता पुनर्जीवित हो गयी। इस नदी को माता रेणुका के नाम पर रेण नदी होने की जनश्रुति है।

इस प्राचीन रेण नदी के तट पर देवगढ़ नामक स्थान है, यहाँ शिवजी का एक प्राचीन मन्दिर है, जो भग्नावशेष स्थिति में है। इस मन्दिर के सम्बन्ध में जनश्रुति है कि इस मन्दिर में परशुराम जी उपासना किया करते थे। शिवजी ने उनकी तपस्या से प्रसन्न होकर उन्हें वरदान दिया था, उन्हें शक्तिशाली होने का वर मिला था। देवगढ़ का प्राचीन मन्दिर आज भी परशुराम की तपोस्थली के रूप में विद्यमान है। रामगढ़ की पहाड़ी में एक वशिष्ठ गुफा है, जिसमें महर्षि वशिष्ठ के आश्रम होने की जनश्रुति है तथा रामचन्द्र जी के वनवास के समय इस क्षेत्र में, रामगढ़ की पहाड़ी पर कुछ समय व्यतीत करने के कारण पहाड़ी का नाम 'रामगढ़' होने की कथा अति प्राचीन है। किन्तु मानस कवि कालिदास द्वारा रामगढ़ की पहाड़ी पर निवास कर 'मेघदूत' की रचना करने की पुष्टि इतिहासकारों ने अवश्य की है।

इस प्रकार छत्तीसगढ़ क्षेत्र वन्यांचल एवं प्राकृतिक वातावरण के कारण ऋषियों के लिए आकर्षण का केन्द्र रहा होगा। यह उनके आश्रम एवं तपोभूमि के लिए उपयुक्त स्थान था। जिसकी पुष्टि जनश्रुतियों से होती है। ऋषिगणों के नाम पर यह स्थान आज भी विद्यमान है, जो छत्तीसगढ़ में वैदिक युग की ऋषि परम्परा का बोध कराती है।

रामायण काल

वैदिक काल के पूर्वार्द्ध से ही भारतवर्ष में आर्यों की सभ्यता एवं संस्कृति के आविर्भाव की पुष्टि तत्कालीन वैदिक साहित्य से होती है। वैदिक काल को ऋषियों का युग कहा जाता है। इस काल में ऋषि-मुनियों द्वारा भारत के विभिन्न स्थानों का भ्रमण कर सर्वप्रथम आर्य संस्कृति का प्रचार-प्रसार किये जाने की जानकारी मिलती है। उत्तर भारत में आर्य संस्कृति के विस्तारक एवं रक्षक के रूप में ऋषि विश्वामित्र का नाम सर्वोपरि है, जो उन दिनों कौशिक नाम से प्रख्यात थे। इसी क्रम में भारत की दक्षिण दिशा की ओर आर्य संस्कृति के ज्योतिपुंज को लेकर आगे बढ़ने वाले ऋषि के रूप में अगस्त्य ऋषि का नाम सर्वज्ञात है, जिन्होंने आर्य संस्कृति के विस्तार एवं प्रचार-प्रसार के लिए उत्तरापथ से विन्ध्याचल पर्वत को लाँघकर दक्षिणापथ की यात्रा की थी। उनके इस प्रशस्ति काल में ही रामायण युग प्रारम्भ हो चुका था। उत्तरापथ से दक्षिणापथ की ऋषिगणों की यात्रा अवधि से

ही कोसल (प्राचीन छत्तीसगढ़) में रामायण काल का प्रारम्भ माना जाता है। आर्य पुत्र श्रीरामचन्द्र एवं लक्ष्मण जी को साथ लेकर दक्षिणापथ की ओर जाने का गौरव महर्षि विश्वामित्र को मिला था। वहीं ऋषि अगस्त्य भी आर्य संस्कृति के प्रचार-प्रसार हेतु दक्षिणापथ गये थे। यहाँ यह उल्लेखनीय है कि उत्तरांचल और दक्षिणापथ के मार्ग पर छत्तीसगढ़ (कोसल प्रदेश) पड़ता है। अतएव छत्तीसगढ़ में उनके आगमन की पुष्टि वैदिक साहित्य से होती है। वाल्मीकि रामायण के अनुसार विश्वामित्र आर्य पुत्र श्रीरामचन्द्र और लक्ष्मण को उनके पिता दशरथ से माँगकर अपने साथ ले गये और दक्षिणापथ की ओर यज्ञ-हवन की रक्षा हेतु आसुरी शक्ति का विनाश किया। वहीं ऋषि अगस्त्य ने विन्ध्याचल पर्वत को पार करके कोसल प्रदेश (छत्तीसगढ़) में प्रवेश कर दंडकारण्य से होते हुए आर्य-संस्कृति के प्रचार-प्रसार हेतु दक्षिण भारत की यात्रा का मार्ग प्रशस्त किया था। उन दिनों छत्तीसगढ़ क्षेत्र के अन्तर्गत दंडकारण्य का अधिकांश भू-भाग था जो कोसल प्रदेश के रूप में विख्यात था। रामायण काल के कोसल (छत्तीसगढ़) की क्या भूमिका थी इसका विवेचन संक्षेप में इस प्रकार है।

रामायण में 'कोसल' शब्द का उल्लेख बार-बार आता है। कोसल शब्द की उत्पत्ति संस्कृत के 'कुशल' से हुई है जिसका अर्थ है मुदित। मुदित का अर्थ प्रसन्नता से है। कोसल शब्द की उत्पत्ति अयोध्यापति रामचन्द्र की माता कौशल्या से है, तो यह निश्चित ही प्रसन्नता की बात होगी। यह तथ्य संस्कृत शब्द कुशल की व्याख्या को अधिक सारगर्भित करता है।

महाकाव्य वाल्मीकि रामायण में उल्लेख आता है कि कोसल नरेश को अयोध्या में युवराज दशरथ के राज्याभिषेक के अवसर पर आमन्त्रित किया गया था।

"ततो कोसल राजा भानुमंत समुद्रधृतमू" (वाल्मीकि रामायण) राजा भानुतंतम अर्थात् भानुमंत कोसल प्रदेश में अयोध्या नरेश दशरथ के समकालीन थे। सम्भवतः राजकुमारी भानुमति इनकी पुत्री का नाम था, जिनका विवाह राजा दशरथ के साथ होने के पश्चात् रानी कोसल प्रदेश से होने के कारण कौशल्या रखा गया। इससे यह जानकारी मिलती है कि विवाह पश्चात् स्त्री का नाम ससुराल में परिवर्तित होने की परम्परा अति प्राचीन है। महाकवि कालिदास ने अपनी कृति 'रघुवंश' में उल्लेख किया है कि सुमात्रा की राजदुहिता थी सुमित्रा, कोसल की राजदुहिता थी रानी कौशल्या एवं कैकय राज की राजदुहिता था रानी कैकेयी। कोसल के सम्बन्ध में मल्ला (जिला बिलासपुर) उत्खनन से प्राप्त द्वितीय शताब्दी का एक सिक्का ब्राह्मी लिपि में 'मानस कोसलीय' लेखबद्ध प्राप्त हुआ है। इस सिक्के में कोसली शब्द के उत्कीर्ण होने से प्रतीत होता है कि छत्तीसगढ़ का प्राचीन नाम 'कोसल' ही था। छत्तीसगढ़ को रामायण काल में दक्षिण कोसल के नाम से सम्बोधित किया जाता था। कोसल दो भागों में विभक्त था, उत्तर कोसल एवं दक्षिण कोसल। उत्तर कोसल की राजधानी सरयू नदी के तट पर अयोध्या और श्रावस्ती थी। साहित्यिक साक्ष्यों में उत्तर कोसल के अलावा दक्षिण कोसल का उल्लेख मिलता है। जो कोसल दक्षिणापथ के मार्ग में अर्थात् प्राचीन छत्तीसगढ़ में आता था कोसल के इस भू-भाग को दक्षिण कोसल कहा जाने लगा। अवध को उत्तरापथ की ओर होने के कारण उसे उत्तर कोसल कहा जाने लगा। उत्तर कोसल कोसल महाजनपद के नाम से भी सम्बोधित किया जाता था।

मगध राज्य के समीप एक अन्य कोसल का वर्णन मिलता है, मगध अर्थात् वर्तमान बिहार के समीप का राज्य अर्थात् मध्यप्रदेश का दक्षिण पूर्वी भू-भाग छत्तीसगढ़ ही है। जिसका प्राचीन नाम दक्षिण कोसल था। ऐसा माना जाता है कि 300 ई.पू. तक दक्षिण कोसल का पृथक क्षेत्र होने का नामोल्लेख नहीं मिलता, यह जनपद विदर्भ का भाग था। जिसका क्षेत्र वर्तमान के बराबर से बड़ा है। इतिहासकार प्रो. एन.एन.डे. ने अशोक के अभिलेखों में वर्णित कोसल एवं तोसली की पहचान

'कोसल' अथवा दक्षिणकोसल से की है, लेकिन पुराणों में तोसल और कोसल का अलग-अलग उल्लेख मिलता है अतः प्रो. एन.एन. डे का तथ्य मान्य नहीं है। महाकाव्य रामायण में उत्तर कोसल से अलग दो और कोसलों का उल्लेख है। तीसरा कोसल अथवा काशी कोसल सम्भवतः देश के दक्षिण-पूर्वी भाग में स्थित था। अन्य विवरण में काशी कोसल का उल्लेख पूर्वी दिशा के लोगों के रूप में हुआ है। सम्भवतः उत्तर कोसल के राजा दशरथ की पत्नी कौशल्या परम्परानुसार दक्षिण कोसल से सम्बन्धित थी। इस परम्परा की पुष्टि महाकवि कालिदास ने अपने रघुवंश में की है। महाकवि कालिदास की तपोभूमि अर्थात् साधना स्थली के रूप में विख्यात छत्तीसगढ़ (दक्षिण कोसल के अन्तर्गत स्थित रामगिरि पर्वत) के रामगढ़ पर्वत में होने की शील सम्पन्न परम्परा की मधुर स्मृति अंचल के जनमानस को आज भी गौरवान्वित करती है।

छत्तीसगढ़ की जनश्रुतियों में यह प्रबल मान्यता है कि राम-शबरी का मिलन स्थल शिवरीनारायण है, जिसका प्राचीन नाम शबरीनारायण था। कहा जाता है कि ऋषि मतंग के आश्रम में एक विदुषी महिला शबरी रहा करती थी, जो वहाँ प्राचीन विद्यापीठ की प्रमुख थी। कालान्तर में राम वनवास के समय वह वृद्धावस्था में थी। उसने प्रभु राम को स्नेहपूर्वक अपने झूठे बेर चखकर इसलिए खिलाये थे कि कहीं बेर खट्टे न हों। इस प्रकार शबरी एक भिलनी थी, जिनसे प्रभु राम ने बेर ग्रहण किये थे। छत्तीसगढ़ में भील जातियों में एक शर्बर जाति पायी जाती है जो शबरी को अपना वंशज मानते हैं।

छत्तीसगढ़ के सरगुजा क्षेत्र की रामायण काल में महत्त्वपूर्ण भूमिका रही है। महाकवि कालिदास की अमरकृति 'मेघदूत' की रचना स्थली सरगुजा स्थित रामगढ़ पर्वत को माना जाता है। रामगिरि पर्वत में रचित महाकवि कालिदास के इस ग्रन्थ में विरही यक्ष ने अलका नगरी में निवास करने वाली अपनी प्रेयसी को मेघ द्वारा सन्देश भेजा है, अर्थात् कालिदास का सन्देश रामायण में विरही राम द्वारा लंका स्थित सीता को हनुमान के माध्यम से प्रेषित सन्देश का स्मरण दिलाता है। महाकवि कालिदास शैव सम्प्रदाय के पोषक थे किन्तु उन्होंने अपने सबसे बड़े चरितग्रन्थ का प्रणयन भारतीय संस्कृति के प्रमुख संरक्षक उन्नायक 'रघु' के वंश को लेकर रघुवंश की रचना की थी। सरगुजा क्षेत्र रामायण काल में एक महत्त्वपूर्ण केन्द्र बिन्दु था। उन दिनों सरगुजा क्षेत्र को सघन अरण्य क्षेत्र के रूप में प्रसिद्धि प्राप्त होने के कारण दंडकारण्य का एक हिस्सा माना जाता है। प्राचीन साहित्यों में इसे 'झारखंड' भी कहा जाता है। सरगुजा जिले में अम्बिकापुर से 45 कि.मी. दूर उदयपुर ग्राम के निकट 'रामगिरि पर्वत' (रामगढ़) सरगुजा के ऐतिहासिक एवं धार्मिक महत्त्व के लिए प्रसिद्ध है। इस सम्बन्ध में जनश्रुति है कि रामचन्द्र जी ने वनवास के समय दक्षिण दिशा की ओर दंडकारण्य जाते समय कुछ समय इसी अरण्य क्षेत्र में व्यतीत किया था। रामगिरि पर्वत में कुछ समय के लिए उनके निवास करने की जनश्रुति भी प्रचलित है। किन्तु इसका कोई ऐतिहासिक प्रमाण नहीं है। रामगढ़ पर्वत की दक्षिण दिशा में 300 फुट की ऊँचाई से गिरता हुए एक जलप्रपात है। इस जलप्रपात के नीचे एक जलकुंड निर्मित है। इसके सम्बन्ध में जनश्रुति है कि सीताजी ने वनवास के दिनों में प्रयागराज से आने के बाद इसी स्थान पर स्नान किया था इस कारण इस कुंड का नाम सीताकुंड पड़ गया। कुछ विद्वानों ने इसकी पुष्टि की है कि इस कुंड से प्रवाहित होने वाली सरिता ही प्राचीन मंदाकिनी नदी है। जिसकी पुष्टि कालिदास की अमरकृति 'मेघदूत' के प्रथम श्लोक से होती है।

सरगुजा जिले के अन्तर्गत पाल तहसील है, जहाँ पिपदी नामक ग्राम है, जिससे 3 कि.मी. की दूरी पर रेण नदी पर 'रक्सगंडा' जलप्रपात गिरता है। इस रक्सगंडा के लिए राक्षसों का ढेर शब्द पर्याप्त है। इस सम्बन्ध में जनश्रुति है कि रामायणकाल में राक्षसों का आतंक इतना अधिक बढ़ गया था

कि आसपास के क्षेत्रों में भी ऋषिगण यज्ञ हवन कार्य करने से भयभीत रहते थे। कहा जाता है कि रामचन्द्र जी ने वनवास के दौरान इस स्थान पर विचरण करते समय ऋषि-मुनियों के अनुरोध पर कुछ समय व्यतीत कर उनकी रक्षा हेतु राक्षसों का भारी संख्या में वध किया था एवं उनकी हड्डियों का ढेर लगा दिया था, अतः राक्षसों के ढेर को ही रक्सगंडा कहा जाता है। इस रक्सगंडा जलप्रताप के नीचे पूर्व दिशा में आयताकार पत्थरों के आसन बने हुए हैं। जिसमें उन दिनों राम-सीता दोनों विराजमान हुए थे इसी कारण इसे 'रामआसन' कहा जाता है। यद्यपि इसका कोई पुरातात्विक प्रमाण नहीं मिलता है। इसी जलप्रपात के समीप 'सीता पोखरी' है जिसे सीता जी के नाम पर सीता पोखरी कहते हैं। सरगुजा जिले के सुरजपुर तहसील में भैयाथान से 30 कि.मी. दूरी पर वैदमी नामक पहाड़ी है। प्राकृतिक सुषमा से सम्पन्न इस पर्वत पर रामचन्द्र जी का वनवास के समय आगमन होने की जनश्रुति है। वे ऋषि-मुनियों का कुशल क्षेम जानने यहाँ आये थे। इसी प्रकार सरगुजा क्षेत्र में पिलखा पहाड़ नामक स्थान है। इसी पहाड़ी पर अनेक गुफायें एवं जलकुंड बने हैं, इस क्षेत्र के सम्बन्ध में किंवदन्ती है कि रामचन्द्र जी ने स्वर्णमृग 'मरीच' का वध यहीं किया था। मरीच का धड़ रायगढ़ जिले के तपकरा नामक स्थान में जाकर गिरा था। सिर बेलगाँव (सीतापुर तहसील) में गिरा था। इसलिए माना जाता है कि तपकरा नामक स्थान में आज भी 'स्वर्ण-कण' पाये जाते हैं। सरगुजा के सांस्कृतिक इतिहास रामायणकालीन तेजस्वी पुरुष परशुराम से भी सम्बन्धित हैं। ऋषि जमदग्नि की शादी इक्ष्वाकु वंश के राजा रेणु की पुत्री रेणुका के साथ हुई थी। इनसे जो पुत्र हुआ उनका नाम परशुराम था। परशुराम की माता रेणुका की तपश्चर्या की साक्षी यही पुण्य स्थली है। माता रेणुका के नाम पर प्राचीन सरिता का नामकरण आज हिरन्द, रेण, रेड़, रेणु के नाम से विख्यात है।

इस प्रकार छत्तीसगढ़ क्षेत्र में सरगुजा जिले के अन्तर्गत ग्राम व नगरी का नामकरण कुछ इस प्रकार है जैसे श्रीराम के नाम पर रामगढ़, रामपुर, रामनगर, रामगाँव, रामानुजगंज, लक्ष्मणजी के नाम पर लक्ष्मणपुर, लखनपुर, लखनटोला, सीताजी के नाम पर सीतापुर, सीताबैंगरा, सीतानदी, सीतारामपुर, भरतजी के नाम पर भरतपुर, एवं अन्य पात्रों के नाम पर हनुमानगढ़, जनकपुर, जामवन्तपुर, लवकुशनगर, परशुरामपुर आदि हैं। बस्तरक्षेत्र में चित्रकूट, चक्रकोट, कोन्टा के आगे भद्राचलम में पर्णकुटीर (पंचवटी) तथा खरदुशन से खरौद, राम-शबरी से शिवरीनारायण आदि नामकरण आधुनिक ग्रामों एवं नगरों का मिलता है किन्तु इस नामकरण से रामायण की ऐतिहासिकता का कोई ठोस प्रमाण नहीं मिलता। जन मानस ने अपनी आस्था को जोड़कर अपनी कोमल भावनाओं को उनके आदर्शों में ढालने के प्रयास में तथा तत्कालीन नरेशों, राजाओं ने अपनी धार्मिक सहिष्णुता का परिचय देते हुए यहाँ के स्थलों को रामकथा का स्वरूप देने एवं इस युग के घटनाक्रम को मूर्तरूप देने के लिए स्थलों का नामकरण व धार्मिक स्मृति बनाने के लिए इन स्थानों के नाम वहाँ पर घटित घटना के अनुसार रखे और कालान्तर में किंवदन्ती तथा लोकोक्तियों में स्थान पाकर छत्तीसगढ़ को राममयी महिमा स्थली कहलाने का गौरव प्रदान किया।

वनवास के दस वर्ष छत्तीसगढ़ में बिताये प्रभु राम ने

डॉ. सूर्यकान्त मिश्र

सरगुजा और दंडकारण्य की भूमि को श्री चरणों का प्रसाद मिला हुआ है। मर्यादा पुरुषोत्तम भगवान श्रीराम के वनगमन के समय उनके पावन चरण देश के किन-किन स्थानों को पवित्र स्थल के रूप में पहचान दिला चुके हैं, यह हजारों वर्षों बाद आज भी खोज और अनुसन्धान का विषय है। इतिहास वेत्ताओं और पुरातत्वविदों का दल अब तक इस बात के प्रमाण जुटाने में लगा हुआ है कि सम्पूर्ण भारतवर्ष के साथ छत्तीसगढ़ प्रदेश (पूर्व में मध्यप्रदेश) के किन शहरों में प्रभु राम का आगमन हुआ। इतना अवश्य है कि महज 12 वर्ष का बालकनुमा छत्तीसगढ़ प्रदेश भगवान श्रीराम के चरणों का आशीर्वाद हजारों वर्ष पूर्व ही ले चुका है। रामायण कालीन प्रसंगों और घटनाक्रमों के आधार पर अब तक शोध कार्य लगातार चल रहे हैं।

लगभग 9 लाख 85 हजार वर्ष के रामायण काल के प्रमाणों के साथ प्रभु राम के चरणों का श्री प्रसाद लेने वाले ग्रामों और शहरों का पता लगाना दुर्लभ और कठिनाई के साथ असम्भव कार्य से कम नहीं है। आशा की एक किरण हमें ब्रह्मांड की खोज कर रही महा मशीन और वैज्ञानिकों तथा पुरातत्वविदों की टीम के द्वारा कुछ ही दिनों पूर्व मिली है, जिसमें ऐसे कण को वैज्ञानिकों द्वारा खोज निकाला गया है, जो भगवान होने का प्रमाण दे रहे हैं। बहुत जल्द हमें ऐसे भी प्रमाण मिल सकते हैं, जो हमारी ईश्वरीय रचना के साथ इस मृत्यु लोक में ईश्वर के पदार्पण और उनके आराम स्थलों का प्रमाण अकाट्य रूप में प्रदान कर सकते हैं।

वाल्मीकि रामायण का अध्ययन हमें ऐसी अनेक जानकारियाँ प्रदान करता है, जो प्रभु राम ने 14 वर्ष के वनवास के दौरान पत्नी सीता एवं भाई लक्ष्मण के साथ अयोध्या से समुद्री मार्ग एवं वनों से गुजर कर अनेक ग्रामों और शहरों को अपनी शरण स्थली बनायी है। विशेष रूप से छत्तीसगढ़ का वनाच्छादित अंचल बस्तर क्षेत्र का उल्लेख अनेक पुरातत्व वेत्ताओं ने अपने शोध में किया है। एक अध्ययन में यह बात भी खुलकर सामने आयी है, कि लक्ष्मण और सीता जी के साथ मध्यप्रदेश और छत्तीसगढ़ के दूर तक फैले हुए क्षेत्र में जंगलों के भीतर प्रभु राम ने छोटी नदियों से यात्रा करते हुए अपने श्री चरणों को वहाँ तक पहुँचाया है। उनके द्वारा दंडकारण्य के जंगलों में रहने के प्रमाण लम्बे समय से दिये जा रहे हैं। इस दौरान मर्यादा पुरुषोत्तम ने शरभंग और सुतीक्ष्ण ऋषि आश्रमों को शरणस्थल बनाते हुए दस वर्षों तक भ्रमण किया और फिर सुतीक्ष्ण मुनि के आश्रम लौटकर पन्ना, रायपुर, बस्तर, और जगदलपुर के माण्डव्य आश्रम, शृंगी ऋषि आश्रम में रहते हुए वहाँ भगवान श्रीराम लक्ष्मण मन्दिर निर्माण की ऐतिहासिक धरोहरों को भी इतिहास वेत्ताओं की खोज के रूप में संरक्षित कराया है। यदि हम प्रभु श्रीराम के वन गमन के 14 वर्षों के उपलब्ध इतिहास को देखें तो उन्होंने मध्यप्रदेश और छत्तीसगढ़ के साथ ही सम्पूर्ण भारतवर्ष के लगभग 200 स्थानों को अपने

चरणों से पवित्र किया है।

छत्तीसगढ़ प्रदेश से भगवान श्रीराम का सम्बन्ध यहाँ तक बताया जा रहा है कि उन्हें मिले 14 वर्ष के वनवास में तय किया गया वन भी दंडक वन ही था। वे 14 वर्ष का वनवास काटने दंडकारण्य पहुँचे थे। जो छत्तीसगढ़ प्रदेश का एक मनोरम स्थल है। अपनी यात्रा के दौरान भगवान राम उत्तर प्रदेश के चित्रकूट होते हुए सरगुजा के जंगलों में पहुँचे थे। उन्होंने अपने वनवास के दौरान प्रथम वर्षाकाल का चौमासा भी सरगुजा में ही किया था। उस समय सरगुजा के जंगलों में आसुरी शक्तियों का वर्चस्व था। जिनसे वनीय लोगों को मुक्त कराने मर्यादा पुरुषोत्तम श्रीराम ने अनेक ऋषि आश्रमों में अपना समय बिताया। कहा तो यहाँ तक जाता है कि अपने चौदह वर्ष के वनकाल में भगवान राम ने दस वर्ष दंडकारण्य में ही बिताये हैं, किन्तु इस बात की प्रामाणिकता में सभी ग्रन्थ लगभग मौन हैं।

भगवान श्रीराम के छत्तीसगढ़ आगमन की प्रामाणिकता के सम्बन्ध में हमें उनकी ऋषि-मुनियों से सान्निध्यता का अध्ययन करना भी समीचीन जान पड़ता है। रामायण काल में रामकथा में आये उल्लेख के अनुसार हमें हमारे सांस्कृतिक और धार्मिक देश में अनेक ऋषि-मुनियों का सन्दर्भ प्राप्त होता है, जिनमें विशेष रूप से महर्षि वशिष्ठ, महर्षि वाल्मीकि, भारद्वाज, अगस्त्य, जमदग्नि, गौतम, सुतीक्ष्ण, याज्ञवल्क्य, विश्वामित्र, शृंगी ऋषि आदि की तपस्या का वर्णन प्राप्त होता है। इन ऋषियों ने ही भारत वर्ष को सांस्कृतिक बोध के आधार पर गौरवान्वित किया है। साथ ही विभिन्न भाषाओं में लिखी गयी रामायणों में ऋषि-मुनियों का उल्लेख मिलता है। इन ऋषियों में अधिकांश का सम्बन्ध उनकी तपोभूमि के कारण छत्तीसगढ़ से रहा है। सवाल यह उठता है कि इन ऋषियों अथवा ऋषि आश्रमों से भगवान श्रीराम का छत्तीसगढ़ आगमन कैसे प्रमाणित होता है? सभी रामायणों में इस बात का संकेत ही नहीं प्रमाण भी है कि भगवान श्रीराम ने इन ऋषियों का आशीष पाया है। वर्तमान में हम मनुष्यों के घरों में प्रभु राम के चरित्र को चरितार्थ करने वाली रामायण किसी न किसी रूप में अवश्य पाते हैं, फिर वह चाहे तमिल की कम्ब रामायण हो, तेलगू की रंगनाथ रामायण, मलयालम की अध्यात्म रामायण, कश्मीर की दिवाकर भट्ट रचित रामायण, बंगला की कृतवास रामायण, उड़ीसा की विचित्र रामायण, मराठी की भावार्थ रामायण, गुजराती की रामायण सार, असमिया की माधव कन्दली रामायण और हिन्दी की रामचरितमानस ही क्यों न हो सभी में श्रीराम और ऋषि-मुनियों की निकटता और अध्ययन-अध्यापन की स्पष्ट जानकारी मिलती है। रामायणों में उल्लेखित ऋषि आश्रमों का प्रमुख केन्द्र भी छत्तीसगढ़ की पावनधरा ही रही है। विशेष रूप से सरगुजा क्षेत्र तपोभूमि का आकर्षण रहा है।

प्रभु श्रीराम का छत्तीसगढ़ में सर्वप्रथम प्रवेश सम्भवतः सीतामढ़ी के समीप नदी तट से हुआ माना जाता है। इतिहास बताता है कि प्रभु श्रीराम के चरणारवृन्द यहाँ पड़े थे। प्रमाण स्वरूप वह शिलाखंड देखा जा सकता है। इस क्षेत्र के निवासी इस पदचिह्न को मर्यादा पुरुषोत्तम के चरण स्वीकार कर उनकी पूजा-अर्चना करते आ रहे हैं। कोरिया जिले के अन्तर्गत आने वाले भरतपुर तहसील के जनकपुर में सीतामढ़ी हरचौका नाम से पुरातत्व धरोहर के रूप में प्राकृतिक गुफा का दर्शन भी किया जा सकता है। मवाई नदी के तट पर स्थित यह स्थान अत्यन्त मनोरम और आँखों को शीतलता देने वाला भी है। हालाँकि दंडकारण्य क्षेत्र में भगवान श्रीराम के आगमन से लेकर आज भी शोध की आवश्यकता महसूस की जा रही है। पूर्व में इस छत्तीसगढ़ को दक्षिण कोसल के नाम से भी जाना जाता था। इसे भी प्रभु राम के इसी मार्ग से होकर दक्षिण प्रदेश गमन से जोड़कर देखा जाता रहा

है। इस बात की सच्चाई से रू-ब-रू होने के लिए पूर्व में भी सरगुजा क्षेत्र का भौगोलिक सर्वेक्षण किया जा चुका है।

भगवान श्रीराम के छत्तीसगढ़ पदार्पण को ऋषि-मुनियों के आश्रम और सरिताओं से जोड़कर भी देखा गया है। सरगुजा में अम्बिकापुर से लेकर आसपास के अनेक क्षेत्रों को भगवान राम के चरणों का प्रसाद उनके चरण कमल के कारण माना जाता है। विशेष रूप से जनकपुर, भरतपुर, सीतामढ़ी, घरघरा, कोटाडोल, छतौड़ा आश्रम, सोनहर (रामगढ़), महर्षि वामदेव आश्रम (अमृतधारा), मुनि निधान आश्रम (जटाशंकर गुफा), ओड़गी-बिलासपुर के पास सीतालेखनी, देवगढ़, पटना (बैकुण्ठपुर), ऋषि जमदग्नि आश्रम (देवगढ़), सूरजपुर, विश्रामपुर (विश्रवा ऋषि का आश्रम), सीताकुंड (सरसोर), रक्सगंडा, सीताबेंगरा-जोगीमारा गुफा (उदयपुर-रामगढ़), रामगिरि पर्वत (रामगढ़), चन्दन मिट्टी, हाथीपोल गुफा (क्षबिल), लक्ष्मणगढ़, महेशपुर, बन्दरकोट, मैनपाट (दंतोली आश्रम), मछलीपाट (शरभंग ऋषि का आश्रम), मंगरेलगढ़, महारानीपुर, पंपासूर, किलकिला, रामझरना, धरमजयगढ़, चन्द्रपुर आदि स्थानों का नामकरण भी रामचन्द्र जी के वनवास काल में छत्तीसगढ़ सहित मध्यप्रदेश में प्रवेश और विश्राम को लेकर ही हुआ है।

सिहावा में सप्त ऋषियों से भगवान की मन्त्रणा के प्रमाण

रामायण काल में एक छत्तीसगढ़ प्रदेश ही ऐसा स्थान बताया गया है, जहाँ भगवान श्रीराम ने अपने वनवास के सर्वाधिक दस वर्ष ही नहीं बिताये वरन ऋषि-मुनियों से मन्त्रणा करते हुए रावण वध की योजना भी बनायी। छत्तीसगढ़ के सरगुजा से लेकर दंडकारण्य तक ऋषि-मुनियों के आश्रम स्थित थे। सिहावा के विशाल फैले हुए क्षेत्र में ऋषियों का जन्म स्थान था, ऐसा माना जाता है। भारतवर्ष के प्रमुख ऋषि-मुनि रावण वध के लिए इन्हीं क्षेत्रों में अपनी कार्ययोजना को सम्पादित करते थे। मुनियों की सभा में ऋषि वशिष्ठ, विश्वामित्र, वाल्मीकि, नारद, भारद्वाज, लोमस ऋषि, शृंगी ऋषि, कंक ऋषि, भृगु ऋषि, जमदग्नि, अगस्त्य, अंगिरा, सुतीक्ष्ण आदि शामिल रहा करते थे। वनवास काल में भगवान श्रीराम सिहावा आये और वहाँ उन्होंने सप्त ऋषियों से राक्षसों के विनाश विषयक मन्त्रणा में हिस्सा लिया।

छत्तीसगढ़ के लोक साहित्य में राम

धनराज साहू

छत्तीसगढ़ी प्रहेलिकाओं में त्रेतायुगीन चरित्रों का भी संकेत मिलता है। राम यहाँ के जनजीवन में रमे हुए दिखते हैं। यह तथ्य आर्य संस्कृति का परिचायक है। विद्वानों का कहना है कि रामचन्द्र जी ने इस भू-भाग में अपने वनवास का काफी समय व्यतीत किया था। छत्तीसगढ़ी की प्रहेलिकाओं में राम और सीता का स्थायीकरण हुआ है। वे अलौकिक होकर भी लोक साहित्य में लौकिक धरातल पर गृहीत हुए हैं। भगवान रामचन्द्र का पुरुषोत्तम के रूप में उल्लेख नहीं मिलता वे एक कृषक के रूप में यहाँ उपस्थित हुए हैं। एक पहेली में उनको हल चलाते हुए दिखाया गया है। जगतमाता सीता भी छत्तीसगढ़ की कृषक पत्नी के समान खेत पर रामचन्द्र को 'बासी' (गीला चावल) पहुँचाती हैं। इसके माध्यम से पहेलीकार ने अलौकिक देवी-देवताओं का जो साधारणीकरण किया है, वह द्रष्टव्य है।

राम गिस नाँगर फाँदे,
सीता ला दिस बासी।
बिन बीज के साग लान दे,
हमू खाबो बासी ॥

अयोध्या नरेश दशरथ के पुत्र श्रीराम और वधू सीता पति-पत्नी हैं। लक्ष्मण राम के छोटे भाई हैं। लोक साहित्य में इन दोनों भाइयों की जोड़ी बड़ी फबती है। दशरथ और सुमन्त्र का उल्लेख राम वनवास के सन्दर्भ में हुआ है।

राज पूछही त बताहों का,
एक अन्धेर कबले चलिही।
जब ले चलिही तब ले चलिही,
नइ चलिही त अपन घर चलदिही ॥

सुमन्त्र दशरथ के मन्त्री हैं। सुमन्त्र को रामचन्द्र को वन पहुँचा देने की आज्ञा मिलती है। लोक साहित्य ने रामचन्द्र जी के वनवास के कष्टों को आज भी अपनी स्मृति में सँजोये रखा है। इसीलिए उसमें कैकेयी और राजा दशरथ को लांछित किया गया है।

छत्तीसगढ़ी की एक प्रहेलिका में सीता के वन-प्रवास का उल्लेख हुआ है। सीता पुनः वनवासिनी हो जाती हैं। वन में उन्हें वाल्मीकि का आश्रय प्राप्त होता है। छत्तीसगढ़ी की एक प्रहेलिका में सीता और वाल्मीकि से सम्बन्धित एक घटना का उल्लेख किया गया है। एक दिन सीता लव को वाल्मीकि की देख-रेख में पालने पर सुलाकर स्नान के लिए नदी पर चली जाती हैं नदी पर सीता एक बन्दरिया

को देखती है जो अपने बच्चे को छाती से चिपकाकर वृक्ष की ऊँची-ऊँची डालों पर कूद रही थी। सीता उससे कहती है, "बन्दरिया, तुम अपने नन्हें बच्चे को लेकर इतनी ऊँचाई से क्यों कूद रही हो। तुम अपने बच्चे को घर पर ही क्यों नहीं छोड़कर आती?" बन्दरिया कहती है, "यदि मैं इसे घर में छोड़कर आऊँ और उधर हिंसक पशु उठा ले गये तब?" तब सीता का ध्यान तत्काल अपने शिशु की ओर जाता है और वह सोचती है कि कहीं वाल्मीकि सो तो नहीं गये, या कहीं चले तो नहीं गये? उनके शिशु को कोई उठा तो नहीं ले गया?

सीता तत्काल आश्रम लौटती हैं और अपने शिशु को लेकर पुनः स्नान के लिए नदी पर लौट आती हैं। उधर वाल्मीकि जब अर्धनिद्रा से उठते हैं, तब पालने में लव नहीं मिलता। उन्हें चिन्ता होती है कि जब सीता लौटकर आयेगी और जब वह अपने बच्चे को पालने पर नहीं पायेगी तब उसे मर्मांतक पीड़ा होगी। वाल्मीकि सीता के कष्ट की कल्पना मात्र से द्रवित हो उठते हैं। वे अपने शरीर के कल्मष से एक बालक की मूर्ति बनाते हैं और अपनी मन्त्र-साधना से कुश को जल सिंचन कर उसे सप्राण कर देते हैं। इस बालक को पालने पर सुलाकर? वाल्मीकि आश्वस्त होते हैं।

सीता अपने शिशु लव के साथ जब स्नान करके लौटती हैं, तब वहाँ कुश को पालने में देखती हैं। वे आश्चर्यचकित हो उठती हैं कि यह दूसरा बालक कौन है। तब वाल्मीकि उसे सारी कथा सुनाते हैं और उसके उपरान्त सीता कुश को भी अपना पुत्र मान लेती हैं। इस तरह प्रहेलिका के द्वारा कुश के जन्म का वृत्तान्त सत्यापित होता है।

निरसंखी को संसो भयो
बिना बाप के पूत
उहू पूत कब?
माता नी रिहीस तब!

छत्तीसगढ़ी की प्रहेलिकाओं में लंका नरेश रावण और उसकी रानी मन्दोदरी का भी उल्लेख हुआ है।

खटिया गाँधे तान-बितान,
दू सुतइया बाइस कान।

रावण असुरों का राजा था लंकाद्वीप उसकी राजधानी थी। लोकश्रुति और रामचरितमानस में रावण को सीताजी का हर्ता व्यक्ति बतलाया गया है। पहेलियों में रावण के दस सिरों और बीस कानों का साक्ष्य मिलता है। इनमें राम-रावण युद्ध के भी संकेत मिलते हैं।

जनमति टुरा के लागे है टोपी,
राम मारिन रावण ला उही में।
किरिस्न मोहिन गोपी ला उही में,
भात खायेन आज हमन उही में॥

उस पौराणिक युद्ध में रावण राम के हाथों से मारा जाता है और इस तरह रावणत्व पर रामत्व की तथा असत्य पर सत्य की विजय होती है।

छत्तीसगढ़ की एक प्रहेलिका में पवनदेवता, अंजनी और हनुमान का उल्लेख मिलता है। उसमें हनुमान को पवन और अंजनी का पुत्र बतलाया गया है। किंवदंती है कि अंजनी और पवन के

अप्रत्यक्ष संसर्ग से हनुमान का जन्म हुआ था। पुराणों में पवन, अंजनी और हनुमान को अविवाहित माना गया है। पवनपुत्र हनुमान ही महावीर हैं। गाँवों में हनुमान के मन्दिर पर्याप्त संख्या में निर्मित हैं। बल प्राप्ति के इच्छुक व्यक्ति तो हनुमान के परम भक्त होते हैं। इनकी पूजा प्रत्येक परिवार में होती है। हनुमान को राम का भक्त बतलाया जाता है। इसीलिए लोगों की आस्था हनुमान पर विशेष रूप से है।

बाप कुँआरा बेटा कुँआरा,
अउ कुँआरी महतारी।
कोरा मँ लइका होवय,
बताओ न वेदाचारी ॥

छत्तीसगढ़ के जनजीवन में रामचरितमानस का महत्त्वपूर्ण स्थान है। यहाँ की जनता उसे धर्मग्रन्थ के रूप में मानती है। यहाँ लोग एक मंच पर बैठकर रामायण का गान करते हैं। रामायण पाठ और गायन को भक्ति का कार्य माना जाता है। लोकमान्यता है कि जहाँ रामायण होती है, वहाँ से दुख और दारिद्र्य दूर हो जाते हैं और नित्य उसका श्रवण करने से लोगों को मोक्ष की प्राप्ति होती है। छत्तीसगढ़ी की एक प्रहेलिका में रामचरितमानस का उल्लेख एक पेड़ के रूप में हुआ है और उसकी शाखाओं में लगने वाले फलों के स्वाद को मानस के रसास्वादन से होने वाली आत्मशान्ति का पर्याय बताया गया है।

एक पिंहड़न मोल, सबमें अलग-अलग डारा।
सबमा फर लगिस त सबमा अलग-अलग सुवाद ॥

:: नहडोरी ::

सीता जो माँगे अजोधिया के राज
सरजू नहाय के बड़ा आस
यहो राम सरजू...
सरजू नदी के तीर अवध नगरिया
जहाँ बसे राम लखन दोनों भइया
यहो राम जहा बसे...
दशरथ जइसे ससुर मिलही
रानी कौसिल्या जस सास
यहो राम रानी...
सुमंत जइसे मन्त्री मिलही
सेवक मिले हनुमान
यहो राम सेवक...
लक्ष्मण जइसे देवरा मिलही
पति मिले सीरी भगवान
यहो राम पति मिले...
सीता जो माँगे अयोध्या के राज

सरजू नहाय के बड़ आस।

सीताजी मन ही मन कामना करती हैं कि वह अयोध्या की बहू बनें। उनकी सरयू नदी में स्नान करने की बड़ी इच्छा है। सरयू नदी के किनारे अयोध्या नगरी स्थित है। जहाँ पर श्रीरामचन्द्र जी और लक्ष्मण रहते हैं। अयोध्या में राजा दशरथ जैसे ससुर मिलेंगे और रानी कौशल्या सास बनेंगी। सुमन्त जैसे मन्त्री और भक्त हनुमान जैसे सेवक मिलेंगे। लक्ष्मण जैसे देवर मिलेंगे और स्वयं भगवान श्रीरामचन्द्र जी पति के रूप में मिलेंगे।

गाँव के तीरे-तीरे
नानमुन डबरी नानमुन डबरी
सीता करई असनांदे रे भाई
सीता करइ असनांदे,
जय हो सीता...
डबरी अटइगे,
सीता झपइगे, सीता झपइगे
के कइसे करों असनांद रे भाई
कइसे करौ असनांदे
जय हो कइसे करौं...

गाँव के नजदीक छोटा तालाब पोखर है। उस पोखर में सीता जी स्नान करती हैं। पोखर सूख गया, सीताजी उसमें कूद गयीं। अब उसमें कैसे स्नान करें?

कोने कोड़ावे ताले सगुरिया
ताले सगुरिया
कोने बन्धाये ओखर पारे सजन मोर
कोने बन्धाये पारे...
रामे कोड़ाइथे ताले सगुरिया
ताले सगुरिया
लखन बन्धावे ओखर पारे सजन मोर
लखन बन्धावे ओखर पारे...
कोने लगइथे लख अमरइया
लख अमरइया
कोने हवय रखवारे सजन मोरे
कोने हवय रखवारे...
रामे लगइथे लख अमरइया
लख अमरइया
लखन हवय रखवारे सजन मोरे
लखन हवय रखवारे...

किसने तालाब खुदवाया और किसने उस तालाब के तट बँधवाये? श्रीराम जी ने तालाब खुदवाये और श्री लखनलाल जी ने तालाब के तट बँधवाये। उस तालाब के तट पर किसने आम के लाख वृक्ष लगवाए और कौन उसकी रखवाली कर रहे हैं? श्रीराम जी ने आम के लाख वृक्ष लगाये और उसकी रखवाली श्री लखनलाल जी कर रहे हैं।

दे तो ओ दाई खूराधरी लोटा
के नंगा नहाय ल जाबो दाई ओ
गंगा नहाय ल जाबो
जय हो गंगा नहाये ल जाबो।
गंगा-जमुना गये तिरबेनी
अऊ सरजू में करेंव असनांदे दाई ओ
सरजू म करेवं असनांदे
जय हो सरजू में...
घुरूवा ऊपर के
करूहा तुमा करूहा तुमा
सकल तीरथ आये दाई ओ
सकल तीरथ...
गंगा जमुना
गिये तिरबेनी
गिये तिरबेनी
जभो करूहा पन न जाये दाई ओ
करूहा पन नयी जाये
जय हो जभो...

माँ मुझे खुरा वाला खुराही लोटा दो। मैं गंगा नहाने के लिए जाऊँगी। गंगा जाऊँगी जमुना और त्रिवेणी संगम भी जाऊँगी। सरयू नदी में स्नान करूँगी। घुरे की कड़वी लौकी सारे तीर्थों को घूम आयी। गंगा, यमुना, त्रिवेणी गयी लेकिन उसका कड़वापन नहीं गया।

इसके अलावा भी यहाँ के लोकसाहित्य में—

"आवत घानी सीताराम, जावत घानी सीताराम,
आवत जावत बोल रे भईया मीठा बानी सीताराम।"

या

"तोर भजन बिना राम, मोर बितगे जिनगानी,
जाये के बेरा होगे राम, कइसे कर डरेंव नादानी।"

जैसी सैकड़ों रचनाएँ हैं। जो यहाँ के लोकजीवन में राम को बारम्बार प्रणाम करती हुई दृष्टिगोचर होती हैं। कुछ छत्तीसगढ़ी विद्वानों ने रामायण के अलग-अलग प्रसंग को छत्तीसगढ़ी में लिखा। मेरी जानकारी में एक नाम है बागबाहरा के समीप ग्राम—खोपली के स्व. श्री मेहत्तर राम साहू जी का

जिन्होंने कैकेयी प्रसंग को छत्तीसगढ़ी में लिखा। जिसके अन्तर्गत 'रतना बपरी' शीर्षक से वे लिखते हैं–

रामायण रच तैं सब पाये,
तोर रतना लहुट के नयी आये।
हे स्वामी रटत रटत मरगे,
तैंय जान के रतना हर तरगे ॥

पंडित शुकलाल प्रसाद पाण्डेय ने छत्तीसगढ़ को गौरवशाली बताया, माता कौशल्या के कारण उन्होंने छत्तीसगढ़ी भाषा में लिखा कि–

"राम के महतारी कौसिल्या इहें के राजा के बिटिया
हमर भाग कइसन बढ़िया
इहें हमर भगवान रामे के कभू रहिस ममिओर।"

कुछ विद्वानों ने तो श्रीरामचरितमानस को छत्तीसगढ़ी में लिखने का प्रयास भी किया।

राममय छत्तीसगढ़ में सिद्धियों की नवरात्रि

परदेशीराम वर्मा

जवारा पाख

छत्तीसगढ़ में देवी की आराधना जवारा पाख में गाँववासी करते हैं। क्वाँर नवरात्रि में जिस दिन जवारा सिराया जाता है उसी दिन रावण वध होता है। श्रीराम ने शक्ति पूजा के बाद जो बल प्राप्त किया उसी से रावण का वध हुआ। इसलिए छत्तीसगढ़ भी बल प्राप्त करने के लिए उनकी परम्परा में ही शक्ति की आराधना करता है और रावण मरता है। छत्तीसगढ़ श्रीराम का ननिहाल और श्रीराम की माता कौशल्या का मायका है। इसलिए यहाँ श्रीराम जन-मन में प्रतिष्ठित हैं। रिश्ते-नाते से बँधे हैं। लौकिक और पारलौकिक सम्बन्धों की डोर से श्रीराम को छत्तीसगढ़ ने अपने ही अन्दाज में बाँधा है।

छत्तीसगढ़ की बेटी माता कौशल्या और भांजे श्रीराम

छत्तीसगढ़ माता कौशल्या का 'मायका' है। यहाँ तुरतुरिया में महाकवि वाल्मीकि का आश्रम भी है। श्रीराम ने जब सीताजी को निर्वासन दिया तब उन्हें इसी आश्रम में शरण मिली। छत्तीसगढ़ की बेटी माता कौशल्या के पुत्र को वनवास हुआ, पुत्र वधू को भी। दोनों को वंदित है। वनवास का बारह वर्ष श्रीराम ने यहीं काटा। परित्यक्ता सीता के अन्तिम वर्ष यहीं बीते। छत्तीसगढ़ उन्हें अंगीकार करता है, जिन्हें राजधानियाँ अस्वीकार करती हैं। राज्य सत्ताहीन जन को छत्तीसगढ़ छत्र देता है। मान-सम्मान और स्वाभिमान का छत्र। छत्तीसगढ़ के सन्यस्त लोगों के बीच पल-बढ़कर बड़े हुए लव-कुश के आगे राजधानी के सैनिक, सेनापति और राजकुँवर भी हार गये थे। छत्तीसगढ़ वनवासियों का अंचल है इसलिए राजमहल से भी जब कोई सब कुछ त्याग कर निकलता है, तब छत्तीसगढ़ उसे अपने लिए अधिक उपयुक्त लगता है। निराला के श्रीराम की व्यथा अंचल के वनवासियों की भी रही है। दुख ही जीवन की कथा रही, क्या कहूँ आज जो नहीं कही। छत्तीसगढ़ शक्ति का आराधक है। यहाँ मातृशक्ति की वन्दना होती है। इसीलिए माता-पिता को भी अन्तिम समय में यहीं स्नेह, सम्मान और संरक्षण मिला।

छत्तीसगढ़ भाव की धरती है। यहाँ राजा मोरध्वज अपनी भक्ति से वीर अर्जुन को परास्त कर देते हैं। श्रीकृष्ण अपने सखा के अहंकार का इलाज यहीं करते हैं। छत्तीसगढ़ राममय है। यहाँ रामरमिहा का एक अलग ही सम्प्रदाय है। वे शरीर भर में राम-राम गोदवा लेते हैं। उठते-बैठते, चलते-फिरते, मरते-जीते वे राम-राम रटते चलते हैं। कहाँ जाथस राम? कहाँ ले आवथस राम? भोजन होगे राम? ये वाक्य होते हैं।

लीला चौरा

छत्तीसगढ़ के गाँव में श्रीराम की लीला का चँवरा होता है। इसे लीला चौरा कहते हैं। गाँव के बाहर पक्का रावण खड़ा रहता है। देश भर में दशहरे के दिन कागज का रावण जलता है, जबकि छत्तीसगढ़ में लंका दहन प्रतीकात्मक होता है। अग्निबाण रावण नाभि में छोड़ा जाता है, लेकिन ईंट पत्थर का रावण गिरता नहीं है। हाँ, लीला में रावण बना कलाकार जरूर गिर पड़ता है–

तब यह अर्धाली व्यास जी उठाते हैं, सायक एक नाभि सर सोषा। अर्थात् एक बाण ने रावण की नाभि का अमृत सोख लिया। इस तरह रावण मरता है। राम के साथ यहाँ रावण का भी अस्तित्व स्वीकारा जाता है। छत्तीसगढ़ जानता है कि श्रीराम को हृदय में बसाए रखने के लिए रावण को याद किये रखना जरूरी है। रावण भी यहाँ प्रतीक है। हम देख रहे हैं कि तमाम कोशिशों के बावजूद रावण मरा नहीं है। यद्यपि श्रीराम बार-बार भुजा और शीश काट देते हैं, मगर रावण तो फिर रावण ही है। वह फिर उठ खड़ा होता है। तुलसीदास ने लिखा है–

काटे सिर भुज बार बहु
मरत न भट लंकेश।

बार-बार सिर काटने पर भी योद्धा लंकेश नहीं मरता।

यह द्वन्द्व सदा से चला है। छत्तीसगढ़ में प्रतिवर्ष रावण दहन हर गाँव में होता है। दशहरे के अवसर पर कई गाँवों में तीन दिन, सात दिन की रामलीला भी होती है, छत्तीसगढ़ में रामलीला मंडलियों का समृद्ध इतिहास है। स्वतन्त्रता आन्दोलन के दिनों में रामलीला के माध्यम से जागृति का शंखनाद किया गया। रावण को अंग्रेजों से जोड़ते हुए और बापू या स्वतन्त्रता के लिए लड़ने वाले वीरों को श्रीराम की परम्परा से जोड़कर कथा के माध्यम से सारा द्वन्द्व रख दिया जाता था। ठाकुर छेदीलाल बैरिस्टर एवं पाटन क्षेत्र के पूर्व विधायक उदयराम वर्मा ने वह प्रयोग खूब किया।

साहित्य में श्रीराम

रामचरितमानस रामलीला छत्तीसगढ़ नाटक नामक ग्रन्थ प्रकाशित हुआ है। यह उदयराम वर्मा एवं उनके भूदानी सुपुत्र पन्थराम वर्मा द्वारा लिखित है। इस ग्रन्थ में आजादी के आन्दोलन में रामलीला के माध्यम से जो प्रयोग हुए उसको एक कर प्रकाशित किया गया है। इस ग्रन्थ की भूमिका पदुमलाल पुन्नालाल बख्शी जी ने लिखी है। उन्होंने लिखा है, जब जब देश में किसी को भाव के प्रचार की आवश्यकता हुई तब तब राम और कृष्ण के जीवन गाथाओं से कवियों ने प्रेरणा प्राप्त कर अपने युग के अनुकूल महाकाव्यों या नाटकों की रचना की। उदयराम जी ने लोक शिक्षा के लिए श्रीरामचन्द्र की जीवनी गाथा को नाटक का रूप देकर छत्तीसगढ़ में लिखा। रावण वध के बाद जब श्रीराम अयोध्या आते हैं तब उदयराम जी के श्रीराम गुरु से यह कहते हैं–

"हे गुरु इन्हीं वानर भालू मन के किरपा से रावण जइसे महान बलशाली अउ सबल दुश्मन ला मारे हंव, अब ये देश के जनता ला सुराज मिले असन लागही।"

कथा में यह जो नयापन है कि इस देश की जनता को अब लगेगा की सुराज आ गया।

श्रीराम का आराधक छत्तीसगढ़

रामायण की कथा में इस तरह प्रयोग कर सेनानियों ने अंग्रेजों से लोहा लिया। जब भी श्रीराम का भक्त आपके बीच से उठकर आपको छोड़कर चल देगा उसी पल आप निस्तेज हो जायेंगे। यह कथन तुलसीदास जी का है जिसे छत्तीसगढ़ ने हृदयंगम किया। रावण के द्वारा अपमानित होने पर विभीषण सभा से चल देते हैं। तुलसीदास कहते हैं–

अस कहिं चला विभीषण जबही, आयु हीन भये सब तबही।

छत्तीसगढ़ में सत्य के प्रति विकट आस्था है। कबीर और गुरु घांसीदास का प्रभाव है तो धर्म की नयी व्याख्या करने वाले स्वामी विवेकानन्द की भाव धारा का भी यहाँ गहरा प्रभाव है। उन्होंने कहा है कि नास्तिक वह नहीं है जो धर्म पर विश्वास नहीं करता बल्कि नास्तिक वह है जो स्वयं पर विश्वास नहीं करता। इस अर्थ में छत्तीसगढ़ परम धार्मिक हैं उसे स्वयं पर भरपूर विश्वास सदा रहा। इसीलिए देश के विभिन्न हिस्सों में प्रचलित कथाएँ जब छत्तीसगढ़ी रंग में रँगती हैं, तो उसका समग्र स्वरूप छत्तीसगढ़ी होकर रह जाता है। पद्‌मभूषण तीजनबाई के पास आत्मविश्वास ही तो रहा, जिसके बल पर वे विदेशों में भी छत्तीसगढ़ी भाषा में सत्य की जीत और असत्य की हार की कथा कह आयी। वहाँ उन्हें भरपूर सराहना मिली। छत्तीसगढ़ के चरित्र को विदेशियों ने नये सिरे से समझा।

मामा-भांजों का अन्तःसम्बन्ध

श्रीराम छत्तीसगढ़ के भांजे हैं। इसीलिए छत्तीसगढ़ का मामा भांजों का चरण स्पर्श करता है। भांजे श्रीराम तक प्रमाण पहुँचाते हैं यही आस्था छत्तीसगढ़ को अलग पहचान देने के लिए काफी है। देश भर में भांजे को बुजुर्ग मामा केवल छत्तीसगढ़ में ही प्रणाम करते हैं। मामा-मामी, भांजों को जूठन नहीं देते।

राम विमुख अस हाल तुम्हारा, रहा न कोई कुल रोवनिहारा।

यह सन्देश है। जो राम-विमुख होगा उसके कुल में कोई रोने वाला नहीं होगा। छत्तीसगढ़ में अब रामलीलाओं की परम्परा कम हो गयी है। नृत्य गीत से भरे लोक मंचीय प्रस्तुतियाँ एवं फिल्मों ने रामलीलाओं का आकर्षण कम कर दिया है, फिर प्रतिवर्ष दशहरा के दिन गाँव-गाँव में रावण वध होता है। सत्य की जीत का जश्न होता है रावण की आसुरी वृत्ति पर तुलसीदास ने इस तरह कटाक्ष किया है–

गजेउ मरत घोर रव भारी,
कहाँ राम रन हतौं पचारी।

मरते समय भी अहंकारी व्यक्ति की मनोवृत्ति कैसी होती है यह उन्होंने स्पष्ट किया है। श्रीराम पर आस्था रखने वाला छत्तीसगढ़ जानता है कि जीत सत्य की ही होती है। छत्तीसगढ़ को घटाटोप भरे दिनों में भी श्रीराम का यह कथन भरोसा दिलाता है–

सुनु सुग्रीव मारिहंव बालिहि एकहि बान,
ब्राह्मण रुद्र शरणागत गये न उबरहि प्राण।

पुराणों में चार नवरात्रि का उल्लेख है जिसमें दो गुप्त नवरात्रि आते हैं। आषाढ़ और माघ मास में गुप्त नवरात्रि आते हैं। दो प्रगट नवरात्रि आश्विन और चैत्र नवरात्रि कहलाते हैं। ऋतुओं के बीच संधि काल में ये दो प्रगट नवरात्रि आते हैं। आश्विन मास के नवरात्रि को शारदीय नवरात्रि कहते हैं। शारदीय नवरात्रि में ही श्रीराम ने रावण वध के लिए भगवती की कृपा प्राप्त करने के लिए आराधना का दृढ़ आराधन से उत्तर देने हेतु देवी का वन्दन किया। चैत्र नवरात्रि ठंड के बाद गर्मी की शुरुआत में आता है। चैत्र नवरात्रि का समापन राम जन्म अर्थात् रामनवमी से होता है जबकि क्वाँर नवरात्रि का समापन रावण वध से होता है।

छत्तीसगढ़ की बेटी भगवान श्रीराम की माता कौशल्या

छत्तीसगढ़ को दक्षिण कोसल कहा जाता था। राजा भानुमंत दक्षिण कोसल के राजा थे। उन्हीं की सुपुत्री थीं कौशल्या जी। छत्तीसगढ़ में मायके के गाँव को जोड़कर बेटियों का नाम ससुराल में चलता है। जैसे नन्दौरी से गयी कन्या नन्दौरहिन और लिमतरा से गयी बिटिया लिमतरहिन कहलाती है। उसी तरह कोसल से अयोध्या गयी छत्तीसगढ़ की बेटी भगवान श्रीराम की माता कौशल्या कहलाई। छत्तीसगढ़ के गाँव चन्दखुरी एवं आरंग में कौशल्या मन्दिर है।

रायपुर जिले के इन गाँवों में लोग कौशल्या मन्दिर स्थित मूर्ति की पूजा करते हैं। छत्तीसगढ़ ही ऐसा विलक्षण अंचल है जहाँ भांजे का चरण स्पर्श किया जाता है। चूँकि भगवान श्रीराम छत्तीसगढ़ के भांजे हैं इसलिए हर भांजे को आदर देकर छत्तीसगढ़ श्रीराम को अपना प्रणाम निवेदित करता है। यह परम्परा छत्तीसगढ़ की प्रायः सभी जातियों में है। केवल ब्राह्मणों में यह परम्परा नहीं है।

छत्तीसगढ़ का प्रयाग कहलाता है राजिम। यहाँ भगवान श्रीराम का भव्य मन्दिर है। इसके पुजारी क्षत्रिय हैं, ब्राह्मण नहीं। छत्तीसगढ़ में ही श्रीराम ने वनवास का दस वर्ष बिताया। यहीं शबरी से उनकी भेंट हुई। इतिहासविद् प्रसिद्ध साहित्यकार हरि ठाकुर जी ने अपने शोधपरक लेखों में बताया कि छत्तीसगढ़ में स्थित तुरतुरिया में वाल्मीकि आश्रम था। अयोध्या से निष्कासित सीता जी को यहीं आसरा मिला। सन्त पवन दीवान अपने प्रवचनों में भाव-विह्वल होकर बताते हैं कि आसरा देना छत्तीसगढ़ का स्वभाव है। सीता जी का आशीर्वाद छत्तीसगढ़ को मिला इसलिए यह आज भी समृद्ध है हर तरह से। लवकुश ने यहीं प्रशिक्षण प्राप्त किया।

इतिहासकार छत्तीसगढ़ की इस विलक्षण संस्कृति पर शोध कर रहे हैं कि यहाँ मेल और सत्कार का संस्कार इतना समृद्ध क्यों है सीताजी यहीं आकर ससम्मान रहीं। श्रीराम यहाँ के वनवासी बनकर आये। लवकुश ने यहीं संस्कार ग्रहण किया। इस तरह छत्तीसगढ़ का अनोखापन धीरे-धीरे दुनिया के सामने पूरे प्रभाव के साथ प्रगट हुआ। देश में जहाँ क्षेत्रीयवाद की तंग सीमायें हैं, वहीं छत्तीसगढ़ को सबके साथ जुड़कर बड़प्पन पाने का संस्कार उदार बनाता है। कौशल्या जी, राजा दशरथ, सीता जी सब भिन्न-भिन्न सुदूर राज्यों में जन्मे। छत्तीसगढ़ के साथ सबका भावात्मक सम्बन्ध और प्रगाढ़ रिश्ता बना। यह राष्ट्रीय एकता का अनोखा सूत्र भी है जो छत्तीसगढ़ में मिलता है। सम्भवतः इसीलिए छत्तीसगढ़ किसी को बाहरी मानकर कुढ़ता नहीं। छत्तीसगढ़ की यह उदारता सीखने योग्य है।

मेल का यह संस्कार छत्तीसगढ़ की बेटी माता कौशल्या ने न केवल श्रीराम को बल्कि छत्तीसगढ़ के हर बाशिंदे को दे दिया है। धीरज और सौहार्द का पाठ छत्तीसगढ़िया घुट्टी में ही पढ़ लेता है। राजा बनते-बनते वनवासी बन गये श्रीराम के साथ चौदह वर्षों को काटा। दस वर्ष छत्तीसगढ़ में बिताकर वह आगे बढ़े।

सिर पर रखा जाने वाला ताज अचानक छीन लिया जाये तब भी व्यक्ति विचलित न हो, यह पाठ भी छत्तीसगढ़ ने युग-युगों से पढ़ लिया है। इसीलिए नये राज्य में केवल छत्तीसगढ़िया ही उच्चासनों पर बैठें यह आग्रह यहाँ के लोग नहीं करते। दीवान जी प्रवचनों में एक अनोखी बात बताते हैं। विभीषण जब शरण में आया तो श्रीराम ने उन्हें लंका का राजा बनाकर तिलक-सार दिया। तब शंका करते हुए उनसे पूछा गया कि अगर रावण भी शरण में आये तब क्या होगा, तब श्रीराम ने कहा—

विभीषण शरण में आया तो,
किया उसे लंकाधीश।
रावण भी शरण में आवेगा,
तो करूँ कोसलाधीश ॥

यह कोसल प्रदेश राजा भानुमंत ने अपने दामाद महाराज जनक जी को दहेज में दिया था, यह मान्यता है। कोसल देश भी श्रीराम के अधीन ही था। इसीलिए वह विकल्प के रूप में यह कह सके कि रावण को कोसलाधीश बना देंगे। इस तरह कोसल अयोध्या, जनकपुर, ये भिन्न-भिन्न क्षेत्रों की राजधानियाँ एकसूत्र में बँधी थीं। छत्तीसगढ़ सबको आसरा देकर गर्वित होता है। यह इसकी परम्परा है।

श्रीराम की माता छत्तीसगढ़ की बेटी कौशल्या जी का भव्य धाम भी यहाँ बने यह कल्पना अब साकार होने वाली है। साधु-सन्तों के साथ छत्तीसगढ़ के शीर्ष राजनेता भी इस दिशा में संकल्पित हैं। एक ही स्थान पर इतिहास के समस्त सूत्रों को महसूस कर सकें ऐसी परिकल्पना है।

छत्तीसगढ़ के निरभ्र आसमान में युग-युगों से रोशनी देने वाले सितारे चमक रहे हैं। उन्हीं में से एक माता कौशल्या जी हैं। आशा है, छत्तीसगढ़ उनके आशीष से निरन्तर आगे बढ़ेगा।

❐❐

लेखक सम्पर्क-सूत्र

1.	**अजय अटपटू**	:	वार्ड नं.-4, थाना पारा, बागबहारा, जिला-महासमुन्द (छत्तीसगढ़)
2.	**प्रो. अश्विनी केशरवानी**	:	दो कालोनी, बरपाली चौक, चाँपा, जिला-जाँजगीर चाँपा (छत्तीसगढ़)
3.	**डॉ. पंचराम सोनी**	:	सिविल लाईन्स, दुर्ग (छत्तीसगढ़)
4.	**विद्याभूषण मिश्र**	:	ब्राह्मण पारा जाँजगीर (छत्तीसगढ़)
5.	**मोगेश चन्द्राकर**	:	जिला संयोजक, महासमुन्द उद्योग एवं व्यापार प्रकोष्ठ, (छत्तीसगढ़)
6.	**डॉ. टी.एल. सिन्हा**	:	मेला मैदान, राजिम (छत्तीसगढ़)
7.	**विजय गुप्त**	:	सम्पादक, साम्य, ब्रह्म रोड, अम्बिकापुर, सरगुजा (छत्तीसगढ़)
8.	**डॉ. महेशचन्द्र शर्मा**	:	प्राचार्य, वैशाली नगर गवर्नमेंट कॉलेज, भिलाई (छत्तीसगढ़)
9.	**रामेश्वर वैष्णव**	:	62/699, प्रोफेसर कॉलोनी, सेक्टर-1, सड़क-3, रायपुर (छत्तीसगढ़)
10.	**आलोक शर्मा**	:	क्वार्टर नं. 3-डी, स्ट्रीट-29, सेक्टर-1, भिलाई नगर (छत्तीसगढ़)
11.	**दीनदयाल साहू**	:	सम्पादक, चौपाल हरिभूमि, रायपुर (छत्तीसगढ़)
12.	**सन्त कृष्णा रंजन**	:	राजिम (छत्तीसगढ़)
13.	**श्रीमती आशा ध्रुव**	:	बी/46, कोटा हाउसिंग बोर्ड कॉलोनी, कोटा, रायपुर (छत्तीसगढ़)
14.	**पवन दीवान**	:	ग्राम/पोस्ट—किरवई, तहसील—राजिम, जिला—गरियाबन्द (छत्तीसगढ़)
15.	**सन्त गोवर्धन महाराज**	:	वर्तमान महन्त सिरकटटी आश्रम, राजिम (छत्तीसगढ़)
16.	**दिनेश वर्मा**	:	बाजार पारा, चारामा, जिला—उत्तर बस्तर, कांके (छत्तीसगढ़)
17.	**रामकुमार वर्मा**	:	शिक्षक/संस्कृतिकर्मी, ब्लाक-6/ई, दक्षिण वसुन्धरा नगर, भिलाई, दुर्ग (छत्तीसगढ़)

18. **डॉ. लक्ष्मण सिंह साहू** : 'प्रमुख ग्रन्थपाल', शासकीय महाविद्यालय बागबाहरा, जिला-महासमुन्द(छत्तीसगढ़)

19. **राजेन्द्र कुमार शर्मा** : राजलता भवन, नन्दई चौक, राजनाँदगाँव (छत्तीसगढ़)

20. **हरीश पाण्डेय** : जैन मन्दिर के पास, थाना पारा, बागबाहरा (छत्तीसगढ़)

21. **डॉ. विद्या विनोद गुप्त** : पटेल मार्ग, चाँपा, जिला-जाँजगीर (छत्तीसगढ़)

22. **नन्द कुमार साहू** : एक ग्रामीण रामायण गायक व प्रवचनकर्ता, खैरझिटी, (महासमुन्द)

23. **डॉ. सूर्यकान्त मिश्र** : जूनी हटरी, राजनाँदगाँव (छत्तीसगढ़)

24. **धनराज साहू** : डॉली फैंसी, मेन रोड, बागबाहरा (छत्तीसगढ़)

25. **परदेशीराम वर्मा** : एल.आई.जी.-18, आमदी नगर, भिलाई, जिला—दुर्ग (छत्तीसगढ़)